心·理·勵·志·222A

究竟真實

傅佩榮談老子

《究竟真實——傅佩榮談老子》目錄

老子下篇——德經

前言

很多人對我說：「你為什麼還要做《老子》解讀這種事呢？《老子》的研究不知道有多少；《老子》的翻譯，在大陸、台灣隨便一找就是十幾種以上，為什麼還要再做一種呢？」

我從十八歲開始讀哲學，到現在已經三十五年了。這三十五年來，我先是研究西方哲學，再回到中國哲學，幾乎沒有一天不想這些問題。因此，我看別人翻譯的《老子》、《莊子》及《論語》，就覺得很難過。一般的古文翻譯是由中文系的教授們負責，而他們的做法通常是把古文當作古代的材料加以解釋。一個字有幾個意思、古代怎麼用，都研究得很透澈，但這樣卻變成一門與生活脫節的學問了。結果，解析的時候往往只是強調字的意思，若總共有三種意思，哪一個才對呢？也沒有把握。有時候說某一句的某個字是這個意思，換一句之後同樣的字又有不同的解釋，至於為何如此，卻講不出所以然來。

孔子到底有什麼連貫的哲學思想，很少有中文系的教授好好研究。確實，對中文系這個領域來說，基本上只要研究清楚文字、詞章就過關了，不需要瞭解孔子的哲學思想。

然而哲學是要講義理的，因此我們就要問：儒家、道家是哲學，還是文學？這些作品攤開來看，當然是哲學！以文學標準來看，有些部分或語焉不詳或故作神祕，甚至有很多部分在文章的表達上根本就不夠水準。但是哲學上就不一樣了，「澄清概念、設定判準、建構系統」，它有另一種表達的方式。每思及此，我的責任感就油然而生，所以這幾年我花了很多時間重新解讀這些經典。

解讀經典，其實有兩項主要工作。

第一項，就是很簡單的翻譯。千萬不要小看翻譯，譯者本身必須具備相當的功力，才能將古文譯成通順的白話文。

我為了翻譯《老子》，至少看了五、六種市面上找得到的版本。雖然這些版本都是很有權威的學者翻譯的，我看了之後還是覺得實在應該重譯。從譯文便看得出來，他們多半認為翻譯好像是附帶的，不需要太嚴謹。結果導致譯文既不通順，用詞也不夠精確，更遑論典雅與否。

因此，我要求自己翻譯時，盡量做到不隨便改字，即使我翻譯出來的是白話文，也不能隨便改動，不能說用這個字替換那個字，意思也一樣。若不能做到這一點，對原文的掌握就會有偏差。

第二項則是解讀，這才是真正困難的地方。我接受三十幾年的中、西哲學訓練，加上自己做的研究，方才具備解讀的能力，也就是掌握古文經典的哲學含義，不可能每個字都重要，因此必須懂得掌握關鍵字，瞭解每句話的重點在哪裡。因為所謂「哲學」，就是要設法說出背後的道理。

有些《老子》的注解會說這個字有幾個意思，但到底什麼意思正確，他也沒什麼把握，對於自己為什麼選定其中一個意思，也說不出個理由來。很多學者注解時喜歡說王弼這樣說、河上公這樣說、王安石這樣說、蘇轍這樣說、朱熹這樣說……他們可以舉出很多一千年前的古人，但是這又能說明什麼？古人的看法就一定對嗎？如果都對的話，就互相矛盾了，因為他們之間立場不同。所以，在這個時候，就要勇敢地把古人說的話先擱在一邊。如此，才有可能依據老子的原文，做合宜的理解與詮釋。

翻閱本書，就會發現一個特色——「白話譯文，一再重複」。在《老子》八十一章的各章原文之後，立即附上全章的白話譯文；然後在講解每一句原文時，再重複一次這句的白話譯文。如此可以增強印象，多用白話文想一想老子的意思，接著再讀我的解說，就更容易明白其中的道理，進而可以對應於自己的生活，看看能否加以實踐了。

天下文化出版社在本書的編排及校對上也大力支援，為各章內文加上各節小標題，使全書顯得更為生動有序而可讀。

本書得以出版，要感謝許多朋友的護持。當然，內容若有任何爭議，則全屬作者的責任。

◎老子上篇

道經

上篇緒論

我們都知道，老子創發的思想稱為「道家」。對於道家和儒家，我們從小就耳熟能詳；不論提到哪一個，大家都認為一定很有道理，這是兩千多年來形成的文化薰陶。不過，對於一些年輕的朋友，我建議還是先學儒家。

適合學道家的三種人

以前的人認為，有三種人適合學道家。第一種是年紀很大的人，因為有了一定的閱歷，可以說是飽經風霜、見多識廣，對許多事情或許能瞭解得比較全面。反觀年輕人往往只能窺見事情的一部分，看見開頭，卻看不見結束，流於片面。

第二種是非常失意的人。失意的人年紀不一定很大，但是非常倒楣，一路吃癟，做什麼事都不順。失意的人總處於逆境，長期下來倒也可以得到許多體會。

第三種是非常聰明的人。中國歷代的作家，從較早的秦漢時期，到後來的唐、宋，許多文人都非常喜歡道家的思想，他們所用的語彙或寓言，表現出來的生命情調，跟崇尚儒家的文人截然不同。

最明顯的就是這些文人和大自然親切的互動，在儒家方面就很少見。像蘇東坡在〈前赤壁賦〉提到：「唯江上之清風，與山間之明月，耳得之而為聲，目遇之而成色！取之無禁，用之不竭。」這顯然就是道家對大自然的欣賞，可以說是敞開心靈與大自然溝通，不像儒家主要界定在人的社會中。

道家與儒家的分工合作

不過，儒家也有它存在的必要性。比如怎麼樣隱居、怎麼樣遊山玩水，這不只是老人的專利，像青壯一輩也懂得如何規劃。但如果大家都走道家的路，這個社會交給誰來擔當呢？誰來承上啓下？由此觀之，對社會的功用來說，儒家和道家就有點分工合作的意味了。

不過，今天這個時代每個人同時都有兩種深刻的需求：一方面，從小接受社會教育而成長，受到家庭、學校的各種教導和照顧，希望自己能夠社會化，在學校裡盡量學習社會的一切規則，以便將來進入社會後可以就業，然後循規蹈矩；另一方面，進入社會之後，逐漸希望活出自己的特色，否則總感覺自己好像只是一顆小小螺絲釘，在社會的大機器裡，多一個我或少一個我，都不會有什麼差別。一想到這裡，就覺得自己的生命失落了。

一個人如果喜歡不受約束，自由選擇他的生活方式，就這一點而言，顯然比較傾向道家。而儒家就是要我們在社會上盡好自己的責任，所以儒家有一種責任感，壓力比較大。比如孔子的「知其不可而為之」，明明知道他的理想不能實現，卻還是努力去做，這是很偉大、很悲壯的情懷。如果長此以往，有時候難免覺得「何必如此辛苦呢」？白天上班已經夠勞累了，回家後還要延續白天的工作，為什麼不能鬆懈一下，讓自己轉個彎、換個角度來看人生呢？

我們今天所探討的道家思想，是一門博大精深的學問。我們通常會認為《莊子》很瀟灑，可以視之為蘇東坡式的「清風明月」，輕輕鬆鬆就能學會。然而，等真正讀了《莊子》才知道不容易，其內容何等豐富又有深度，閱讀超過三行就會遇到詞看不懂，或者字不會讀的問題。

讀《老子》就沒有這麼困難。《老子》全書八十一章，合計才五千多字。以上課來說好了，分十六次上課，平均起來，每堂課學五章就夠了！然而，光是要把第一章「道，可道，非常道」這句話講明白，已殊為不易。說來老子的思想還是廣博深邃，非深入體悟不可。

中華文化有兩大支柱，一是儒家，一是道家，這絕非偶然，也並非有人故意安排他們分工合作。其實，每一家都認為自己是圓滿的。像孔子從來不覺得他只有一半的力量，還需要老莊來配合，他自許一個人要擔負起整個文化傳統與歷史使命。老莊也一樣，絕不會認為他們只是一半，需要儒家來配合，他們根本不把儒家放在眼裡。每個哲學家都有一個責任——建構完整的系統。

什麼是哲學？

什麼是哲學？那就是「澄清概念、設定判準、建構系統」。這十二個字是把握哲學的入門鑰匙，要謹記在心。

哲學就是要訓練人澄清概念。比如「道」這個字一說出來，大家都昏了頭，到底什麼叫「道」呢？如果能說，就表示不知道；如果知道，就說不出來。所以，要怎麼澄清概念，每個哲學家都有自己的一套語彙和概念，不會盜用別人的概念，因為他總認為別人的概念已經被濫用到毫無新意了。

人運用概念思考，久而久之，概念就變成思維的一部分，脫離了真實。原本，概念來自於真實，比如我們看到一個東西叫它「桌子」，往後每當看到「桌」這個字，就會聯想到具體的桌子。久了之後，一講「桌」就是指桌子，卻根本忘記實際的桌子是什麼。這就是概念用久之後，喪失了它原來指涉真正實在東西的功能。所以，哲學家就要重新來設定這樣的概念。

判準也是一樣。儒家對於善人、惡人，有很明顯的分辨標準；道家認為善惡是相對的，不同的人、時、地，都會影響行為是善或惡的判斷標準，換一個時空條件就不一樣了。自認為善者，別人不見得這樣以為，這就是判斷標準的問題。

最後要有系統。講系統，道家比儒家更明顯。因為儒家的特色是關於人的世界、歷史、文化關懷都談得非常好，但一談到宇宙，其瞭解就很有限了，頂多把它當成一個有主宰意志的天，代表這個天在掌管宇宙，但是天是如何掌管呢？沒有人知道。而道家的系統，就是要把天與人整個打成一片來看。

對《老子》的初步認識

為了對《老子》有基本的認識，先談一下我個人對《老子》的看法，然後再介紹老子其人其書。為什麼要先談我對《老子》的認識呢？因為是我在談《老子》，而不是其他人。這樣就省去以後很多相關的問題，而這些問題多半存在著爭議，在學術界也沒有定論。

《老子》又名《道德經》，第一章到第三十七章叫做〈道經〉，第一章開頭曰：「道，可道，非常道。」「德」在〈道經〉裡面，頂多出現兩、三次而已，此謂上篇。下篇叫做〈德經〉（第三十八章到八十一章），第三十八章說的是：「上德不德，是以有德；下德不失德，是以無德。」從這裡開始，有較多關於「德」的論述。

既然談「道」談「德」，就變成《道德經》。《道德經》的「道德」跟一般所謂的仁義道德不同，我們常說「這個人修養很好，很有道德，常常做善事」，這與《道德經》關係不大。當然也不能說一點關係都沒有，因為老子認為「德」與「善」有點接近，這個「德」畢竟是好事，而「道」與一般常說的「道德」卻毫無關係。

但是研究的問題在什麼地方呢？目前我們能夠挖掘出來的資料很奇怪，都是〈德經〉在前、〈道經〉在後，連最早注解《老子》的韓非子，也偏重討論〈德經〉，對〈道經〉方面談論得較少。為什麼？因為「德」在實際的生活裡可以找到很多應用的材料；而「道」屬於本體的層次，看不清楚，也摸不著，討論起來別人也很難理解。

老子與韓非、孔子的關係

司馬遷在《史記》裡面寫到老子的時候，把他列在《老子韓非列傳》，因為韓非寫過〈解老〉、〈喻老〉。韓非解釋《老子》有沒有問題呢？問題可大了。司馬遷說韓非：「喜刑名法術之學，而其歸本於黃老。」「黃老」跟老子不太一樣，「黃」是指黃帝。戰國時代，黃老之學是特別的學派，這個學派也主張清靜、無為，對於統治的技術：如何讓百姓平安、讓帝王的統治穩定等，有很多見解。

在總結的時候，《史記》說韓非：「引繩墨，切事情，明是非，其極慘礉少恩。皆源於道德之意，而老子深遠矣。」其中「慘礉少恩」一詞就是用來批評韓非的，這句話意思是說，犯法一定要罰，不管對象是誰，不講任何人情，寧可嚴格也不可放過；「皆源於道德之意，而老子深遠矣」，是指老子的思想很深遠。由於韓非對老子的思想存有許多誤解之處，以致於老子真實的面目反而模糊不清，也造成後世的許多研究者懷疑老子是不是與法家有關（韓非代表法家）。

關於《老子》這本書的作者，我們還是參考司馬遷的說法，司馬遷畢竟是漢代的學者，他的資料顯然比較多。司馬遷說老子是楚國苦縣厲鄉曲仁里人，姓「李」，名「耳」，字「聃」（在《莊子》裡面多稱他為「老聃」，因此，「老聃」就變成一個特別的名稱）。他是「周守藏室之史也」，負責管理文書檔案，可以說是周朝的圖書館館長。既然他的工作是管文書檔案，一定受過高等教育，學問廣博可想而知。

有很多地方記載孔子曾經「問禮於老子」，其中《史記・老子韓非列傳》裡提到：老子對孔子說，不要一天到晚老是充滿鬥志想要成就功業，想著將來要如何如何，這樣其實無益於自身，恐怕不容易活得久，在社會上發展得好，將來會有後遺症。孔子聽了他的話，說：「吾今日見老子，其猶龍邪。」龍可以「乘風雲而上天」，年輕的孔子認為老子深不可測、高不可攀，他對老子的稱讚，在這裡可以做為參考。

《老子》版本眾多

老子後來西出函谷關，準備隱居，被守關的官員攔下來，說他這個人有學問，一定要留幾句話下來（此即傳説「老子騎青牛出關」的故事）。被攔之後，老子連夜寫了五千字，就是現在的《道德經》。實際上，這不太可能是連夜寫成的，因為《道德經》裡的許多句子都是短短的，像是日常的話語，較有可能是由老子等一群學者或隱士，蒐集很多資料，由老子整合而成。

一九七三年，湖南長沙馬王堆漢墓出土的一批文物裡，有帛書《老子》兩本——甲本和乙本。現在研究《老子》，很多人都根據這兩本來進行。甲本、乙本寫作的時間也不一樣，從年代來推的話，甲本應該寫在劉邦稱帝前。古時候的人要避諱，亦即寫作時不能用皇帝的名字，要換個字，否則就是對皇帝的不敬。以「小國寡民」一詞為例，原文是「小邦寡民」，後來因為要避漢高祖劉邦的諱，不能用「邦」字，就改成「國」字，一直沿用至今。現在回到甲本來看，書裡有「大邦」、「小邦」等詞彙（現在稱為「大國」、「小國」），甲本敢用「邦」這個字，表明此書成於劉邦尚未登基時。劉邦稱帝之後，「邦」字都不能用了，因此，現在讀到的都是「國」字。由此去推估甲本確切的成書時間，大概在西元前兩百年左右。

至於帛書乙本，就避了劉邦的諱，裡面完全沒有「邦」字，但是沒有避到漢惠帝劉盈的諱。由此推估乙本顯然是在西元前一九〇年左右成書，應該是漢朝文帝、景帝之前。漢文帝的名字叫做劉恆，我們現在看到的版本是漢朝末年王弼注的《老子》，書中便避了漢文帝劉恆的諱：「道，可道，非常道。」而帛書甲本、乙本則是：「道，可道，非恆道。」差別就在這裡。

一九九三年，湖北荊門郭店村挖掘戰國楚墓，發現郭店竹簡，竹簡裡也有《老子》三個摘抄本，但都殘缺不全，只收錄了《老子》三分之一的內容。據說三個版本裡最早的版本，離老子的年代只有一百多年，如今連戰國時代的材料都挖出來了，相信將來總有一天會挖出《老子》原本。現在研究《老子》的人，沒有人敢拍胸脯說：「我的研究一定是對的。」但這些都不重要，重要的是要使老子學說的詮釋，形成一種思潮，再做正確的應用。

從《老子》裡看到自己——各家有各自的注解

詮釋老子學說的著述很多，《莊子》、《韓非子》便是其中之一。《莊子》裡常引用老子的話，而我這本書的特色之一，就是把《莊子》裡引用到《老子》的句子，全部收錄到書裡，以茲對照。以下介紹幾個著名的注解。

譬如《河上公》，是漢朝的《老子》注解，「河上公」不是人名，而是指河上一位老先生對《老子》的注解，內容較偏向養生方面，學者談道教時，常會把它當作參考。

接著就是王弼的注解，這是最有名的版本。

然後是唐玄宗的注解，唐朝皇帝姓李，於是他就把老子當作自家人。宋朝的王安石、蘇轍、朱熹等人都是哲學家，無不發表心得，對《老子》都加以注解。

不過我強調的是，《老子》似乎是一面鏡子，人們總能借它照見自己的長相；至於老子本身有什麼用意，不見得說得清楚。

老子是道家的創始者，他所謂的「道」，就是「究竟真實」。以前我曾說過，儒家說來說去，不過「真誠」兩字；道家也可用兩字概括——「真實」。談「真誠」一定要有人，宇宙萬物沒有真誠的問題，只有人才會有。宇宙萬物與人合起來看就是「真實」，這是道家所強調的，看到各種人生的遭遇，一切充滿變化，就會想問：這一切的背後是什麼？有什麼是永遠不變的？老子的學說，也就是要人生寄託在永恆不變的基礎上，由此觀照人間，安排適度的言行方式。

以三個簡單觀念，跨越智慧門檻

我們再看以智慧取勝的老子。智慧是一道門檻，無所謂高低，只看能不能跨過去。如果還不懂《老子》，顯然是在門檻的這一邊，尚未跨越，閱讀《老子》時會很辛苦，容易產生誤解；如果懂得《老子》，代表已跨過智慧的門檻了，從此豁然開朗。

我們用三個簡單的觀念，來分辨儒家與道家的不同。

第一，儒家以人為中心，強調人的社會性；道家不以人為中心，重視人的自然性。古代社會都是分久必合、合久必分、一治一亂。人世間的一切總是相對的，所以道家主張不要以人為中心，才能重視人的「自然性」，也就是人脫離社會跟大自然相處時本來的樣子。讀道家學說，希望就會油然而生，覺得能夠突破社會造成的各種困境，因為人類社會往往是負面的現象居多。

第二，儒家以「天」為至高存在，凸顯歷史背景；道家以「道」為至高存在，展現宇宙視野。每一種哲學講到系統時，都必須提到「形而上學」，亦即到底什麼是最高的存在。孔子把「天」當作最高的存在，在他兩次差點遇難時都會提到天，比如說：「天之未喪斯文也。」遇到困境，孔子就把「天」抬出來；換作是道家，就會把「道」抬出來，兩者的概念不一樣。

儒家是承先啓後，因為「天」早就出現了。「道」的原義是指路，代表一種特定的路線，發展出來的規律，有所謂「天道」、「地道」、「人之道」。道家所謂的「道」則不同，道家用「道」來代替「天」。西方學者在研究中國哲學的時候比較沒有成見，我們總會認為儒家是主要的，道家是次要的。他們卻認為，道家是中國古代最具有革命性的思想，因為在古代「天」的地位最為崇高，「天生蒸民，有物有則」，亦即「天」生下百姓，而道家竟然認為「道」比「天」重要，「道生一，一生二，二生三，三生萬物」，由「道」取代了「天」的地位，這當然是革命了。

第三，儒家期盼「天人合德」，從「向善」到「擇善」到「至善」；道家則希望「與道合一」。「天人合德」的「德」是善的德行，亦即要行善；「與道合一」，則代表道家能夠變成有道者或行道者，這個「道」使得整個生命的境界不一樣了。比如莊子說：「以道觀之，物無貴賤。」意即從「道」來看萬物的話，宇宙萬物沒有貴賤之分。然而，人類社會一定會有貴賤之分，道家要突破人類中心的格局——從永恆與無限的層面來觀察。永恆是要突破時間的限制，無限是要突破空間的限制。人的思想就在時空裡打轉，上下四方謂之「宇」，古往今來稱做「宙」，「宇宙」就是空間加上時間。要從無限突破空間，要從永恆突破時間，這就需要智慧。老子的方法就是「致虛極，守靜篤」——追求虛要達到極點，守住靜要完全確實。「虛」是指排除各種感官的欲望，「靜」是指人不要有什麼行動，既能虛又能靜，虛就空，空了之後就顯出它的光明。

《老子》並非完全都在談論抽象、玄妙的觀念，它也談體驗「道」之後能產生很好的效果，以便做為今人的嚮往。《老子》五千言裡面沒有一個「你」，跟「你」沒什麼好說的，「我」是悟「道」的人，而「你」沒有悟「道」，言語根本不通，無法溝通。因此，《老子》一書，等於是有個極有智慧的人，體驗到什麼是最後的真實（稱為「道」），體驗之後感覺一切都非常自然，非常愉快，擺脫了世上諸多的紛擾，擺脫所有的後遺症，讓天下都歸於愉快的狀態。這份愉快，來之於「道」，又回歸於「道」。

理解全書的關鍵

《老子》其實是一本難解的書，其關鍵在一個「道」字。「道」的概念代表兩種性質：第一叫做內存性；第二叫做超越性。「道」的內存性，是指沒有任何東西可以離開「道」而存在，世界離開「道」，任何事物都不會存在，更不要說維持了，因為「道生萬物」，無一例外；另一方面，萬物再如何變化，或消失或增加，「道」完全不變，不會受到影響，這就是「道」的超越性。

這本書有兩個關鍵字，一個是「道」，一個是「聖人」。本書的「聖人」與儒家孔子談的「聖人」不同，道家的「聖人」是指悟「道」者，能夠體會「知」，能夠「行」，以「道」做為立身處世、治理百姓的原則。儒家的「聖人」是身先天下者、為百姓謀福利者皆可以為「聖人」。

那麼，「道」有什麼樣的作用呢？「道」的作用就是不斷回到它的本身。宇宙萬物只有「道」，「道」孕育萬物，萬物不能離開「道」，這就叫做「返」——回到它自己本身。「道」是最根本的，人類裡面有聖人，聖人做為示範，而且《老子》裡的「聖人」、「有道者」、「我」、「吾」四個詞，指的是同一位主體。其中「聖人」

一詞出現最多，全書共有二十四章出現這個詞；第二個詞是「有道者」，就是有「道」有「德」之人，能知、能行道的人；第三個就是「我」；第四個詞是「吾」。這四個詞合計起來，共占了四十章——全書的一半，可知它的分量了。換句話說，《老子》整部書裡面談到「聖人」、「有道者」、「我」、「吾」這四個概念是相通的，只是使用不一樣的詞而已。

很多人認為《老子》喜歡講相對論，我不太喜歡「相對論」這個詞，因為這是物理學的名詞，是愛因斯坦的專利。我比較喜歡以「相對觀」稱之，「觀」是指觀念，相對才能讓人掌握，比如談「善」，不能不知道「惡」；談「高」，沒有「低」，哪來的高呢？談「長」，沒有「短」，又何來「長」呢？所有觀念都因為相對，才能被人們瞭解、掌握，這種相對是相反相成的，需要配合。然後每樣東西又回到它的根源去，像四季輪轉一般，春夏秋冬之後，接著又是春夏秋冬，它是回歸，不斷迴圈，最後再回到「道」裡面去。從「道」而來，又回歸於「道」，這就需要先掌握住兩個立場，一是「道」，一是「聖人」。

第一章 道，可道

道，可道，非常道。名，可名，非常名。
無名，萬物之始；有名，萬物之母。
故常無欲，以觀其妙；常有欲，以觀其徼。
此兩者同出而異名，同謂之玄。玄之又玄，眾妙之門。

道，可以用言語表述的，就不是永恆的道。名，可以用名稱界定的，就不是恆久的名。

名稱未定之前，那是萬物的起源；名稱已定之後，那是萬物的母體。

因此，總是在消解欲望時，才可以看出起源的奧妙；總是在保存欲望時，才可以看出母體的廣大。

起源與母體，這二者來自一處而名稱不同，都可以稱爲神奇。神奇之中還有神奇，那是一切奧妙的由來。

「道」是萬物的根源，「名」是人的理解能力

「道，可道，非常道」，意即「道」，可以用言語表述的，就不是永恆的「道」。「可道」是指可以用言語表述（言語和語言的含義不同）。在文言中，「道」本來就有「說」的意思；「非常道」裡的「常」本來應該是「恆」，但爲了避諱漢文帝劉恆的「恆」字而改成「常」。

「名，可名，非常名」，意即「名」，可以用名稱界定的，就不是恆久的「名」。和上句同樣用「常」，一個翻譯爲「永恆」，另一個卻翻譯成「恆久」，是因爲只有「道」是眞正的永恆，「名」只能說是恆久的，它和「道」不屬於同一個層次。

這兩句話放在一起，有很深的含義在內。「道」是宇宙萬物的根源、基礎，它是本體，無法用言語表述；而「名」則是人的理解能力，沒有人類就沒有「名」。能夠說一句話、製造一個概念，是因爲有人可以理解。人類出現之前，說某樣東西是恐龍、熊貓或老虎，根本毫無意義，牠就是個生物，可以按照自然規律、食物鏈維持平衡就好，無所謂名不名。只因爲人有理解能力，「名」才有出現的必要。

「名」衍生了萬物

「無名，萬物之始；有名，萬物之母」，意即名稱未定之前，那是萬物的起源；名

稱已定之後，那是萬物的母體。

「無名，萬物之始」這句話在很多版本皆採王弼之說：「無名，天地之始」，我以「萬物」取代「天地」，則是根據帛書甲本、乙本，並參考王弼的注。

王弼的原文雖然寫「無名，天地之始」，但在注中則說：「未形無名之時，則爲萬物之始。」他提到「萬物之始」，而沒有提到「天地」，是因爲假如是「無名，天地之始；有名，萬物之母」，將會產生下列問題：「名」之「無」、「有」爲什麼會造成「天地」、「萬物」兩個層次？天地與萬物又是什麼關係？這些問題很難解釋。所以我決定根據帛書這較早的版本，不談「天地」，只談「萬物」。其實萬物也包括天地，存在的東西都叫萬物。

「無名，萬物之始；有名，萬物之母」，這裡的「始」即起源，「母」是指母體。「有名」，萬物就跟著出現，有如母子關係，母子在邏輯上是不能分開的，比如稱呼一位女性爲母親，表示她一定有子女。所以有名是萬物之母，表示「名」與「萬物」是同時出現的母子關係。

無欲可瞭解起源的奧妙，有欲可看出母體的範圍

「故常無欲，以觀其妙」，意即因此，總是在消解欲望時，才可以看出起源的奧

妙。沒有任何欲望，沒有任何主觀成見時，才可以是什麼就看見什麼，才能瞭解起源的奧妙。這句是針對「萬物之始」說的。

「常有欲，以觀其徼」，意即總是在保存欲望時，才可以看出母體的廣大。「徼」是指母體廣大的範圍，母體可以生生不息，衍生萬物。要「有欲」才能看到「有名」造成的萬物到底有多廣大。這句是針對「萬物之母」說的。

人在「無欲」時可以契合「無名」之境，進而觀照起源的奧妙。有「無名」，就要有「無欲」；「無名」就是沒有人的認識作用，「無欲」就是沒有意志的欲望作用。人在「有欲」時就配合「有名」，「有名」就會「有欲」，進而想正確認識「名」。配合「有名」狀態的則是母體的廣大無邊；「徼」，是指明白、開顯、空虛能受、歸趨之處、所及邊際等等。

舉一個科學的例子：科學家在觀察時，有兩種方法。第一種是完全不干涉，「常無欲，以觀其妙」，就會發現很多奧妙。比如小獅子很可愛，但是雄獅子一定要把牠咬死，母獅子才願意跟牠走。如果是一般人，一定會拿槍阻止雄獅子咬小獅子，但這麼做就干涉了自然法則而將產生混亂。事實上，雄獅的行爲並不會讓獅子絕種，反而可以改良品種，生生不息，這就是自然界本身的循環與平衡。

又比如烏龜上岸產卵，孵化出的小烏龜必須自己回到海中。在這個過程中，百分之九十以上的小烏龜會被其他動物吃掉，雖然殘酷，但若不是如此，海面上將滿是烏龜。自然界就是如此奧妙，弱肉強食，有其食物鏈，表面看來很殘忍、可怕，但這就是保持生態平衡的方法，也就是「常無欲，以觀其妙」。

第二種觀察則相反，科學家在做某些研究時必須加以干涉。比如要測量動物的聽覺敏銳度及視線範圍，研究者就必須設計環境與情境，讓被研究的對象進入干涉的狀態，以便測量出視覺、聽覺的能力，這就叫「常有欲，以觀其徼」。人如果完全「無欲」，注意力會沒有焦點，「有欲」才會想知道萬物有什麼限制、範圍多大，才能瞭解得比較正確。人類爲了知道萬物的能耐，必須加以干涉及測量。

「道」是一切奧妙的由來

「此兩者同出而異名，同謂之玄」，意即起源與母體，這二者來自一處而名稱不同，都可以稱爲神奇。「玄」就是神奇。「玄之又玄，眾妙之門」，意即神奇之中還有神奇，那是一切奧妙的由來。「此兩者」是指「始」與「母」，它們「名」雖不同而來源相同，都來自最根源的部分——神奇的「常名」；「常名」再往上追溯，即是「玄之又玄」做爲「眾妙之門」的「道」。

從「道，可道，非常道」一路下來，全章首尾呼應，層次井然；中間的「無名」、「有名」與「無欲」、「有欲」，是分別就人的認知與欲望而言。後續各章，便依此闡述「認知」、「欲望」對人的作用。

「道」是究竟真實

「道」是《老子》的核心概念。「道」代表「究竟眞實」，最後、最終、眞正唯一、絕對的，就是究竟。

人的言語所能表述的都是相對眞實，因爲用言語表述時，必須使用概念，概念都是相對的眞實。我們可以這樣理解相對的意思：人如果沒有面對一座山，就不可能說它是山；對住在山裡的猴子或鳥來說，山沒有名稱，山只是一個生存的地方，不需要名稱。人的言語所表述的「山」，就是相對眞實，相對於你我他這些「認識的主體」，主體藉著概念才能面對充滿變化的事物。

所以人類的言語都是相對、充滿變化的，如果某樣東西永恆不變，人根本不可能認識。因此，永恆的「道」是不可說的，因爲它不是人能用言語表達的相對之物，它是絕對的究竟眞實，不可說，甚至不可思議，但是非存在不可。

請特別注意這句話：「『道』不但不可說，還不可思議」，代表連想都不能想，看也看不到，聽也聽不見，抓也抓不著，但是它非存在不可。因爲我們所見的世界充滿變化，有生有滅，究竟由何而來，又往何而去？不管能不能看到，都必須假設有個基礎存在，否則人生難免淪於幻想或夢境。

老子用心良苦，他看出人類的智慧不夠，只能活在相對的變化世界中，過一天算一天，回頭一看，過去如夢似幻；往前看，對將來也毫無把握，最後竟不知道這一生所爲何來，陷入迷茫虛無的狀態。而《老子》揭示「道」的存在，就是爲了化解這種虛無主義的困境，超越相對的價值，使人的生命獲得眞正的安頓。

人活在世界上如果對「道」沒有領悟或瞭解，人生就會變得「如夢幻泡影」。因此，老子希望把「道」說清楚，他有一顆溫暖的心，自己獲得某種體會之後不忍心獨享，要把它說出來，但又沒辦法說得太明白。

「名」是相對真實

「名」是概念，必須用「名」界定「道」。「名」是言語及思想的基本單位，沒有「名」就不能思考，也不能說話。「名以指實」，意即名稱是用來指涉眞實之物的，不能虛構。比如如果沒有茶杯、冰箱的實物，光說這兩個詞，別人也不懂其義，等於平白杜撰一個「東西」。反之，虛構的事，像「一加一等於二」，是計算單位，只能在書本上出現，實際上是看不到的。

「名」用來指眞實之物，作用是符號或象徵，因此有調整與改變的空間。比如中文叫「茶杯」，英語則叫「cup」，同樣的「東西」卻有不一樣的名稱，這就表示名稱可以經過大家同意，約定俗成加以修訂。

老子體驗到「道」之後，發現「道」不能說，就像《老子》第二十五章提到，「道」根本就沒有名字，「強字之曰道」，只是勉強取個名字叫做「道」。我們今天讀「道」讀得容易，這其實是老子勉強說的，他認爲「究竟眞實」沒有名字，但是要體驗「道」時卻不能不說，不然無法學到東西。

因此從「永恆的道」可以覺悟的，不能說「永恆的名」，只能說「恆久的名」，但一經界定落實，就成爲「相對的名」。「道」這個字變成「名」也變成相對的，但是它本身指的是絕對的「道」，這個「道」是沒辦法給名稱的。所謂的「名」都是相對的，絕對的「名」不能稱爲「名」，所以「名」只能說是恆久的名，落入相對的世界。

「名」是人的認識能力

《老子》很注重邏輯關係，「道，可道，非常道。名，可名，非常名」之後，接下來就是「無名」與「有名」。

很多研究者採用另一種斷句——「無，名天地之始；有，名萬物之母」，意即「無」代表天地的開始，「有」代表萬物的母體；也就是「無」與「有」分別造成天地與萬物。這種斷句的始作俑者是王安石，他把「無」與「有」當作專有名詞。王安石是宋朝人，距老子已一千六百多年。他聲稱：古人都錯了，無，不是無名，有，不是有名；「無」就是一個概念，「有」就是一個概念。

王弼的時代離老子比較近，大概六、七百年；帛書甲本、乙本離老子更近，兩、三百年，兩個版本的斷句都是「無名」、「有名」，不知王安石憑什麼說以前都讀錯了？況且從「無」到「有」中間的過程如何？天地與萬物又是什麼關係？都很難自圓其說。而原來的斷句，「無名，萬物之始；有名，萬物之母」，同一個「萬物」，無名是始，而有名是母，關係很清楚。這是我採用此一斷句的理由，況且還有帛書本爲證。

讀哲學的人很喜歡講「無」和「有」，講得玄之又玄，似乎別人聽不懂，就成功了。王安石是宋朝人，中間經過魏晉玄學洗禮，到宋朝時又和道家部分揉合，當然可以說得很玄、很抽象。但是，在春秋戰國時代或更早的人，都不曾這樣斷句。我在研究過程中考慮的是這些資料，並不認爲王安石講得比較有哲學玄想的味道，就值得參考。

「無名」與「有名」是針對人的認識作用及過程而言。「無名」即人的認識還沒有運作，代表萬物的起源，是思想無法企及的階段；萬物的起源是名稱出現以前，因為一有名稱就可以瞭解了。

「有名」代表萬物的母體，有母必有子，「有名」，萬物就出現了。「有名」代表有名稱，於是就可以說這是山、這是河、這是天、這是地。有母必有子，思想由此領悟萬物如何配合名稱一一呈現。

小時候讀書，一定要靠老師先說名稱，才能界定物件。比如小朋友去動物園，看到一隻很奇怪的動物，等老師說那是老虎，才知道長這個樣子的動物就叫老虎。「老虎」這個名稱就跟著實際的「東西」一起出現，此謂「有名，萬物之母」。要是沒有這樣的思考，就會淪為盲目地看，很多東西來來去去、反反覆覆，長頸鹿、斑馬……完全無法區分，什麼動物吃什麼動物也不知道。

人的思想開始運作的時候，有名稱出現，「東西」才能具體地出現，這就是「有名，萬物之母」，這個描述對於認識事物是很有用的。

有正確的認識，才有正確的欲望

本章比較難理解的是「無欲」和「有欲」。有生命之物必定有欲望，「無欲」和

「有欲」是針對人的意志欲求而言。「無名」和「有名」是人的認識作用，「無欲」和「有欲」是意志的欲望作用，分屬不同的層次。人要先認識，才能有欲望，所以欲在名之後。

無欲和有欲是有主體的，即是「誰」無欲，是「誰」有欲？如果依據王安石的版本斷句：「故常無，欲以觀其妙；常有，欲以觀其徼」，那麼什麼叫「常無」、「常有」？一個人如何「常無」、「常有」？如果解釋爲：「要常常體驗『無』，常常體驗『有』」，那麼體驗從何而來？如果意思爲：「要經常無，去體驗、觀察它的奧妙；要經常有，去觀察它的廣大」，就譯得有點勉強了。

許多學者認爲，老子不可能主張有欲，因而反對這種斷句。需知「欲」是隨「知」而生，百姓有知就有欲。老子希望百姓無知無欲，並不是眞的不要有欲望，而是要有正確的知，才會帶來正確的欲。

老子贊成大國與小國「各得所欲」（第六十一章），便證明有欲不一定是壞事。凡有生命之物必有欲望，而人的欲望除了本能之外，還來自認知。有正確的知，才會有正確的欲；知不正確，欲就偏差了。老子擔心人們有偏差的欲，因此希望人們有正確的知。再看「聖人欲上民，必以言下之；欲先民，必以身後之」（第六十六章），有欲也都是好事。

「無」和「有」不是專門術語

要瞭解本章，就不能把「無」和「有」當成術語。從古至今的版本，都不用思考什麼是「無」和「有」，只要想到「無名、有名」、「無欲、有欲」，就知道它是人類瞭解「道」的過程。本章不以「無」、「有」爲專門術語，理由有二：

第一，「無」、「有」是相互對立的概念，有無相生，《老子》第二章可以爲證。因此不能把「無」置於前，把「有」置於後。《老子》第十一章說：「有之以爲利，無之以爲用。」因爲既然相互對立，就不能相互承啓，不能說先是「無」，再是「有」，它們兩個是不能分開的。

第二，《老子》全文中，「無」、「有」先後承啓的只有一句：「天下萬物生於有，有生於無」（第四十章）。根據王弼的注解，這裡的「有」、「無」是指「有形」、「無形」。天下萬物生於有形，有形再生於無形；也可以解釋爲「有名」、「無名」，天下萬物生於有名，有名再生於無名，這樣解釋就沒有問題。

如果單獨談「無」、「有」，「有生於無」的另一種說法，就是「由無生有」，但「無」就是什麼都沒有，怎麼可能生出「有」？如果贊成「無」能生「有」，反而使自己陷入困惑，「道」從「無」變「有」了，老子恐怕不會接受。

西方講上帝創造世界的時候，就是從「無」生「有」，至今很多人仍然無法理解，但它是宗教的觀點，不能理解也沒關係。而老子寫書是讓人閱讀的，顯然不是談宗教，不是爲了要對「道」做個交代，讓「道」可以展現自己，因此任何一句話都有針對性。「有名」、「無名」就是針對人的理解能力，人要使用概念，就會出現「有名」、「無名」。一般人可以用理智思考，需要概念；有意志可以追求，需要欲望，也就出現了「無欲」與「有欲」。

有認識主體，意義才得以展現

綜上所述，《老子》第一章是老子一生仰觀俯察，瞭解宇宙人生道理後的心得。我們要明白他的意思，就要把人的主體拉進來。沒有人類就沒有問題，有人類之後就會思考，思考之後就要表達，思考是認識的作用，語言和文字叫做「名」。接著就會有欲望，想看清楚眼前的世界。

從這個角度來看老子，就會清楚他思想開展的過程，亦即爲什麼談完「道，可道，非常道」之後，接著要談「名，可名，非常名」。因爲名或名詞概念只對人的認識能力有意義，有認識能力才有出現「名」的可能，沒有人類的思想作用、認識能力，這個宇宙有沒有「名」根本就不重要。

沒有像人類這樣有認識能力的生命，就不可能有相對製造名的主體，以及相對理解名的主體。古人說的話，我們現在能理解，是因爲我們有認識能力，「名」出現的時候，人的意識就開始運作。萬物隨著「名」而呈現，對人來說，沒有名稱，這個「東西」就沒辦法形容。小朋友看到書上的圖畫，就會問：「這是什麼？」如果不知道名稱，就沒辦法記得；我們見到陌生人會先問「尊姓大名」，因爲一個沒有名字的人，面貌就模糊了。有名字才能界定，他是他，你是你，不是別人，如此思考才可以運作。

這一章我們瞭解了「道」、「無名、有名」、「無欲、有欲」，這些都是我們閱讀及瞭解《老子》時的重要關鍵詞。

第二章　天下皆知美之爲美

天下皆知美之爲美，斯惡已；皆知善之爲善，斯不善已。

故有無相生，難易相成，長短相形，高下相傾，音聲相和，前後相隨。

是以聖人處無爲之事，行不言之教。

萬物作焉而不辭，生而不有，爲而不恃，功成而弗居。

夫唯弗居，是以不去。

天下的人都知道怎麼樣算是美，這樣就有了醜；都知道怎麼樣算是善，這樣就有了不善。

所以，有與無互相產生，難與易互相形成，長與短互相襯托，高與低互相依存，音與聲互相配合，前與後互相跟隨。

因此之故，聖人以無爲的態度來處事，以不言的方法來教導。

任由萬物成長而不加以干涉，生養萬物而不據爲己有，作育萬物而不仗恃己力，成就萬物而不自居有功。

正是因爲不居功，所以功績不會離開他。

本章表現了老子標準的相對觀。「道」是一個整體，在整體中一切都是相對的。有男就有女，有高就有矮，有胖就有瘦，有年輕就有年老，所有的東西都有相對的一面。

所有的價值判斷都是相對的

「天下皆知美之爲美，斯惡已」，意即天下的人都知道怎麼樣算是美，這樣就有了醜。「惡」是醜的意思，並不是善惡的惡。

「皆知善之爲善，斯不善已」，意即都知道怎麼樣算是善，這樣就有了不善。不善是善的否定。

「美之爲美」就是美的標準，不合標準的就不美，如果沒有這個標準，就沒有美不美的問題。比如自然就是美，那麼沒有人不美，因爲沒有人不自然；又如健康就是美，那麼除了病人之外，大家都很美。但是一般談美沒有那麼簡單，否則不會一面說自然就是美，一面又希望人去買化妝品，這樣就自相矛盾了。

人間的價值判斷都是相對的。一方面，沒有美就沒有醜；另一方面，美之上還有更美，醜之下還有更醜，永遠比不完。《莊子》裡的〈人間世〉如此描寫：「支離疏者，頤隱於臍，肩高於頂，會撮指天，五管在上，兩髀爲脅。挫針治繲，足以餬口；鼓筴播精，足以食十人。」這個人因嚴重駝背而下巴靠著肚臍，肩膀比頭頂還高，五官在上，心肝肺都在背上，簡直殘疾得一塌糊塗。但是他活得很愉快，徵兵時輪不到他，發放救濟品時他排第一。莊子用這個故事提醒我們，不要以爲長得高大英俊才是好，這樣反而危險，容易被人利用而辛苦一生。

善與不善的關係又是如何？例如，張三捐了一百萬元給孤兒院，他就是善人，有能力卻不捐錢的人就是不善了，這說明有善就有不善。如果不說捐錢的是善人，就無所謂誰善誰不善了。一說誰是善人，以及爲什麼他是善人，不善的人就被分別出來，這是因爲有了標準之後，出現了正面，另一面就是反面。

「故有無相生，難易相成，長短相形，高下相傾，音聲相和，前後相隨」，意即所以，有與無互相產生，難與易互相形成，長與短互相襯托，高與低互相依存，音與聲互相配合，前與後互相跟隨。「難易相成」，比如小學一年級的學生，認爲數學題目很難，讀到三年級就覺得以前的題目易如反掌，所以難易是相對的。「長短相形」，比如這張桌子很長，其實比起更長的，它就顯得短了。「高下相傾，音聲相和」，也是同樣的道理。古時候「音」代表樂音，「聲」代表人聲，因此樂音和人聲互相依存。「前後相隨」，你說你走在前面，但如果你前面還有人，相對而言你就是在後面了。有無、難易、長短、高低、音聲、前後，都是相對的東西。

至於「有無相生」，可以從兩個方面理解。

第一，就概念上而言，說到「有」，一定會想到「無」，這樣的話，「有」才能稱爲「有」；如果一切都是「有」，「有」就沒有意義了。「有」和「無」如果分立，兩者都會不知所云，所以說「有無相生」。

第二，萬物常在變化中。現在「有」的，以前是「無」。比如孩子還沒出生時是「無」，現在出生了，成爲「有」；現在「無」的，在過去曾經是「有」，比如某個人不在了，是「無」，但他生前是「有」。

「有無相生」就是瞭解生命變化的狀態是相對的概念。換言之，此處的「有」、「無」並非西方哲學所謂的存有與虛無。中國哲學的思考比較重視人實際的生活經驗，並解析這些經驗的合理性。存有和虛無在西方是純粹的哲學概念，存有就是實有，虛無就是什麼都沒有；看得到的就是存有物，存有物最後都會變成虛無；存有本身等於上帝，所以「有」、「無」在西方哲學中有其特別的用法。

聖人無心於為，行不言之教

「是以聖人處無爲之事，行不言之教」，意即因此之故，聖人以無爲的態度來處事，以不言的方法來教導。道家的「無爲」並非什麼事都不做，而是無心於爲。無心即沒有特別的意念，順其自然，就是「我不特別想要怎麼樣」。然後以「不言」的方法教導，讓其自由發展。聖人明白這些道理，於是無所作爲，緘默不語，讓一切自然發展。

「聖人」指的是領悟「道」的統治者。因爲他體悟了「道」而有智慧，知道一切都會自己上軌道，無需人爲，做得太多，反而造成更大的困擾。聖人要成爲一個悟「道」的統治者，必須知道兩件事：第一是什麼叫做「知」，第二是什麼叫做「行」，要知行配合。並不是想著統治別人、當帝王，而是希望自己能夠悟「道」，對萬物能從「道」的角度來看，設法安排最理想的狀態。

宇宙萬物除了人類之外，都沒有所謂理想的問題，一切都按照本能運作，形成生態平衡。但是，人類出現之後，生態就不可能再保持平衡，人類成爲麻煩的製造者。不過，如果人類因爲這些麻煩而領悟「道」，獲得最深的智慧，回到他的根源及母體，這些麻煩就算值得。就怕人類製造麻煩之後，一直停留在半路上，永遠到不了「道」這個根源，就很可惜了。這也是老子想要避免的後果，因此他設定出「聖人」這個理想的角色，由他來統治，藉以維持人間較平衡合理的狀態。

避免功過相對價值觀的干擾

「萬物作焉而不辭，生而不有，爲而不恃，功成而弗居。夫唯弗居，是以不去」，意即任由萬物成長而不加以干涉，生養萬物而不據爲己有，作育萬物而不仗恃己力，成就萬物而不自居有功。正是因爲不居功，所以功績不會離開他。宇宙萬物本來就有自己的運作規則，所以不應把人的意識強加上去，這樣太主觀了。

「不居功」意即：這個事情是我做的，但是我不把它當作是我做的，而是因爲有許多條件在輔助配合，使它達到某種狀態，因此才能成功。只有在人類社會，才有「居功」的情況，因爲居功之後別人才會鼓掌，不居功的話，沒人會知道是誰做的，自然也不會有掌聲。但反過來想，如果不居功，功績將無從離開，並且不用擔心「有功就有過」這種相對價值觀的干擾。

功與過是相對的，很少有人「只有功沒有過」或「只有過而無功」。比如秦始皇再怎麼樣殘暴不仁，還是讓車同軌、書同文，成就大一統的中國，如果沒有李斯，秦始皇也無法統一各國。但李斯的下場悽慘，就是因爲他居功，不知道適可而止，因而被趙高等人陷害。自古以來，能順利功成身退的人極少，除了范蠡在越王句踐復國之後就帶著西施退隱，李斯和文種都是因爲捨不得放下榮華富貴，而不得善終。許多歷史故事都可以與《老子》互相印證。

我們還可以參考《莊子．應帝王》的一段話：「明王之治：功蓋天下而似不自己，化貸萬物而民弗恃，有莫舉名，使物自喜；立乎不測，而遊於無有者也。」意思是說，明君治理時，功勞廣被天下，卻好像與自己無關；教化普施萬物，而百姓不覺得有所依賴；擁有一切但不能描述，使萬物可以自得而喜；立足於神妙不測的地位，遨遊於虛空無有之境。這與「萬物作焉而不辭，生而不有，爲而不恃，功成而弗居」意思類似，可看作是莊子對老子觀點的發揮。

綜上所述，本章描述老子的相對觀，所有的判斷，如高下、長短、有無，都是相對的。我們所見的一切，不但在感官上是相對的，在認識判斷上也是相對的。這種相對觀的目的在於讓我們知道一切本來是一個整體，所以不要盲目進行價值判斷，堅持什麼是好，什麼是不好，其實好與不好都在一個整體裡面，換一個角度，好就變成不好，不好就變成好。

一切都來自於「道」，最後又回歸於「道」，任何東西都會由這一面變成那一面，因爲它是相反相成的，這就是相對觀。

第三章 不尚賢，使民不爭

不尚賢，使民不爭；
不貴難得之貨，使民不爲盜；
不見可欲，使民心不亂。
是以聖人之治，虛其心，實其腹；弱其志，強其骨。
常使民無知無欲，使夫知者不敢爲也。
爲無爲，則無不治。

不推崇傑出的人才，人民就不會競爭較量；
不重視稀有的商品，人民就不會淪爲盜賊；
不展示可欲的事物，人民的心思就不會被擾亂。
因此之故，聖人在治理人民時，要簡化他們的心思，塡飽他們的肚子；削弱他們的意志，強化他們的筋骨。
總是要讓人民沒有知識也沒有欲望，並且使明智的人不敢輕舉妄動。
只要依循無爲的原則，就沒有治理不好的地方。

本章提出「使民不爭」、「使民不爲盜」、「使民心不亂」的概念。因爲老子認爲要避免「爭」、「盜」、「亂」這三種亂象，不能使用高壓手段，而是要看出亂象的眞正原因，是由「尚賢」、「貴難得之貨」、「見可欲」所引起；一旦消除了這三個原因，問題自然就不會出現。老子強調要培養人民正確的知，以帶來正確的欲與行。

掌握人心爭亂的原因，就能找出對治之道

「不尚賢，使民不爭」，意即不推崇傑出的人才，人民就不會競爭較量。「賢」代表比別人傑出。假如要表揚誰最孝順或誰最有能力，人們就會競爭較量。

「不貴難得之貨，使民不爲盜」，意即不重視稀有的商品，人民就不會淪爲盜賊。「貴」是指重視。

「不見可欲，使民心不亂」，意即不展示可欲的事物，人民的心思就不會被擾亂。

「見」是指展示出來。讓人看到很多可欲的東西，情況就不可收拾了。

「是以聖人之治，虛其心，實其腹；弱其志，強其骨」，意即因此之故，聖人在治理人民時，要簡化他們的心思，塡飽他們的肚子；削弱他們的意志，強化他們的筋骨。這幾句話談如何治理人民，可以分成兩方面來看：

第一，「虛其心，實其腹」。「虛其心」是指讓心思簡單一點，不要一天到晚都在算計。比如有人買彩券中了大獎，「不幸」被你得知之後，你的心思就變得複雜不安分、蠢蠢欲動，引發了欲望又消解不了，就形成困擾。「實其腹」是指把肚子餵飽。一般而言，人吃飽就不會有問題，沒吃飽心思就會複雜，成天思索該怎麼賺錢？怎麼得到好東西？

「心」與「腹」存在著對立關係，前者代表心思、念頭，後者代表肚子。一個代表心，一個代表身，兩者的差別在於：心裡的欲望不見得會實現，但吃飽至少可以活久一點。老子認爲，沒有把握之前，先吃飽再說。

第二，「弱其志，強其骨」。「志」即意志，就是堅持一定要怎麼樣。意志太強反而會讓自己痛苦，所以要「弱其志」。「強其骨」，是指要增強筋骨，讓身體健康，如此才能撐過天災人禍。

不刻意做任何事，讓一切自行走上軌道

「常使民無知無欲」，意即總是要讓人民沒有知識也沒有欲望。「常」即總是。注意「無知無欲」這四個字，人的欲望都來自認知，認知若有錯誤，欲望就會偏差。比如認爲人生以賺錢爲目的，當然就會努力賺錢。反之，有正確的知識，欲望自然也會正確。老子寫書的目的無非是希望人們有正確的認知或知識，有了正確的「知」，欲望才會正確。因此，這句話並不是要人民完全無知，而是從反面提醒人們不要有偏差的知、偏差的欲，要有正確的知、正確的欲，如同聖人一樣。

「使夫知者不敢爲也」，意即並且使明智的人不敢輕舉妄動。「知者」即明智的人，指的是善用智巧或自作聰明之輩，這類人並未悟「道」，因此所做所爲難免「治絲益棼」，也就是理絲不找頭緒，結果愈理愈亂。

「爲無爲，則無不治」，意即只要依循無爲的原則，就沒有治理不好的地方。「無爲」二字也是《老子》的重點，意思就是不刻意做任何事，讓一切自行走上軌道。老子認爲爲政的人要「無爲」；一般百姓則要學會「不爭」。

有正確的知，必有正確的行

有些學者認爲本章鼓吹愚民政策，他們認爲「虛其心，實其腹；弱其志，強其骨」

是希望百姓每天都吃飽喝足、鍛鍊身體，不需要讀書、思考，只要發呆，因爲一思考就會想要「有所爲」，與人爭，甚至想要爲盜，然後民心就亂了。

愚民其實只是老子的手段，目的是希望社會回歸原來的和諧。爲了避免人民陷於「爭」、「盜」、「亂」的困境，他採取看似愚民的手段，目的則是「無爲」與「無不治」。當然，這樣的手段是虛擬的，這樣的目的也只是空中樓閣，自古以來有誰能做到「無不治」呢？我們或許可以批評老子是過度的理想主義者，但是絕對不能說他主張愚民。

綜上所述，有正確的知就不會產生問題，若有正確的知，則必有正確的行，知與行是相連的，《老子》一書的宗旨就是要啓發我們分辨何謂正確的知。我相信當人們把《老子》看完讀懂後，觀點將會變得非常正確，行動也會有明確的方向，一切困擾都會遠離，也不會做出後悔的事情。

第四章 道，沖而用之或不盈

道，沖而用之或不盈。
淵兮似萬物之宗。
挫其銳，解其紛，和其光，同其塵。
湛兮，似或存。
吾不知其誰之子，象帝之先。

道，空虛而作用似乎沒有極限。
是那麼淵深啊！像是萬物的本源。
它收斂銳氣，排除紛雜，調和光芒，混同塵垢。
是那麼沉靜啊！像是若有若無地存在著。
我不知道它是由誰產生的，好像在上帝之前就已經存在了。

「道」的作用似乎沒有極限，像是萬物的本源

「道，沖而用之或不盈」，意即「道」，空虛而作用似乎沒有極限。「沖」是虛的意思。「用之」是指作用，「盈」即滿，表示作用似乎沒有極限，反過來說就是很有作用，但無法界定清楚。

「淵兮似萬物之宗」，意即是那麼淵深啊！像是萬物的本源。朝這個方向思考，「道」就像是萬物的本源，所以才會無所不在。

「挫其銳，解其紛，和其光，同其塵」這四句，有些人認爲是多出來的，沒有存在的必要，意即它收斂銳氣，排除紛雜，調和光芒，混同塵垢。這四句話合起來看，就是指非常溫和、不給人壓力，人確實有這種修養上的需要。一般人不喜歡銳氣太甚的人，年輕人有時候趾高氣揚，尤其是有才華的，初出茅廬，就讓人感覺鋒芒畢露。我年輕時也是這樣，三十幾歲剛從美國回來時，在學術會議上簡直「盛氣凌人」，一般人聽到別人報告完了，會說：「聽您的報告，我得到很多啓發，這是一篇很好的報告，只不過我還有一點點很小的意見，提供給您稍微參考一下。」但是我卻從來不說客套話，只要認爲說得不夠清楚，就會直接指出來，讓發表論文的學者當場下不了台，自己也因此得罪了很多人。

「道」無所不在，又具有超越性

「湛兮，似或存」，意即是那麼沉靜啊！像是若有若無地存在著。「道」雖然存在，卻不同於一般的存在，所以這裡用「似或存」來形容。

「吾不知其誰之子，象帝之先」，意即我不知道它是由誰產生的，好像在上帝之前就已經存在了。一般人認爲上帝最先存在，「道」則好像在上帝之前就已經存在了。

「象帝之先」有兩種解釋。第一種是「象帝，之先」，就是說「道」像上帝一樣在前面。「帝」，王弼的注指天帝。古時候天是天，上帝是上帝，作用是一樣的，但是王弼把它合成「天帝」。「天帝」合天與上帝，都是古人相信的造物者，在它「之先」，無物存在，所以「道」像上帝一樣，也是最早存在的。不過，如此一來，「道」與上帝皆在最先，但最先只能有一個，既然有「道」，就不需要上帝。其實上帝或「道」，這兩者都可以說得通。

第二個解釋是「象，帝之先」，好像在上帝之前已經存在了。「道」是無形無名的，上帝是有「名」的，一提「上帝」二字就知道是什麼，因此不足以與「道」相提並論。事實上，老子提出「道」的用意之一，就是想用它取代古人所信的天或上帝，來肯定「道」做爲最高存在，表現究竟眞實的超越性。

綜上所述，本章對「道」的描述用了「或、似、似或、象」這些疑似詞，雖爲疑似但有跡可尋，給我們線索瞭解，「道」好像是萬物的本源，好像若有若無的存在，好像作用沒有極限，好像在上帝之前就已經有了，四個「好像」等於提供了一個方向，可以去想像「道」到底是什麼樣子；經由「不盈」、「萬物之宗」、「存」、「象帝之先」則可以覺察「道」的作用。

「挫其銳」等四句，在《老子》第五十六章重複出現，用來說明人生的修養，可見老子希望人效法「道」的作爲。第五十六章談到「知者不言，言者不知」，還有「塞其兌，閉其門」，接著談爲人處事應該「挫其銳，解其紛，和其光，同其塵」，代表要跟「道」學習。

有的學者把本章這四句話刪掉，認爲這幾句話不是用來形容「道」的，而應該是第五十六章用來形容人的修養。事實上，我們還是可以用來形容「道」的表現，差別只在於人本來沒有那種能力，必須學習才能做到，而「道」是本來就是如此。所以這個說法兩章都可以保留下來，只是立場不同而已。

將第四章與第一章相互對照，我們就能更明白「道」是怎麼一回事。想要把「道」弄清楚是不可能的事情，因爲它無所不在，又具有超越性。

第五章 天地不仁，以萬物爲芻狗

天地不仁，以萬物爲芻狗；
聖人不仁，以百姓爲芻狗。
天地之間，其猶橐籥乎？
虛而不屈，動而愈出。
多言數窮，不如守中。

天地沒有任何偏愛，把萬物當成芻狗，讓它們自行榮枯。
聖人沒有任何偏愛，把百姓當成芻狗，讓他們自行興衰。
天地之間，正像一個風箱啊！
雖空虛卻不致匱乏，一鼓動就源源不絕。
議論太多，很快就會走投無路，還不如守住虛靜的原則。

讓萬物自行發展

「天地不仁，以萬物爲芻狗」，意即天地沒有任何偏愛，把萬物當成芻狗，讓它們自行榮枯。「不仁」的「不」就是「大」，代表無以復加、超越相對的個別情況，「天地不仁」，就是天地大仁，意謂天完全沒有偏愛，一視同仁，讓萬物自行榮枯。一棵樹從枝繁葉茂到枯槁不堪，一朵花從爭奇鬥豔到隨風飄零，各有自己的季節。

「聖人不仁，以百姓爲芻狗」，意即聖人沒有任何偏愛，把百姓當成芻狗，讓他們自行興衰。古代帝國有興盛衰亡四個階段，上帝不需要特別照顧誰，趨勢該如何就會如何。前一句講的是萬物自行榮枯，這句講的則是人的世界自行興衰。

「芻狗」是指以草紮成的狗，爲古人的祭祀用品，當用之時備受重視，用完隨即丟棄。《莊子．天運》對此有一段生動的描寫：「夫芻狗之未陳也，盛以篋衍，巾以文繡，尸祝齋戒以將之。及其已陳也，行者踐其首脊，蘇者取而爨之而已。」我譯爲：「芻狗還沒有用來祭祀時裝在竹筐裡，蓋著錦繡手巾，主祭者還要先齋戒再接送它，等到祭祀過後路上行人踩踏它的頭與背，撿柴的人把它拿去當柴燒了。」

天地對萬物、聖人對百姓，不正是任其榮枯興衰嗎？因此「不仁」是指沒有偏愛，或者無心於行仁。除了有一些樹如松樹、柏樹依舊長青，樹葉在冬天總要凋零，這是自然規律，因爲上天無心。花開都有季節，梅花在冬天獨豔，玫瑰開在春天、夏天，不能更換。如果硬要造一個暖房，讓冬天時也能百花齊放，此舉不但違反自然，而且用人工做，所費不貲，效果卻很有限。

天地跟聖人是對照的句子，天地與萬物的關係是很微妙的，天地就像一個場所，讓萬物在裡面不斷發展，但天地本身不介入。「天無不覆，地無不載」，就是說天一定會蓋住所有的地方，地一定會承載所有的東西。天之覆，地之載，中間就是萬物。聖人同樣也不會介入百姓當中一起做生意或其他事，他就像天地一樣照顧所有百姓，讓他們自己發展。一旦有偏心，就必須挪東牆來補西牆，最後左支右絀，反而麻煩。這就是所謂「天地不仁」與「聖人不仁」。

虛空有無窮的可能

「天地之間，其猶橐籥乎，虛而不屈，動而愈出」，意即天地之間，正像一個風箱啊！雖空虛卻不致匱乏，一鼓動就源源不絕。「橐」是指大風箱的外殼，「籥」是指裡面的扇葉。推拉之後，扇葉就會製造出風來，兩者合稱「橐籥」，譯成風箱。風箱本身沒有風，但稍一鼓動風就出來了，而且源源不絕。「橐籥」是古代冶鑄鐵器時用以生風旺火的工具，裡面雖是空的，但可以鼓動氣流，正如天地之間萬物流轉，生生不息。

「多言數窮，不如守中」，意即議論太多，很快就會走投無路，還不如守住虛靜的原則。「數」是指迅速。走投無路的話，想投靠誰都沒有用，還不如「守中」。「中」與「沖」相通，「沖」即虛。風箱裡是空的，守住風箱的空，就有無窮的可能。若只堅持一個原則，那麼一旦出錯，就無路可走了。「多言」是因爲使用心思、賣弄智巧，很快就會陷入困境。比如朝令夕改，最後發現仍然無法解決問題，產生政治上的後遺症，反而危險，還不如少說話。所以爲政不在多言，許多事情本身會產生協調，自然出現好的結果。

聖人效法天地

綜上所述，本章的重心在於把「天地」跟「聖人」對照。聖人原本應該效法「道」，但是「道」太遙遠、太深奧了，沒有辦法具體描述它的表現，天地反而很明顯。天地還沒被人爲的汙染改變，萬物常常被改變，而天地畢竟是一個大的空間，上有天，下有地，中間的萬物就好像百姓一樣，春夏秋冬各自生長發展，人的社會生生滅滅，朝代的興衰更替、經濟重心的轉移也一樣。因此，聖人當效法天地。

第六章　谷神不死，是謂玄牝

谷神不死，是謂玄牝。
玄牝之門，是謂天地根。
綿綿若存，用之不勤。

虛谷之神不會死亡，可以稱爲神奇的生殖力。
神奇的生殖力有一個出口，可以稱爲天地的根源。
它若隱若現好像存在，作用卻是無窮無盡。

「道」的神奇生殖力

「谷神不死，是謂玄牝」，意即虛谷之神不會死亡，可以稱爲神奇的生殖力。什麼叫谷神呢？就是使山谷的作用可以非常奇妙地表現的那個「基礎」。老子很喜歡拿「谷」做比喻，「谷」代表山谷，山谷在山的中間，代表卑下、空虛，同時有無限的可能。空的杯子本來可以裝任何東西，一旦裝滿了水，就容不下別的了。而「神」是一種奇妙的力量，「神」不一定是指具體的神，有時候是做爲一個神妙的表現。

「道」可以用各種方式來說明，「谷」空虛開闊無所不容，「谷神」用以描寫使谷成爲谷的力量，意即「道」。神使谷成爲谷，就代表它的原理、最後的基礎，那個力量叫做「道」。在此永恆的「道」展現了神奇的生殖力，由此化成天地。

「玄牝」這兩個字很多人都有討論，「牝」代表雌性，是指生殖的力量；「玄」是指神奇。有人認爲「玄牝」的「玄」是黑色，「牝」代表女性的力量，所以認爲老子太厲害了，竟然主張宇宙的起源是黑洞說。這個說法是有一些道理，因爲宇宙的開始不可知，但可以確定是生命力的表現。不過，我不認爲老子會想到什麼爆炸說、黑洞說，他只不過把它形容成一種神奇的生殖力，亦即萬物存在，一定有來源，這來源使它出現，所以「道生一」的「生」字，意思就很清楚了。

「道」化育天地，無窮無盡

「玄牝之門，是謂天地根」，意即神奇的生殖力有一個出口，可以稱為天地的根源。天地此時才出現。天地也來自「道」，但是「天地」和「有名、無名」、「有欲、無欲」是兩個不同的範疇，不可混淆。

「綿綿若存，用之不勤」，意即它若隱若現，好像存在，作用卻是無窮無盡。「勤」本來是指勤勞，很努力、很辛苦地去做，這裡是指永遠做不完，「不勤」代表不勞，怎麼樣都不會用完的。

「道」是天地萬物的來源，天地萬物一直在變化生滅，但是「道」不會因此有任何的影響，這代表「道」的超越性，這句話非常重要。

什麼叫超越？超越就是把東西生出來之後，不跟著一起變。「道」生出天地萬物之後好熱鬧，春夏秋冬四季循環，寒來暑往，但是「道」不會跟著一起混，即使一起混，「道」也不受影響，這是最難理解的地方。而「道」生天地萬物，天地萬物不能離開「道」，這叫做「道」的內存性，任何地方都有「道」。

莊子從老子發展衍伸，闡述「道」在什麼地方。在《莊子外篇．知北遊》提到：東郭子問於莊子曰：「所謂道，惡乎在？」莊子曰：「無所不在。」東郭子曰：「期而後可。」莊子回答：「在螻蟻、在稊稗、在瓦甓、在屎溺。」從這裡我們可以看出，一方面「道」是體現於宇宙萬物裡面，內在於宇宙萬物裡面；另一方面，宇宙萬物再怎麼變化，甚至最後消滅了，「道」照樣存在。

人類存在以前，「道」早就使宇宙存在很久了，「道」的存在不是一個思考的問題，只有人思考時它才成爲問題。宇宙有出生、消滅，這跟「道」有什麼關係呢？宇宙整個消滅掉，「道」照樣存在，不受影響，這就是最難理解的一點，因爲它超過思考的範圍了。思考的主體「你」注定會消失，整個太陽系將來也都會消失了。因此，「道」不是一般所謂的存在，而是「若存」，在作用上也異於天地萬物，是無窮無盡的。

「天」曾是古人生存的依歸

老子的「道」，特別強調化生天地與包容萬物的這一面。以思想背景而言，古人所信的天具有五種角色及作用：第一，主宰者；第二，造生者；第三，載行者；第四，啓示者；第五，審判者。這在《尙書》和《詩經》裡可以找到。

隨著時代演進，人民對天的信念逐漸改變，因爲人民所相信的天是一個觀念，這個觀念沒有作用的話就變質了。比如因爲天子有德行，照顧百姓，大家都樂意去崇拜天、信奉天；天子後來有了權力，隨後腐化、胡作非爲之後，根本不管百姓死活，這時候百姓就會罵天，說「天子失德，禮壞樂崩」。

《詩經》裡也有很多地方在嘲笑天。如〈小雅〉裡的：「蒼天蒼天，視彼驕人，矜彼良人。」但不要忘記，古人罵天的時候，背後的預設是，天本來是公正的，因此才要罵它現在不公正。就好像我們說一個人現在變壞了，意思就是他以前很好。所以我們說的每一句話都有預設在內，學習和讀書時不能只看表面，還要弄清楚文字背後的含義是什麼。禮壞樂崩、天子失德，百姓罵天，也就預設了天有「主宰、造生、載行、啓示、審判」這五種角色，這是古代的一種理解。

主宰之天仍有一定的影響力；而造生之天與載行之天就淪爲具象的自然之天，也就是天地並稱，指的是自然界；啓示之天與審判之天淪爲固定的命運之天。這就說明了自然界是有形可見且相對的，而命運則是固定的。

天子失德，人心歸道

孔子與老子都是先秦戰亂時代的哲人，但是「回應挑戰」的方式不同。孔子意圖轉命運爲使命，借由「承禮啓仁」，想要爲人間建立新秩序，孔子整個理想就是這句話，可惜「天子失德」，使得角色開始慢慢轉變了。而老子則用「道」代替「天」，指出自然界並非只是生滅變化而終歸虛無，還有一個「道」永遠長存。

老子提出「道」，就是怕我們陷入虛無主義。活在世界上，如果看到所有的人都過這樣的生活，就會覺得人生實在虛幻，好人沒有好報，惡人沒有惡報，辛苦努力一生，最後歸於幻滅。比如我們花掉一生的積蓄，甚至預支以後幾十年的金錢來買房子，付錢時心裡難免會想：人生眞是不公平。如果只看現實情況的話，我們該往哪裡走？即使房子不住了，以天爲被，拿地當床又如何？

明白了「道」，我們就會知道，一切都在變化，人的生命注定會結束，一切到最後就像過眼雲煙，都會過去，由不得人。但是要明白，如果沒有基礎的話，人怎麼會出現？一個人可以出現，也可以不出現，而他居然出現了，一定有其理由，至少是某些條件讓他非出現不可。這就提醒我們，生命不是偶然的，「我」不是可有可無的，「我」有一個基礎；雖然讓「我」出現，也會讓「我」結束，不過「我」至少要把握生命中間的過程，也許可以通過這個階段得到智慧的啓發，將來回歸到「我」的根源去。這樣一來，就沒有人會活不下去而厭世自殺。

老子的「道」特別顯示「造生」與「載行」的作用。天本來有五個角色，「主宰之天」一直存在。古時候有「包青天」之名，用來形容判案時的大公無私。包青天的「天」就是主宰的意思，由他來審判、執法。

孔子認爲啓示之天和審判之天本來是要求公平，使善有善報，惡有惡報，但是在人間哪裡有報應？孔子說：「五十而知天命。」知道天命之後，明白自己有使命感，才把命運變成了使命。光講命運的話，誰願意努力奮鬥？因此他憂心如焚，希望提出天命讓人知道使命，這個使命從人性向善開始，從內在眞誠發現力量，做自己該做的事。但老子不談這些，他認爲要讓人知道人性向善根本來不及，有時候一輩子沒想過什麼叫向善，糊里糊塗就過去了。所以他主張讓聖人來管教，百姓最好無知無欲，大家一起過著不爭、不鬥、不搶、不亂的生活。領悟了「道」之後，還會想去「有爲」嗎？

談「造生之天」與「載行之天」，好像只是談自然界颳風下雨的變化而已，人生似乎沒有出路。所以老子要說「道」，這個「道」是超越的，人生可以不斷地讓自己得到眞正的智慧，表現正確的行爲，這一生過得平安快樂、終其天年，最後可以同「道」結合，這是老子的主要觀點。

第七章　天長地久

天長地久。
天地所以能長且久者，以其不自生，故能長生。
是以聖人後其身而身先；外其身而身存。
非以其無私邪？故能成其私。

天延續著，地持久著。
天地能夠延續而持久的緣故，是因爲它們不求自己的生存，所以能夠持續生存下去。
因此之故，聖人退居眾人之後，結果反而站在眾人之前；不在意自己的生命，結果反而保全了生命。
不正是由於他沒有私心嗎？這樣反而達成了他的私心。

天地不自求長生，卻永恆長存

「天長地久」，意即天延續著，地持久著。「長」代表一直延續下去，是指時間上的；「天長地久」是相對於萬物的生滅變化而言。天地有如容器，萬物在其間活動，相對於萬物，天地是不變的。天永遠是寬廣覆蓋一切，但是天地本身卻不是永恆的。《老子》第二十三章就說到「希言，自然。故飄風不終朝，驟雨不終日，孰爲此者？天地。天地尚不能久，而況於人乎？」風雨從哪裡來？經由天地而來的，天地造成的不能持久，大風不會吹整個早上，暴雨不會持續下一整天。

「天地尚不能久」與「天長地久」並不矛盾，因爲眞正永恆的只有「道」，這是一個邏輯的問題。不能有兩個永恆，永恆的是「道」，天地就不可能永恆，「天長地久」是相對於萬物變化，但是對「道」來說，天地還是在變化之中。一座高山，比起丘陵算是很高，比起更高的山還是矮的，而最高的只有「道」，這是特別要加以說明的。

「天地所以能長且久者，以其不自生，故能長生」，意即天地能夠延續而持久的緣故，是因爲它們不求自己的生存，所以能夠持續生存下去。換句話說，天地從來沒想到要大一點、久一點，就只是這樣存在著。萬物一直在生長，但天地本身「不自生」，亦即天地不爲自己的生存打算，而讓萬物自行生滅，結果天地反而不受變化所困，可以長久生存下去。

有生就有滅，拚命為自己求取發展，總有停下來的時候，老子在此告誡我們：不論如何得意，在將來一定會慢慢收斂變無；瞭解天地的變化，有發展就會有收斂，有得意就會有失意，理解這個道理，心裡就會平靜，情緒就不會有太大的起伏。

聖人應效法天地的無私

「是以聖人後其身而身先」，意即因此之故，聖人退居眾人之後，結果反而站在眾人之前。沒有人知道路，聖人只好到前面帶路。「外其身而身存」，意即不在意自己的生命，結果反而保全了生命；換句話說，太注意保全生命反而適得其反。比方人過分講究保養，反而對身體不好，變得不自然；不在意身體的保養，而是按照原本的生物規律去活動，這樣最自然。

「非以其無私邪？故能成其私」，意即不正是由於他沒有私心嗎？這樣反而達成了他的私心。「故能成其私」，並非指聖人先有私心，而是自然而然的結果，但在別人看來，他好像達成了私心。聖人的「無私」表現在退讓、不爭、忘我、隨順上，從結果看起來卻是十分積極的。在此，「成其私」不是無私所要達成的目的，而是無私的自然結果，不要把目的和結果混為一談。本來不在乎自己，結果不在乎反而得到了保存，達成了目標。從老子講的聖人的做法，就可以學到一些做人處事的方法。

聖人的安身立命之道

綜上所述，聖人是悟道之人，爲何要效法天地？理由有二：第一，聖人是人間的統治者，面對的是百姓，他可以取天地跟萬物的類比關係做爲自己的示範。「天地不仁」、「聖人不仁」，亦即聖人在效法天地。第二，「道」是無形無象的，不像天地一樣可以觀察取法；天地不等於「道」，但是卻源自於「道」，而且沒有經過人爲的汙染，可以給聖人很多啓示。老子之所以不學萬物，是因爲他知道，萬物經過人的手，作用一定被扭曲。比如參觀一座花園，要從花園裡面看看有什麼道理可以學，這些花開得整齊豔麗，顏色配合得正好，卻都是人爲的設計安排，又有什麼好學的呢？

《老子》是以智慧覺悟最深刻的因果關係，而非提供處事的手段或謀略。此外，這些語句的主詞是聖人，代表聖人的體驗。我們對於類似的說法，可以忖思與效法，但未必可以搬來就用，更不必期望立即達到同樣的效果。我們要學老子懂得如何利用，而非生搬硬套。老子時代受教育的人民很少，一般百姓所學所知的，往往只在實際的、具體的行動上面，一有偏差，也不知道該如何處理。我們不一樣，現在知識那麼普及，很多事情用世俗的知識就可以判斷利害關係，從而趨利避害。《老子》運用在個人的生活範圍裡面，很多觀念是很容易應用的，絕對沒有問題。

第八章　上善若水

上善若水。
水善利萬物而不爭，處眾人之所惡，故幾於道。
居善地，心善淵，與善仁，言善信，正善治，事善能，動善時。
夫唯不爭，故無尤。

最高的善就像水一樣。
水善於幫助萬物而不與萬物相爭，停留在眾人所厭惡的地方，所以很接近「道」。
居處善於卑下，心思善於深沉，施與善於相愛，言談善於檢證，爲政善於治理，處事善於生效，行動善於待時。
正因爲不與萬物相爭，所以不會引來責怪。

水的表現跟道十分接近

「上善若水」，意即最高的善就像水一樣。「上」即最高。在老子看來，如果要在世界上找一樣東西來描寫「道」，最適合的應該是水；孔子也稱讚過水，如「仁者樂山，智者樂水」。聰明的人欣賞水，是因爲水活潑、流動，能隨著地形而變化，放在圓的杯子裡就是圓的，放在方的杯子裡就是方的。智者就像水，可以適應環境的挑戰，隨時調整自己的策略，在任何地方都受到歡迎。孔子的思想當然是希望我們「既仁且智」。

儒家、道家對水都非常推崇，說它與智慧有關。道家是強調智慧的學派，儒家是強調道德的學派——人性向善，除了努力行善避惡，沒有第二條路，這是很合理的一種邏輯的發展。談道家時，老莊不會教行善避惡，因爲一談行善避惡就必須接受現成的規範，而這些規範往往是人訂的。「竊鉤者誅，竊國者爲諸侯」，「鉤」，帶鉤，是指古時候男人衣服外飾，很貴重，代表身分地位。偷一個帶鉤就誅殺；但是偷一個國家卻變成諸侯，不管用什麼手段當了國君之後，就有很多人效忠，這樣的故事古今都有。這樣一來該如何判斷？老子用水描寫一種智慧，這種智慧表現在外好像是無爲，事實上沒有什麼事做不到。

「水善利萬物而不爭，處眾人之所惡，故幾於道」，意即水善於幫助萬物而不與萬物相爭，停留在眾人所厭惡的地方，所以很接近「道」。眾人所厭惡的地方即卑下的地方，但是水一定處在卑下，所以我們常說：水往低處流，人往高處走。

老子在書中以水爲比喻之作，還有第三十二、三十六、六十一、六十六、七十八章，把這幾章列出來，就可瞭解老子對於水的看法。但是，水只是「幾於道」，「幾」是指接近、幾乎是，意思是用水來比喻「道」，但水並不等於是「道」。

希臘哲學家泰勒斯（Thales）是西方第一位哲學家，他提出宇宙的本源就是水。他的理由是：凡是有生命之物都需要濕氣，沒有水的話，植物無法生長；沒有植物的話，動物無法生存。但老子不說「道」等於水，而是說幾乎、很像是、很接近水。比如水總是居於卑下之地，而「道」對萬物無所不容，既沒有高低之別，也沒有好惡的問題，「道」是一切的根源，沒有「道」的話哪裡有東西可以存在。說水很接近「道」，但是不等於「道」，原因就在這裡。

水表現的七種智慧

「居善地，心善淵，與善仁，言善信，正善治，事善能，動善時」，意即居處善於卑下，心思善於深沉，施與善於相愛，言談善於檢證，爲政善於治理，處事善於生效，行動善於待時。這就是水之「七善」的主旨。居處是指平常的生活，平常生活保持低姿態，別人就會放你一馬；保持高姿態，講話趾高氣揚，就容易樹敵了。

有關水的七善，我在這裡引用蘇轍的注解。蘇轍是蘇軾的弟弟，其父蘇洵，三人合稱「三蘇」。且看蘇轍的解說：

第一，「避高趨下，未嘗有所逆，善地也」。「避高趨下」，因爲水往下流；「未嘗有所逆」，它絕對不會違背這個原則；「善地」，是指擅長選擇一個地方，也可以理解爲擅長表現什麼東西。

第二，「空虛寂寞，深不可測，善淵也」。一個水潭，表面上風平浪靜，裡面卻深不可測。水的表面是平的，感覺如履平地，水下面則「空虛寂寞，深不可測」，善淵的「淵」就是淵深。心「善淵」，就是內心平靜，不表露自己的意向。與別人相處的時候，意向一表露就輸了。天眞的人很容易暴露意向，喜怒哀樂全部形之於色。我們與別人來往時，喜歡說大家來交心吧，把內心的話掏心掏肺全部說出來。我建議盡量避免這樣，掏心掏肺的話說太多，到時候收不了場，還被別人記下自己所有的缺點、做過的糗事，也是很麻煩的。倒不是因爲人心叵測，而是每個人都有自己的缺點要去克服，說得太多，別人就會從他自己的角度來判斷，當下是很好的朋友，幾年之後「時移事遷」，情況就不同了。老子很了不起，可以看透這些。

第三，「利澤萬物，施而不求報，善仁也」。從下雨開始，水「利澤萬物，施而不求報」；「善仁」，譯成相愛，就是愛護諸多生命。

第四，「圓必旋，方必折，塞必止，決必流，善信也」。「信」即見證。水可以印證，它進入圓的地方就會旋轉，進入方形的地方就會轉彎。「塞必止，決必流」，塞住水源，水流就停下來等等。

第五，「洗滌群穢，平準高下，善治也」。水可以洗清一切的髒東西，城市的灰塵和汙濁的空氣，一場大雨過後一切就如新了。「平準高下」，水平可分高下，山倒影在水面上，就看得很清楚，何者在前、在後、在高、在低。

第六，「遇物賦形，而不留於一，善能也」。意指爲政能力，即善於治理。「遇物賦形」，是指任何東西在水面上都會顯出形狀。古人沒有鏡子，就用水代替。「而不留於一」，是指不會特意要什麼樣的形象留在上面，牛來照就看到牛頭，馬來照就看到馬面，人來照就看到人的臉。水不會選擇，代表適應能力很強，怎麼變化都可以。

第七，「冬凝春冰，涸溢不失節，善時也」。水在冬天凝固，春天結冰，涸即乾枯，溢是指滿出來，「不失節」，就是什麼季節應該缺水就缺水，應該滿出來像洪水就變洪水，水配合節氣，能夠把握時機，善於待時。

蘇轍的解說很有趣，從七個角度說明水的七善，也就是無往而不利的境界。用水來對照人生很貼切，學會這七種善，就是天下第一人，該怎麼樣就怎麼樣。「居善地，心善淵」，一步一步來；「與善仁，言善信，正善治，事善能，動善時」。任何一動、一靜、一言、一談，都合乎平常的生活道理，這是老子高明的地方。

無往不利的處世哲學

「夫唯不爭，故無尤」，意即正因爲不與萬物相爭，所以不會引來責怪。我現在的座右銘就是「與人無尤」。年輕的時候血氣方剛，不肯服輸，非要把事情說清楚，好像非得找到人來負責不可，現在想起來，又何必去責怪別人呢？

蘇轍還有一句：「有善而不免於人非者，以其爭也。」這一句等於是把「不爭」拉上來。「有善而不免於人非者」，是指有優點而不能免於別人的非議，是因爲與別人相爭。「水唯不爭，故兼七善而無尤」，水就是不跟別人爭，它「處眾人之所惡」，就可以七善皆「有」而免責，不會有人來責怪它。

綜上所述，我們應該向水學習，妥善運用這七善，就可以達到無往而不利的境界。表面上根本不與別人爭，但最後整個大勢依然往你指的方向發展，也不會惹禍上身。這一章有關水的特性，非常具有哲學意味。

第九章　持而盈之，不如其已

持而盈之，不如其已；
揣而銳之，不可長保。
金玉滿堂，莫之能守；
富貴而驕，自遺其咎。
功成身退，天之道。

累積到了滿溢，不如及時停止。
錘鍊到了銳利，不能長久保持。
金玉堆滿家中，沒有人能守住。
富貴加上驕傲，自己招致禍患。
成功了就退下，這才合乎天道。

物極必反是世間法則

「持而盈之，不如其已」，意即累積到了滿溢，不如及時停止。「持」是指累積，不累積就不會「盈」，「盈」是指滿出來，「已」是指停下來，自我約束。比如錢累積到了滿溢，要怎麼用呢？反倒令人擔心，不如及時停止。錢生不帶來，死不帶去，是一個社會經濟的循環，輪到你家時就留一點，日子過得舒服一點。但是過得舒服就好嗎？可能各種問題都來了，就像很多有錢人都患了富貴病或缺乏安全感。瞭解這個道理之後，有錢就要給社會、給別人一種好形象。

「揣而銳之，不可長保」，意即鍾鍊到了銳利，不能長久保持。年輕人有時候銳氣很盛，就要學會收斂，「和光同塵」。比如台北市市長馬英九，以前在大學教書的時候，因爲學生太多了，加上有些人是來騷擾或追求他的，以致於每個星期都要換教室，每次上課前都緊張兮兮的。他長得英俊瀟灑，正因爲外表太亮眼了，在任何地方都引起別人的注意，就像一把劍，痲袋包不住，一定會戳破。

「金玉滿堂，莫之能守」，意即金玉堆滿家中，沒有人能守住。這個道理很簡單，亦即要從長遠來看。家裡金玉滿堂，財寶堆了很多，說不定這一代守得很好，但是「富不過三代」，也許到第二代、第三代就敗掉了，或者因意外的火災燒光，都有可能。但很多人只滿足於爭取一時的財富，毫不考慮長遠的千秋萬代，這就成了問題。

「富貴而驕，自遺其咎」，意即富貴加上驕傲，自己招致禍患。富貴的人最應該避免驕傲，但是由古至今，富貴的人最容易驕傲。《論語》記載，子貢請教孔子：「貧而無諂，富而無驕，何如？」孔子認為這還不夠好，最好是「貧而樂道，富而好禮」。很多人說，窮了就沒有「道」，其實如果瞭解「道」的話，窮不窮眞的不重要。我很幸運，有機會讀哲學，哲學叫做愛好智慧，這裡面也有「道」，所以我覺得人生的許多奢求沒必要放在心上。有空閒時讀讀書，從書中體會人生，可以知道很多事情，懂得很多道理，領悟很多樂趣。

功成身退方能海闊天空

「功成身退，天之道」，意即成功了就退下，這才合乎天道。「功成身退」太難了，自古以來能夠做到的只有少數幾人。像范蠡在越國打敗吳國之後，就帶著西施隱居了。李斯官至宰相，富貴加身卻不肯下來，繼續做到秦始皇死後，就一命難保了。《史記．李斯列傳》載：「二世二年七月，具斯五刑，論腰斬咸陽市。斯出獄，與其中子俱執，顧謂其中子曰：『吾欲與若復牽黃犬，俱出上蔡東門逐狡兔，豈可得乎！』」此可謂死前大悟。一朝天子一朝臣，像劉邦也一樣，有多少功臣上來之後，還願意功成身退？每個人都要封王，封到最後全部死光了；還有明代開國的徐達、常遇春這些名將，替朱家打下大明江山，後來幾乎也是「狡兔死，走狗烹，飛鳥盡，良弓藏」。我們活在世界上，不能避免當工具的命運，但是一定要知道自己還有選擇的空間，可以功成身退，在某個範圍裡讓自己過得比較有自主性。

人有生老病死，物有成住壞空，「成住壞空」四個字是佛學用語。「成」即完成、出現，「住」即維持一段時間，「壞」是指開始變壞，「空」是指不見了。每樣東西都是從成到空，就像人的生老病死；生就是成，老不一定代表年老，老是活得很長很長，到病的時候就是壞了，死的時候就是空。人有生老病死，物就有成住壞空，季節有春夏秋冬，國家有興盛衰亡。明白這個原則，我們的處世態度就會謙虛、退讓，適可而止，然後功成身退，常保平安，也就是要給別人留餘地。

綜上所述，人活著不能離開天地的範圍，人沒有超越性，活著只是等死，虛無主義由此萌生。這時老子的「道」出來主持公道了；他認爲，「道」不能跟天地萬物混在一起，老莊的思想背後有一個靠山，就是「道」。人只要能體會「道」的存在，活在世間做到不爭，照樣知道自己在做什麼，在往什麼方向發展。這是老子的用心所在。

第十章　載營魄抱一

載營魄抱一，能無離乎？
專氣致柔，能如嬰兒乎？
滌除玄覽，能無疵乎？
愛民治國，能無爲乎？
天門開闔，能爲雌乎？
明白四達，能無知乎？
生之，畜之。生而不有，爲而不恃，長而不宰，是謂玄德。

精神形體配合，持守住「道」，能夠不離開嗎？
隨順氣息，追求柔和，能夠像嬰兒一樣嗎？
滌除雜念而深入觀照，能夠沒有瑕疵嗎？

愛護人民與治理國家，能夠無所作爲嗎？

天賦的感官在接觸外物時，能夠安靜保守嗎？

明白各種狀況之後，能夠不用智巧嗎？

生長萬物，養育萬物，生養萬物而不據爲己有，作育萬物而不仗恃己力，引導萬物而不加以控制，這就是神奇的德。

精神與形體合一即不離道

「載營魄抱一，能無離乎？」意即精神形體配合，持守住「道」，能夠不離開嗎？「營」是指魂，「營魄」是指魂魄，就是精神與形體。「抱」，是指保持。「載」至少有三個說法，第一，「載」是語首助詞，無意義。第二，「載」即抱，前後用兩個字表達同樣的意思，「載營魄抱一」就是「抱營魄抱一」，同樣的意思用不一樣的字來表示，這是文學上的表達方式。第三，「載」即承載，用車子來載人。「載營魄抱一」意即要把魂魄安頓好，守住那個「一」。「一」即「道」，因爲「道」就是整體。「一」可以指魂魄合一的狀態，也可以指「道」，「道」是究竟眞實。「抱一」，是持守住整體，即持守住「道」。

「道」是一個整體，宇宙萬物都不離「道」。持守住「道」，從「道」來看一切，就會有平等之心；把握住整體，就不會有偏差的想法及其他雜念。「一」代表整體，如果從整體來考慮，每個人在生命中臨時發生的不佳狀況，以及短暫的不利處境，就不會放在心上，得到就是失去，失去就是得到，哪裡還會有個人得失的問題呢？

大多數人的精神與身體容易分開，比如我們平常讀書，精神充滿鬥志，身體卻很軟弱，常常身不由己，到一定的時候就會打瞌睡；身體吃不消，書就讀不好。此外，身體的欲望太多，心裡明明知道是錯的還是做，明明知道是對的偏不做。精神的力量雖然巨大，理性有時卻任由身體往反方向走。基督宗教的重要代表聖保羅（St. Paul）曾不只一次說過：「我的心靈是願意的，但身體是軟弱的。」人就是如此，耳朵發癢，愛聽新奇的事，眼睛到處張望，要看一些奇奇怪怪的東西。生命裡有太多誘惑，使人陷於掙扎，但掙扎本身也有其價值，像毛毛蟲變成蛹，如果沒有掙扎，就成不了美麗的蝴蝶。人的生命就是如此微妙，犯錯再站起來，下次犯錯時也再站起來，屢仆屢起，到最後生命已無雜質，誘惑的雜質被「煉盡」了。

藉調養身心以合道

「滌除玄覽，能無疵乎？」意即滌除雜念而深入觀照，能夠沒有瑕疵嗎？當去除雜念的時候才能看得很深入、很清楚。

「專氣致柔，能如嬰兒乎？」意即隨順氣息，追求柔和，能夠像嬰兒一樣嗎？「專」是指忍、讓、順，用在這裡是指隨順氣息，追求柔和。就好比養生之道，呼吸調節得好，就省了很多力氣。小孩子每天哭，嗓子爲什麼不容易沙啞呢？因爲是從丹田發出聲音來哭。老子很喜歡以嬰兒爲喻，描寫悟「道」者保存的原始純樸狀態。道教人士就是學習「專氣致柔」，亦即如何運氣，使氣入丹田。「致柔」，讓自己變得很柔軟。像瑜伽術之類的，修練之後身體變得像嬰兒一樣柔軟。

由自身向外延伸，通達天下之道

「愛民治國，能無爲乎？」意即愛護人民與治理國家，能夠無所作爲嗎？老子認爲無所作爲最好。本章談及「愛民治國」是針對聖人而言，是講聖人的修行。聖人在《老子》裡，是指能夠悟「道」的統治者。成爲聖人有前提：第一，他必須悟「道」，悟「道」之後才能成爲道家的聖人；第二，他必須是統治者，非統治者的話，效果表現不出來。從這裡就可知「愛民治國」是一個修養的過程，以求達成道家的聖人。

「天門開闔，能爲雌乎？」意即天賦的感官在接觸外物時，能夠安靜保守嗎？「天」即自然，「門」即與外物接觸的管道，「天門」即天賦的感官。人生下來就有耳目口鼻，耳目口鼻就是跟外界接觸的管道，稱爲天門。「天門開闔」就是人的活動。「能爲雌乎」，《老子》談到「雌」時偏向母性的溫柔、退讓，就是安靜保守。「明白四達，能無知乎？」意即明白各種狀況之後，能夠不用智巧嗎？「四達」指東南西北，四處通達。智即智巧，用智巧就一定是有所圖謀，有所圖謀就表示還不夠清楚；明白清楚的話，根本就不用智巧，事情到一定程度就會水到渠成。

以上六句連續出現六個問號，告訴我們達到聖人這樣的修行，需要什麼樣的準備。從開始「載營魄抱一」，要問個人的形體與精神能不能一直結合，不離開「道」；「專氣致柔」，能夠隨順氣息變化，讓自己變得非常柔和，像嬰兒一樣；「滌除玄覽」，要排除雜念，深入觀照，沒有任何瑕疵。

人類與萬物共存的奧妙之理

「生之畜之，生而不有，爲而不恃，長而不宰，是謂玄德」，意即生長萬物，養育萬物，生養萬物而不據爲己有，作育萬物而不仗恃己力，引導萬物而不加以控制，這就是神奇的德。「玄德」，是指神奇的德，與第三句「玄覽」，都是要以知覺的心智做深入的觀照。「玄德」近似「至德」，用於描寫「道」的作用，或者聖人悟「道」的表現。「德」字又與獲得的「得」相通，有雙重意義。第一，在萬物方面是指「得之於道者」，這句話來自《莊子》，「德」就是萬物，「得之於道者」，「道」生出萬物後「德」再蓄養，讓它有涵養的機會，這是獲得的「德」。這個「德」可引申為萬物的本性或稟賦，所以「德」就是本性。第二，在「道」方面，「德」是指「道」的作用和表現，「道」本身不可見，「德」就是它具體的代表，以道為體，以德為用。

而聖人與生養萬物之間又有什麼關係呢？因為如果人類出問題，萬物就不能好好生養。比如美國攻打伊拉克時，石油外漏，海岸線幾百公里都被汙染，海洋動物和野生動物都死得很慘，並且此一汙染需要三十年才能完全恢復原狀，這就是人類戰爭造成自然的災難。

「生而不有，為而不恃，長而不宰，是謂玄德」。在《老子》其他地方也出現過，如第五十一章。在《莊子．達生》裡也提到「為而不恃，長而不宰」，用來描寫至人之德。這也是老莊的一個共識。

綜上所述，精神形體配合，持守住「道」，不能三心二意，倘若心猿意馬，要維持住身心合一就很不容易。隨順氣息，追求柔和，隨時保持氣息的柔和，讓它像嬰兒一樣。老莊思想真的對人有益，至少可以先保命，比如爬樓梯，每到一層樓就練習運氣，調節氣息，氣穩一點就不會覺得累，這是個人學習道家的一點心得。

第十一章 三十輻共一轂

三十輻共一轂，當其無，有車之用。
埏埴以爲器，當其無，有器之用。
鑿户牖以爲室，當其無，有室之用。
故有之以爲利，無之以爲用。

車輪上的三十根木條聚集在一個車軸中，有了軸心空虛之處，才有車的作用。

揉合陶土做成器皿，有了陶土的中空，才有器皿的作用。

開鑿門窗建造房屋，有了室內空虛之處，才有房屋的作用。

所以，「有」帶給人便利，「無」發揮了它的作用。

從生活器物中窺見「道」

「三十輻共一轂，當其無，有車之用」，意即車輪上的三十根木條聚集在一個車軸中，有了軸心空虛之處，才有車的作用。古代車輪由三十根木條輻輳於軸心所構成，所謂「輻輳」，即有一個中心點向外分散出去。三十根木條在軸心聚集，軸心必須是空的，才能讓三十根木條穿過，再接連車輪兩邊的橫軸，如此車子的用處才能表現。

「埏埴以爲器，當其無，有器之用」，意即揉合陶土做成器皿，有了陶土的中空，才有器皿的作用。一個花瓶、裝米的米缸，沒有挖空就不能用，也就沒有花瓶、米缸的用處。

「鑿戶牖以爲室，當其無，有室之用」，意即開鑿門窗建造房屋，有了室內空虛之處，才有房屋的作用。這是古義，意思就是蓋房屋的時候，如果裡面是實的，就不能住人，而且還要挖一個洞做爲窗戶。這就好像古時候有一種官叫「司空」，負責掌管建設的事，相當於現在的交通部長、建設部長。爲什麼叫司空呢？因爲他專門負責挖空的工作，山上的陡壁，必須把它挖空才能給人住。

以上三句話，分別是三個比喻：車、器、室，都是與人的社會生活有關的例子。人活在世上，從人的作爲來看，有和無必須配合。「有」是指有一物，可以增加生活上的便利，但這種便利若要眞正發揮用處，則必須靠「無」，而「無」是指空虛。有和無互相配合，物的功用才可彰顯。老子借此提醒我們，不要重「有」輕「無」。

「無」是創造的可能性

「故有之以爲利，無之以爲用」，意即所以，「有」帶給人便利，「無」發揮了它的作用。在經驗世界或現象世界，「有」和「無」是相對的，兩者配合才可產生利用之效。以人而言，創造發明是可能的，在「有」的基礎上，不只限於既定的模式。人類文化的創作皆來自可能性，有和無互相配合，發揮創意與想像，由此推展文化的進步，所有的創作都是使可能性變成實現。

比如音樂家作曲，本來沒有這首曲子，一旦有了某種感觸，就用聲調、旋律作出一首優美的樂曲。所謂的繪畫也是一樣，本來沒有這些畫，畫家將它創作出來。中國畫重在寫意，竹林、梅花、雪景，經畫家一點染就變成一幅絕妙的畫作。而這些畫有一個欣賞的主體，就是人，人從畫裡品味美感，它的價值就因此而展現出來。如果沒有人來品味，畫掛在牆上，有什麼樣的價值呢？

所以，人的世界才會有價值的問題，沒有「無」，人生哪有創造的可能？人的智慧就在這裡，而老子用幾個字就表達出來了。從無生有，跟著他的思想一步步走下去，就會因老子的啓發，使我們的思想延伸得更遠，可以看得更透澈。這也是每個人本來有的潛能。有時候我們因某些機緣使得願望實現，也是一種從無生有。

「車、器、室」三者都是人類發明之物，可見老子不是完全停留在自然的層面，也提及人類文化的產品，這裡就是例證。不過老子的重點，不只是在文化進展，而更在個人生命的安頓。用意在不執著於「有」，還要設法「無」——把「有」化解掉。如果只想到有，就淪於只會計算，變成量的累積，只看到具體實在的東西。

西方人就有這種習慣，西方的油畫和中國山水畫掛在一起，他們會認爲中國畫浪費紙張，一大堆留白。實際上中國畫有它不一樣的意境，就是靠著「非有」，顯出「有」，當中有很多延伸的空間，所以欣賞中國畫比較容易有回味的餘地。西方畫重寫實，一滴眼淚、一個極小的細節，都區別得很清楚；而看一幅中國畫，我們感覺到的是人與大自然的和諧。「孤舟蓑笠翁，獨釣寒江雪」，畫面上就是一座山，上面覆蓋白雪，河流很小，一葉扁舟，一個老頭戴個草笠，根本看不清臉，拿一根釣魚竿，但其中就有很多回味的空間。

從以上可以得知，常保心靈的獨立與自由，把「有」和「無」一起來對照，所以「有之以爲利，無之以爲用」，一般人只想到利，而忘記了用，不知無用之用才是大用。「無」讓人把「有」空掉，變成虛，虛的時候就有無窮的可能性。所有人類文化的創作皆來自可能性，這個可能性不是虛無，而是一種化解對實在的執著。

第十二章　五色令人目盲

五色令人目盲；五音令人耳聾；五味令人口爽；
馳騁畋獵，令人心發狂；
難得之貨，令人行妨。
是以聖人爲腹不爲目，故去彼取此。

五種顏色讓人眼花撩亂；五種音調讓人聽覺失靈；五種滋味讓人口不辨味；
縱情於狩獵作樂，讓人內心發狂；
稀有的貨品，讓人行爲不軌。
因此聖人只求飽腹而不求目眩，所以摒棄物欲的誘惑，重視內在的滿足。

過度耽溺感官則求樂反苦

「五色令人目盲」，意即五種顏色讓人眼花撩亂。所以我們的眼睛是需要保養的。

「五音令人耳聾」，意即五種音調讓人聽覺失靈。身歷聲電影院製造出來的電影音效，有時眞叫人頭疼。五音令人耳聾，當然不是指耳朵眞的聾掉，而是說如果經常在噪音影響之下，到最後就無法聽清楚，產生聽覺失靈的現象。

「五味令人口爽」，意即五種滋味讓人口不辨味。「爽」是指差失麻木，就是口味已經麻木了。

「馳騁畋獵，令人心發狂」，意即縱情於狩獵作樂，讓人內心發狂。「畋獵」是指打獵、狩獵；「馳騁」是指縱情於此。雖說原野可以讓人的生命盡量奔放，著實令人羨慕，但是縱情於狩獵作樂，則會讓人內心狂亂。

「難得之貨，令人行妨」，意即稀有的貨品讓人行爲不軌。「行妨」是指行爲不正直。我們經過珠寶店都會多看兩眼，心想這麼貴重的東西實在不安全。珠寶店容易遭到搶劫，因爲「難得之貨，令人行妨」。盜賊的非分之想，在商業社會裡是無法避免的。

五色是指：青、紅、黃、白、黑。五音是指：宮、商、角、徵、羽，這是古代的五種音，就像我們現在講的A調、B調、C調、D調等。五味是指：酸、甜、苦、辣、鹹。感官欲望如果超過限度，求樂反苦，確實如此。至於「心發狂」與「行妨」，更使人陷入困境，甚至受到倫理的約束與法律的懲罰。

去與取之間的平衡

「是以聖人爲腹不爲目，故去彼取此」，意即因此聖人只求飽腹而不求目眩，所以摒棄物欲的誘惑，重視內在的滿足。這句話最關鍵的是「聖人爲腹不爲目」，可與《老子》第三章並觀，「聖人之治，虛其心，實其腹，弱其志，強其骨」。聖人只照顧百姓的肚子，讓他們吃飽喝足，而不要有太多念頭。換言之，聖人明白此道理之後，就能以適當的策略來治理百姓。老子說「去彼取此」，此消則彼長，彼長則此消；但是社會發展卻顯然背道而馳，讓人眼花撩亂，產生各種欲望。但也有很多人認爲，如果沒有欲望，沒有消費，商業社會怎麼辦？經濟不流通也不行。

因此，我們可以重新思考「去」與「取」之間，是否要以簡單的二分法來互相排斥呢？通過教育的方式使人們懂得節制，是否可行呢？我們都希望通過教育讓人知道自己節制，比如說「五色令人目盲」，那四色呢？「五音令人耳聾」，那四音呢？五音不全，反而好了嗎？我們學會所有現代化的東西，用的時候可以自己做主，不要先把它的可能性排除，而是要學會自我控制。

舉個例子來說，小孩子如果讓他自由發展，就可能犯錯，但是他犯錯之後才會學到教訓。比如火很燙不能碰，小孩子不知道什麼叫燙，不如讓他去碰觸，碰了以後知道痛，他就瞭解火是燙的，不能隨便碰。大人說再多他也不見得聽，讓他嘗試一下，可以省卻許多煩惱。所以，人生很多問題防不勝防，只有對自己約束，經常提高警覺。

由此可知，老子很厲害，「不出戶，知天下；不窺牖，見天道」，不用出門就知道天下事。「其出愈遠，其知愈少」，出外離家愈遠，知道得愈少，在家裡不出門反而知道得更多。《老子》眞是我們的朋友，這就是學習的好處。《老子》對人生的啓發，年紀愈大就愈發現這些話有其道理。「五色令人目盲；五音令人耳聾；五味令人口爽；馳騁畋獵令人心發狂；難得之貨令人行妨」，如果眞能避開這五方面的話，就少了許多無謂的困擾。

第十三章 寵辱若驚，貴大患若身

寵辱若驚，貴大患若身。
何謂寵辱若驚？寵爲下，得之若驚，失之若驚，是謂寵辱若驚。
何謂貴大患若身？吾所以有大患者，爲吾有身，及吾無身，吾有何患？
故貴以身爲天下，若可寄天下；愛以身爲天下，若可託天下。

得寵與受辱都好像受到驚嚇。重視大禍患如同重視身體。

什麼叫做得寵與受辱都好像受到驚嚇？得寵是卑下的，獲得它時好像受到驚嚇，失去它時也好像受到驚嚇，這就叫做得寵與受辱都好像受到驚嚇。

什麼叫做重視大禍患如同重視身體？我所以有大禍患，是因爲我擁有這個身體，如果我沒有這個身體，我還有什麼禍患呢？

所以重視身體超過天下的人，才可以把天下交付給他；愛惜身體超過天下的人，才可以把天下委託給他。

寵辱禍患都是生命的困境

「寵辱若驚」，意即得寵與受辱都好像受到驚嚇。這句話不難理解，突然間被侮辱，難免會受到驚嚇，突然得寵也會嚇一跳。但是得寵除了嚇一跳之外，恐怕就是受辱的開始，現在得寵將來可能會受辱，如果沒有寵也就不會有辱。

「貴大患若身」，意即重視大禍患如同重視身體。關於這句話，有些學者認爲應該是「貴身若大患」，意即重視身體，就好像重視大禍患一樣，因爲身體隨時都有可能出狀況，所以要小心保養。在此我們尊重原文，是因爲要押韻。《老子》是一篇很古的材料，春秋時代的末期，在語文的表達上爲了押韻，有些字就要設法調整。

「貴大患若身」，亦即身體是大禍患的來源，人有身體，因而產生無窮的欲望，想要各種物質享受以及世間的名利權位。然而這些東西的得與失，往往受制於外在條件，因此造成自己無盡的苦惱。老子的建議是，與其等待大禍降臨，不如調整自己對身體的觀念：對身體要貴、要愛，目的在於提醒與警惕自己不要陷於大患。如果眞正愛惜身體，就要讓它避免陷入困境，這裡就包含了一種很高的修養的期望。

但是老子也曾提到，過度重視保養反而會爲身體帶來災難，因爲違反了健康的規則。老子經常是正言若反——正面講的話就像是反話一樣，結論就是不要讓身體成爲累贅。所以，寵和辱放在一起，身與大患放在一起，看似相反，但彼此之間有一種關聯在內。

能夠自主，才能平靜安詳

「何謂寵辱若驚？寵爲下，得之若驚，失之若驚，是謂寵辱若驚」，意即什麼叫做得寵與受辱都好像受到驚嚇？得寵是卑下的，獲得它時好像受到驚嚇，失去它時也好像受到驚嚇，這就叫做得寵與受辱都好像受到驚嚇。

「得寵」爲何說是「卑下」呢？得寵時，要記得是別人讓自己得寵，自己並沒有自主性。這句話很有道理，別人有時候是欣賞你，有時候是同情你，有時候是可憐你。在專制時代，這種情況特別明顯，電視劇裡常聽到「只不過是某某人的一條狗」，這句台詞就是得寵者最好的寫照。

由上可知，得寵與受辱看似相反，但都是經由別人發動而讓「我」來接受。當別人侮辱「我」的時候，「我」因而受辱；當別人寵信「我」的時候，「我」必須接受，兩者都一樣身不由己。寵辱由外而來，使「我」失去自主性，無法維持人格尊嚴，所以說「若驚」。所謂「寵爲下」，是因爲非「我」所能控制，使「我」得失皆「若驚」，得寵若驚，失寵也若驚，一旦失寵就變成「辱」了，寵尚且如此，何況是辱呢？所以說「寵爲下」，只有無寵、無辱才可長保平靜安詳。

「何謂貴大患若身？吾所以有大患者，爲吾有身，及吾無身，吾有何患」，意即什麼叫做重視大禍患如同重視身體？我所以有大禍患，是因爲我擁有這個身體，如果我沒有這個身體，我還有什麼禍患呢？

這要分兩點來看，第一，我的禍患來自於我有身體；第二，如果沒有身體我還會有什麼禍患呢？一個人活著怎麼可能沒有身體？「及吾無身，吾有何患」，「身」即身體，每個人都有身體。有身體各種狀況也隨之而來，如欲望衝動、被威脅的可能、生病的可能，生病就會覺得很痛苦。

更進一步來說，有身體的話就有面子，就有形象，開始與人爭名奪利。名譽和隱私都是從身體來的。沒有身體的話，什麼煩惱都沒有了。但是，身體是我們的本錢，沒有身體什麼都不能做，所以要問，自己的選擇是不是適當？人生就是不斷地選擇的過程，說什麼話、做什麼事、與誰來往、讀什麼書……等等，都是選擇。選擇正確就覺得時間過得扎實，非常值得；選擇有偏差，就覺得簡直在浪費生命，不知道自己爲什麼活著。

其實名譽只有對認識自己的人才有意義。而「沒有身體還有什麼禍患」這句話的意思，是說把自己的身體當作沒有身體一樣；名譽好像不是我的名譽，不要在乎。聽到別人稱讚不要高興，聽到別人批評也不要難過，他們只是在說一個名字，那個名字跟我不完全相等。

把天下交託給重視愛惜生命的人

「故貴以身爲天下，若可寄天下；愛以身爲天下，若可託天下」，意即所以重視身體超過天下的人，才可以把天下交付給他；愛惜身體超過天下的人，才可以把天下委託給他。《莊子．在宥》說：「故貴以身於爲天下，則可以託天下；愛以身於爲天下，則可以寄天下。」也是同樣的意思。爲什麼？這樣的人一定不喜歡窮兵黷武、荼毒生靈。不過，莊子這段話特別強調的是，君子治理天下時「無爲」的態度。

《莊子．讓王》裡有這樣的故事：因爲土地糾紛，兩國要打仗。有一個人勸國君，他說：假設我叫天下各國國君一起簽約，左手拿這個契約，右手就要砍掉；右手拿契約，左手就要砍掉；但是拿到契約的人就是天子，這樣你還要不要當天子？那個國君想了想，決定不要，自己的手至少比較重要，而誰知道天子能當幾年呢？這個故事說的道理很簡單，就是要人愛惜自己的身體。

這個故事便是從《老子》這一章的話延伸出來的，叫我當帝王，我很樂意；但如果要我損失一隻手，倒不如不當。明君愛惜身體，才能讓百姓平平安安過日子，不會有太多勞役、苦役，讓百姓太勞累。因此重視身體超過重視天下的人，反而能把天下治理好。所以大禹經常被莊子拿來嘲笑，八年治水在外，竟三過家門而不入，眞沒「良心」。

我認爲如果不學習、不思考、不讀書的話，人生實在沒有什麼太大的憧憬。活在世界上，只有不斷提高內在的修養，包括從學習到思考、讀書，把這些材料輸入心裡加以消化，內心才會充實。讀了本章之後，我們會得到很多心得，看事情會比較深遠，不計較當下的情況，就容易化解各種不必要的壓力與焦慮。

第十四章 視之不見，名曰夷

視之不見，名曰夷；聽之不聞，名曰希；搏之不得，名曰微。
此三者不可致詰，故混而爲一。
其上不皦，其下不昧。
繩繩兮不可名，復歸於無物。
是謂無狀之狀，無物之象，是謂惚恍。
迎之不見其首，隨之不見其後。
執古之道，以御今之有。
能知古始，是謂道紀。

看它卻看不見，稱它爲「夷」；聽它卻聽不到，稱它爲「希」；摸它卻摸不著，稱它爲「微」。

這三方面都不能夠窮究底細，所以它是渾然一體的。它外顯的部分不明亮，隱含的部分也不晦暗。綿綿不絕的樣子無法爲它定名，然後又回歸於空無一物。這叫做沒有形狀的形狀，沒有物體的形象，這叫做若有若無的惚恍。迎向它，看不見它的源頭；跟隨它，看不見它的後續。把握早已存在的「道」，可以用來駕馭當前的一切。能夠瞭解最早的開始，這叫做「道」的規律。

「道」無法以感官區辨

「視之不見，名曰夷；聽之不聞，名曰希；搏之不得，名曰微」，意即看它卻看不見，稱它爲「夷」；聽它卻聽不到，稱它爲「希」；摸它卻摸不著，稱它爲「微」。「夷」、「希」、「微」三個字各有其意。「夷」即沒有任何凸顯之處；「希」即聲音非常小，所以說「大音希聲」，意即極大的音是沒有什麼聲音的；「微」即微小。

「此三者不可致詰，故混而爲一」，意即這三方面都不能夠窮究底細，所以它是渾然一體的。看、聽、摸三種感官都無法掌握、窮究底細，這叫「致詰」。「混而爲一」

是因爲我們無法分辨，所有東西都混在一起了，「一」代表一個整體。

看、聽、接觸屬於感覺，我們平常都用感覺來確定東西到底存不存在。有人說不能被感覺到的東西是空洞的，老子卻很認眞地說，看不見、聽不到、也摸不著，就稱之爲「夷」、「希」、「微」，來表示從三個方面都不能夠清楚地掌握，卻「混而爲一」，這是爲什麼呢？且從以下幾個方面來理解。

第一，人活在「混而爲一」裡面，當然看不見整體。蘇東坡的詩句提到「不識廬山眞面目」，因爲「只緣身在此山中」。人在山裡面怎麼可能看得見山的整體面貌呢？無論怎麼看，都好像瞎子摸象，只能摸到一部分，被摸到的反而不是眞相，聽也是一樣。

第二，要去掌握的時候就會發現，人不但在「混而爲一」之中，另一方面，人的言語根本不可能用來加以描述，所以說「繩繩兮不可名」。老子就是想用各種方式來讓我們突破感覺和認知，讓這兩方面的功能發揮不出來，然後才能追問什麼叫「道」？簡單地說，就是只要想到生命有開始也有結束，人類的世界很短暫，地球出現的時間也很短，整個宇宙有開始也有結束，就不免懷疑這一切都是眞的嗎？所以要倒過來問。我們現在看到、聽到、摸到的都不是眞的，都在變化之中，而那個基礎就是永遠不變的「道」。

本章的特色就在這裡，一方面從正面說，「道」看不到、聽不到、觸摸不到；另一方面反過來說，看得到、聽得到、觸摸得到的，都不是眞的；「道」正好在這一切之外，在感覺和理智的思考之外。這樣一來，我們對「道」的認識就更深一點。我們學道家的時候，常常會自嘲學「道」學了半天，卻又不可說、不可理解、不可見，那到底什麼叫「道」？眞的有這個「道」嗎？難道我們上當了？這就要加以說明了，因爲我們在「道」裡面，無法看見「道」，換句話說，我們看見的東西絕對不是「道」，「看」代表感覺；「名」則是概念的運作。

「道」無法被固著捕捉

「其上不皦，其下不昧」，意即它外顯的部分不明亮，隱含的部分也不晦暗。「上」是指外顯的部分，「下」是指裡面所包含的部分，「上」、「下」都無法看清楚、掌握住。

「繩繩兮不可名，復歸於無物。是謂無狀之狀，無物之象，是謂惚恍」，意即綿綿不絕的樣子無法爲它定名，然後又回歸於空無一物。這叫做沒有形狀的形狀，沒有物體的形象，這叫做若有若無的惚恍。「繩繩兮」，即繩和繩連在一起，綿綿不絕是指一直在變化，沒有窮盡。《老子》第二十一章也用了「惚恍」這個詞來形容「道」，

「惚恍」是指若有若無，無狀而又有狀，無物卻又有象。由此可見「道」並非虛無，而是無法加以描述。既不知道它由何而來，也不知道它往何而去。

「無物」是指什麼？是虛無嗎？還是沒有形狀的形狀、沒有物體的形象、若有若無的惚恍？它無法用形象來掌握，也就是《老子》第一章談到所謂的「無名」、「無形」，因爲無形可狀才無法去「名」。老子所謂的「無」，並不是眞的虛無，雖然無形可見、視之不見、聽之不聞、搏之不得，但一定有東西，只是看的時候看不清楚。再說「混而爲一」，意思是至少可以看到一個整體，並不是完全的虛無；「復歸於無物」，是不是就是回到沒有東西呢？它是沒有形狀的形狀，就是有一樣東西模模糊糊在這裡，雖不知道是什麼，但是一定存在，它是沒有物體的形象，無法很清楚地加以掌握，叫做「若有若無」，「惚恍」就是若有若無的樣子。

「迎之不見其首，隨之不見其後」，意即迎向它，看不見它的源頭，跟隨它，看不見它的後續。如果正面看某個東西，等於問其源頭何處？雖然看不到，但如果跟隨它的話，就會看到四季的變化，整個宇宙的變化。看不到它的後續，等於沒頭沒尾，什麼也掌握不到。

把握早已存在的「道」，可以用來駕馭當前的一切，不會被萬物的變化所迷惑；但因爲人活在世界上自身也在變化，他所見的萬物透過感官也跟著一起變化，所以人活在世界上最普遍的經驗就是迷惑。

到現在我還記得，中學時代讀朱自清的〈匆匆〉一文：「太陽它有腳啊，輕輕巧巧地挪移了，我也茫茫然地跟著旋轉。」這種經驗確實很普遍，人生就是後面這一句，「茫茫然地跟著旋轉」，寒暑交替，春去秋又歸。人的生命非常短暫，如果能夠瞭解最早的開始，也就是「道」的規律，就可以掌握眼前的一切，學習道家就是學習把握「道」的規律。

人生的困境都不是問題，因爲自古以來就是如此。人活在世界上，不要去管別人怎麼樣，否則就會忘記自己的生命。一旦把自己列入一種比較的定位，某一方面就會輸給人家，比如不如別人年輕、某部分趕不上別人，比較之後，再開始也來不及了。

如果從「道」來看，一切根本沒有變化，本來就是這樣。《莊子．齊物論》說，最高深的智慧就是：體會從來沒有任何東西存在過。又何況是我們的生命呢？

從歷史中學習「道」的規律

「執古之道，以御今之有。能知古始，是謂道紀」，意即把握早已存在的「道」，可以用來駕馭當前的一切。能夠瞭解最早的開始，這叫做「道」的規律。「道」是「自古已固存」的，在一切之前已經存在。「以御今之有」是老子的目標，要用「道」

來體現當下的作用。比如太陽底下沒有新鮮事，因爲從「道」來看，所有的事都曾以不同的方式出現過。瞭解這一點，人就不會太過於在乎一些蠅蠅小利。

學習《老子》就是要人前前後後都看得見，這倒不是說利害關係，而是老子本來就要求我們能夠保護自己，不要陷入困境，任何事情現在不注意，將來就可能成爲後患。因此，化解各種不必要的誤會、與人爲善才是上策，人生很多道理都可以從書本上學來。

本章所論有關「道」體，人的感覺對此無能爲力，因爲「道」是未分之整體，若隱若現。「不可名」是指不受理性思考能力所限制。「名，可名，非常名」，這就是對照的地方。最後只能以「無物」來描述。所謂「無物」是說「道」並非世界任何一物，而不是說「道」是虛無的。

第十五章 古之善爲道者

古之善爲道者，微妙玄通，深不可識。夫唯不可識，故強爲之容：豫兮若冬涉川；猶兮若畏四鄰；儼兮其若客；渙兮其若釋；敦兮其若樸；曠兮其若谷；混兮其若濁；

孰能濁以靜之徐清？孰能安以動之徐生？

保此道者，不欲盈。夫唯不盈，故能敝而新成。

古代善於行「道」的人，精微奧妙而神奇通達，深刻得難以理解。正因爲難以理解，所以勉強來形容他：

小心謹愼啊，有如冬天涉水過河；提高警覺啊，有如害怕鄰國攻擊；拘謹嚴肅啊，有如在外做客；自在隨意啊，有如冰雪消融；淳厚實在啊，有如未經雕琢的木頭；空曠開闊啊，有如幽靜的山谷；混同一切啊，有如渾濁的河水。

誰能在混濁中安靜下來，使它漸漸澄清？誰能在安定中活動起來，使它出現生機？

持守這種「道」的人，不會要求圓滿。正因爲沒有達到圓滿，所以能夠一直去舊存新。

行道者的七種樣貌

「古之善爲道者，微妙玄通，深不可識。夫唯不可識，故強爲之容」，意即古代善於行「道」的人，精微奧妙而神奇通達，深刻得難以理解。正因爲難以理解，所以勉強來形容他。這是舉例來說，有一個人善於行道，其精微神奇之處，任何人都難以理解，所以只能勉強來形容。形容時用了七個「若」，老子很喜歡用「七」，前文就提過水的七善，大概表示七個方面就很完備，不必再多了。

第一個，「豫兮若冬涉川」，意即小心謹慎啊，有如冬天涉水過河。在北方，冬天過河確實很危險，因爲河面結冰，一不小心踩上薄冰掉下去，恐怕就沒命了。

第二個，「猶兮若畏四鄰」，意即提高警覺啊，有如害怕鄰國攻擊。當時是春秋戰國時代，各國之間的戰爭很多。老子先說「豫」再說「猶」，「豫」是指小心謹愼，「猶」是指警覺。以前的國家都很小，夏朝時就有萬國之稱，國家就是部落，一不小心便會出現弱肉強食，所以要「猶兮若畏四鄰」，好像害怕四面的敵國一樣。

第三個，「儼兮其若客」，意即拘謹嚴肅啊，有如在外做客。「儼」即嚴肅，「儼兮」，是指很嚴肅、拘謹的樣子。在別人家裡做客眞是很拘謹，我十二歲就離家讀書，後來回到父母家就像是客人一樣，常常覺得很拘謹。結婚之後，有時候回父母家，都很少去開冰箱，總覺得冰箱裡面是父母的食物，不能隨便打開。這恐怕也是我多心了，不過就是感覺不太自在。

第四個，「渙兮其若釋」，意即自在隨意啊，有如冰雪消融。冰雪消融稱爲「渙」，另一個意思是指軍心渙散。一個軍隊軍心渙散，就難免要打敗仗了。

第五個，「敦兮其若樸」，意即淳厚實在啊，有如未經雕琢的木頭。「樸」即原木，還沒有被雕琢的原木，是一個材料，這材料本身是純樸的，因爲還沒有被雕成任何特定的樣子；一旦把木頭雕成杯子，就不可能是別的東西，而只能是木杯了。原木「樸」的時候，有無數可能，老子很喜歡用它來做比喻，是因爲其無限的可能性。

第六個，「曠兮其若谷」，意即空曠開闊啊，有如幽靜的山谷。

第七個，「混兮其若濁」，意即混同一切啊，有如渾濁的河水。混同一切，不做選擇，來者不拒。來者不拒的河流一定會混濁，河流很清的話一定是有選擇性的。

以上連續七個比喻表明此人是善於行「道」者，而從七個方面一起看的話，會發現這就是最高的智慧：小心謹愼，提高警覺，才能夠讓自己安全；拘謹嚴肅，自在隨意是適應環境的需要；淳厚實在，空曠開闊是自己本身；混同一切，是本身的修養。如此一來，就不會遇到任何挑剔或特別的壓力。

有所不足方能永現生機

「孰能濁以靜之徐清？孰能安以動之徐生？」意即誰能在混濁中安靜下來，使它漸漸澄清？誰能在安定中活動起來，使它出現生機？「徐」即漸漸的，「濁」是指在混濁中，「靜」是指安靜下來使它漸漸澄清。這兩句很有道理。宇宙萬物生命的表現，就是該靜的時候靜下來，該動的時候有活力，光是安靜的話，就一去不再回來了，所以需要兩方面兼顧。

「保此道者不欲盈。夫唯不盈，故能敝而新成」，意即持守這種「道」的人，不會要求圓滿。正因爲沒有達到圓滿，所以能夠一直去舊存新。「不欲盈」，因爲「盈必溢也」，「滿」的話就會流出來了。然後「盈則虧」，滿的話接著就會虧損了。我們常說「驕兵必敗」、「滿招損，謙受益」。只要覺得驕傲，覺得自己不錯的話，一定會引來別人的批判，這是很簡單的道理。「敝而新成」，是指當事情快要完成的時候，就把它當作舊的，然後重新開始。這不能說是一種策略，而是一種境界。「敝而新成」是具體的建議，我們要常常做到「敝而新成」，不管有任何成就，都要把它當成舊的，因爲我們繼續活著，從未來來看，就會發現這件事情是小成就。

所以老子告誡人們，不要以爲現在很了不起，那只是一個階段而已，不要太得意，隨時都要保持謹愼戒惕的心，才會不斷進步。比如我出版新書，發表新作，只要一做完，就想著還有更重要的事要做，永遠做不完，這只是一個階段而已，盡量避免滿足於既有的成就。人間很多事都是各種條件配合才能完成，今天這件事情成功了，絕非自己一個人的功勞。如果每一個人都認爲此事非我而無人能爲也，將來就不會再進步了；即使當下成功，也就到此爲止。

西方有句話說：「當總統的人很難過，因爲他不知道怎麼下台。」亦即身居高位，下台的時候有智慧的人不多。俗話說：「上台靠運氣，下台靠智慧。」雖然在台上時保持著微笑，下台的時候卻是苦笑的居多，如果下台還保持微笑，就是有智慧。任何成就只能把它當作階段，生命才能繼續往前走，這就是「敝而新成」。

若要「不溢不虧」，就要在尙未達到圓滿之前，領悟到已經有所缺失，就像是舊的東西，藉此重新引發生命力。比如每個人早上起來，都當作新生命的開始，每天都是新的一天。最難的在於，如何激發自己新的動力。我自己也是一樣，常常想著事情做完後，可以休假一年好好休息，但是其實每年都有新的課程要準備，根本不可能休息。只好安慰自己，這些事情是很值得做的，這樣就能把自己的工作做好。人生的快樂在於具有創造性，就是因爲創造性，才可以不斷地產生新的東西。

話又說回來，如果能把重複的事，當作新的事一樣，就可以經常變換不同的眼光來看待。很多時候事情本身是重複的，但是條件改變了，做的人心態改變了，事情就是新的。人的思考本來就是兩個方向：第一個代表過去發生的事造成現在的結果，爲什麼有這個結果呢？於是去找過去的原因，但無論找到與否，都已經過去了。第二個，我今天在這裡是爲了什麼？下一步往哪裡走？回顧自己的過去，過程中常常希望有一段時間可以休息，什麼事都不做，但等到眞的什麼事都不做，反而會覺得生命好像沒有什麼著力點。還有，即使是跟別人合作做的事，也要能夠把生命的主動性引發出來，這樣才能很愉快地度過每一天。

綜上所述，本章從七個角度描寫行「道」的人，其主旨就是戰勝恐懼、謙虛退讓、隨順自然、和光同塵。即使在動靜轉換之際，也要徐而爲之。「濁以靜之徐清，安以動之徐生」，漸漸地改變，順其自然，很多事情事緩則圓。各種條件配合，以漸進方式達成，毫無勉強之處。

第十六章 致虛極，守靜篤

致虛極，守靜篤。萬物並作，吾以觀復。
夫物芸芸，各復歸其根。
歸根曰靜，靜曰復命。
復命曰常，知常曰明。
不知常，妄作凶。
知常容，容乃公，公乃全，全乃天，天乃道，道乃久，沒身不殆。

追求「虛」，要達到極點；守住「靜」，要完全確實。萬物蓬勃生長，我因此看出回歸之理。
一切事物變化紛紜，各自返回其根源。
返回根源叫做寂靜，寂靜叫做回歸本來狀態。

回歸本來狀態叫做常理，瞭解常理叫做啓明。

不瞭解常理輕舉妄動，就會遭遇凶險。

瞭解常理才會包容一切，包容一切才會大公無私，大公無私才會普遍周全，普遍周全才會合乎自然，合乎自然才會與「道」同行，與「道」同行才會保持長久，終生免於危險。

透視萬物生長的表象

「致虛極，守靜篤。萬物並作，吾以觀復」，意即追求「虛」，要達到極點；守住「靜」，要完全確實。萬物蓬勃生長，我因此看出回歸之理。這是老子修養的明確方法。虛靜合一，萬物才能蓬勃生長。「虛」之後能空能明，虛了就空，空了就明。《莊子．人間世》說得好：「虛室生白」，空的房間就顯得亮；相反的，房間裡面如果塞滿了東西，再亮的燈光都沒有用，因爲到處都有陰影，光亮根本顯示不出來。能空才能明，「明」就是什麼都可以照見，像鏡子一樣。

「靜」之後才能「觀」，「觀」即看得清楚。安定之後才能夠看清楚，如果心亂了的話，疑神疑鬼，什麼東西都看不到，把眞的看成假的，假的看成眞的。所以說靜之後才能安、才能觀。由此可見萬物的回歸路線是「觀復」，「復」字就是回復，回歸的路線，回去了就是「復」。

「夫物芸芸，各復歸其根」，意即一切事物變化紛紜，各自返回其根源。「芸芸」即宇宙萬物，像我們每天下班各自回家，也就是「各復歸其根」。街上人來人往很熱鬧，最後還是要回家。草木也是一樣，花草樹木一直往上長，長到最後花落歸土、葉落歸根，然後回到根源——泥土裡面。亞里斯多德也說過：「迴圈的圓是最完美的運動，它的終點與起點合而爲一。」

回歸萬物的根源

「歸根日靜，靜日復命」，意即返回根源叫做寂靜，寂靜叫做回歸本來狀態。因爲「虛」、「靜」可以看清一切，所有一切又返回根源。「復命」是指回歸本來狀態。「命」對人而言是指既定的條件，以及最後的結局。比如生下來是男還是女，這是對人來說的既定條件。對萬物來說，一切事物的本來狀態和最後歸宿，一個是起點，一個是終點，而起點跟終點常常是合一的。

老子認爲，本來狀態無異於最後歸宿，也就是「靜」。莊子認爲最高智慧是：瞭解從來不曾有任何東西存在過，一切都復歸於寂靜這個「恆常」的道理。老子善於從結局來看萬物，很多時候如果從結果看事情，就容易超脫，不會斤斤計較，結束的時候到了，自然就結束，不會有任何勉強。結束是下一次新的開始的機會，永遠不結束就無法有新的開始。

常常從結局看待人生，會有不一樣的體會。如果從人離開世界的那一天來看自己的一生，會希望這一生盡量能問心無愧，不要對不起別人，做任何事都盡本分，現在做的每一件事，在一生最後的那一天都不會後悔。如果人人都能夠有這種想法，道德根本不是問題。

道家不特別講道德，只要懂得從最後一天看現在，人自然就會有道德了。爲什麼要得罪別人？爲什麼要傷害別人？有什麼理由一定得製造那麼多困擾呢？人生光是化解煩惱已經不容易了，何必再製造新的問題？舊問題還很多沒有解決，製造新問題不是更麻煩嗎？所以老子告知我們，要設法化解問題，不要製造新的問題。

瞭解「常」的重要性

「復命曰常，知常曰明。不知常，妄作凶」，意即回歸本來狀態叫做常理，瞭解常理叫做啓明。不瞭解常理輕舉妄動，就會遭遇凶險。「知常曰明」中，有三個關於「知」的層次。

第一，以「知」爲區分，會造成相對的價值觀，隨之產生欲望與爭鬥，所以要使百姓「無知無欲」。但是人有理性，一定要區分，才能夠安全地活下去。比如什麼水果可以吃，什麼水果有毒，這是區分。但是區分之後難免造成欲望，產生爭奪，而引起不好的後果。

第二，以「知」爲避難。懂得限制欲望，就是因爲根據過去的經驗，預期這件事的後果恐怕不好，所以先避開，以免陷入不必要的困境中。我讀中學時，曾經躲在棉被裡面看李宗吾寫的《厚黑學》。這本書的主旨就是先看準了結果會如何，然後朝目標前進，中間是手段的問題，這就是《老子》所謂的「避難」。也就是說，只要可以避開災難，不妨面厚心黑。要厚如城牆、黑如煤炭，進而要厚而無形、黑而無色。很多人學到了這一點，知道要避開災難，卻忘記這只是第二步而已。

第三，以「知」爲啓明，亦即以「知」瞭解「道」的運作規律，能虛能靜，無私無我，順其自然，全身保眞。從「道」來看一切，覺悟到所有的事情都是因緣和合，條件、時機到了，自然就會出現這樣的結果，瞭解之後也就不會勉強。莊子很喜歡講「不得已」，意思是當各種條件成熟的時候，就順其自然。我們常常說要通人情世故，很多事情到什麼時候該怎麼發展，一看便知，如果已經差不多了，再忍耐一下，時機總會成熟。

諸葛亮的神機妙算幾乎把周瑜給活活氣死，直嘆「既生瑜，何生亮」，就是因爲諸葛亮這一方面比周瑜高明多了，能「觀消息盈虛」，判斷各種條件是否成熟，是不是要起東風了呢？什麼時候開始進軍？他具備了準確掌握各種條件的能力。本章所論的啓明之知——「知常曰明」，就是解脫及超越的智慧。

我在提到《老子》的「明」時，常常翻成「啓明」。很多人不喜歡「啓明」，以爲是指眼睛有問題，因爲聯想到「啓明學校」。其實很多時候，就算我們眼睛再好，也不見得能全然看到什麼。不要只是相信眼睛，把眼睛閉起來，也許反而會張開心靈之眼，看到人與人之間那種最基礎的善意。這是老子對人的最高期許，並由此建立了道家的修行目標。

瞭解常理，才能在「道」中安然求存

「知常容，容乃公，公乃全，全乃天，天乃道，道乃久，沒身不殆」，意即瞭解常理才會包容一切，包容一切才會大公無私，大公無私才會普遍周全，普遍周全才會合乎自然，合乎自然才會與「道」同行，與「道」同行才會保持長久，終生免於危險。

這一系列的用詞很嚴謹。瞭解常理才會包容一切，和法國一句名言「瞭解一切就會寬容一切」是一樣的意思。比如看到一個人做壞事，也許瞭解他一生的遭遇就會原諒他了，因爲他一定有特殊的情況，不然誰願意做壞人？瞭解常理就會包容一切，包容一切才會大公無私，不會有私心，把所有的一切視爲平等。大公無私才會普遍周全，然後合乎自然。自然界一定普遍周全，哪裡颳風、哪裡下雨都有一定的規律。

當然也有很多人說大自然會偏心，像颱風只出現在某些區域，但是如果逆向思考，常有颱風的地方是不是也有好處呢？一定有，要不然那個地方的人們爲什麼還留下來呢？有時候看到一些難民的照片或介紹，常常想他們過得這麼苦，爲什麼不離開呢？其實在一個地方住久了以後，有苦的一面，一定也有樂的一面，會找到平衡。比如非洲原住民的生活契合大自然，別的不說，光是大自然給他們的回饋就是我們很難想像的。

我很喜歡的一個作家卡繆（A. Camus），他一歲時父親參加第一次世界大戰陣亡了，媽媽又是文盲，替別人洗衣服過日子。他回憶自己住在地中海濱，雖然家裡非常窮，但是大自然帶給他的陽光跟海洋，讓他感覺到生命非常豐富。相反的，作家沙特住在巴黎，家裡很有錢，要什麼有什麼，但是卻缺乏陽光，也沒有海水。自然界是很公平的，譬如西藏人很窮，但是他們在高原上依舊快樂。

綜上所述，天就是自然，合乎自然才會與「道」同行。自然界的運作規律不受人爲因素左右，顯然更爲接近本來的狀態，因而更能與「道」相契合。莊子很喜歡用自然界做比喻，連作夢夢到自己變成蝴蝶都跟自然界有關係，就是因爲自然界跟人的世界有一點距離，符合「道」的規律，「道」設計好春夏秋冬，它就照單全收。一旦受到人的影響，自然界就會出現錯亂。如果離開自然界只看人的世界，一定是顛倒離奇，幾乎沒有任何事情是正常的。所以我們要多接近自然，多欣賞自然界的規律，才能降低人類世界偏差的價值觀對自己的影響，這樣生命就比較容易合乎自然的規律，而後與「道」同行。

第十七章 太上，下知有之

太上，下知有之；
其次，親而譽之；
其次，畏之；
其次，侮之。
信不足焉，有不信焉。
悠兮其貴言。功成事遂，百姓皆謂「我自然」。

最好的統治者，人民只知道有他的存在；
次一等的，人民親近他，並且稱讚他；
再次一等的，人民害怕他；
更次一等的，人民輕侮他。

統治者的誠信不足，人民就不信任他。

最好的統治者是那麼悠閒，他很少發號施令，等到大功告成，萬事順利，百姓都認爲：我們是自己如此的。

四種級次的統治結果

「太上，下知有之；其次，親而譽之；其次，畏之；其次，侮之」，意即最好的統治者，人民只知道有他的存在；次一等的，人民親近他，並且稱讚他；再次一等的，人民害怕他；更次一等的，人民輕侮他。

老子將統治者分成四等，第一等是人們知道他的存在，但不知道他曾經發號施令，好像他沒做過什麼事；第二等，人們親近他，並且稱讚他；第三等，人們害怕他，與他保持距離；最後一等，人們輕侮他，根本看不起他。

老子的觀察很犀利，對於統治者還分了不同的層次。最理想的社會是什麼情況呢？「太上，下知有之」，人民知道有統治者的存在，但不覺得需要他來領導，叫做無爲而治。像英國的女王是一個精神象徵，國家發生重大的事情時，她一說話就有效果。第二等，統治者行仁政，人民「親而譽之」。第三等是統治者使用政令刑法，人民畏懼他。第四等是統治者胡作非爲，全無章法，人民都可以罵他，這就慘了。做爲普通人也不應該隨便被罵，做爲政治領袖被人隨便罵，到了這個地步，天下可能就要大亂了。

「下知有之」，有的版本作「不知有之」，是說人民不知道有統治者的存在，好像是沒有人管。我個人不同意這個看法，原因有兩點：其一，因爲下面接著說：「其次，親而譽之」，從「不知有之」跳到這一步，似乎太快了些；其二，最後說：「百姓皆謂：我自然」，正是因爲百姓知道有他的存在，但不覺得受他統治，所以才會說「我們是自己如此的」。說話時要知道背後的「預設」是什麼，百姓說我們是自己成爲這樣，當然是先知道有統治者的存在，如果完全不知道有統治者存在，何必說「我們自己如此」呢？統治者「貴言」而非「不言」，也是個證據。「貴言」代表很少發號施令，很少發號施令並非不言，仍有統治的事實。有些學者由此聯想「日出而作，日入而息，帝力於我何有哉」，帝王的力量跟我沒有什麼關係。知道有「帝力」存在，但是不覺得受到「帝力」的擺布而已。

合於「道」的政治

「信不足焉，有不信焉。悠兮其貴言。功成事遂，百姓皆謂：我自然」，意即統治者的誠信不足，人民就不信任他。最好的統治者是那麼悠閒，他很少發號施令，等到大功告成，萬事順利，百姓都認爲：我們是自己如此的。這裡的「自然」是指「自己如此」的狀態，而不是一般人所說的自然界。古人談起自然界常以天地（側重其廣大領域，如「天無不覆、地無不載」）或萬物（側重其具體內容）來說。換句話說，古人講自然界就是天地或者萬物，甚至用天來指自然界。

「百姓皆謂：我自然」一語，可參考《莊子・天地》的「大聖之治天下也，搖蕩民心，使之成教易俗，舉滅其賊心而皆進其獨志，若性之自爲，而民不知其所由然」，意即大聖人治理天下時，用的方法是放任民心，使他們成就教化、改變風俗，消除他們害人的念頭，而促成他們自得的志趣，就像是本性自動要這麼做，而他們並不知道何以如此。這當然也是最高明的統治，讓百姓自然而然覺得一切都上軌道，也不知道爲什麼如此。這裡也是一樣，最好的統治者讓人民知道有他的存在，卻沒有任何作爲。比如統治者可以很悠閒，很少發號施令，讓大家都過得很輕鬆，因爲政令太多必定造成壓力。

有關古代社會的政治原理，具體狀況稍做說明如下。古代的社會有三種政治型態：德治、禮治、法治。所謂德治，是指統治者本身以道德爲表率，而以道德做爲一種治理的方法，就是展現品德，自己先孝順，先講信用，百姓看了之後自然跟著學習，上行下效，形成德治。這是最好的一種。

德治的困難在於：除了天子的德行要高之外，國家的規模也不能太大。所以夏朝以禮治國，夏商周三代都有禮儀。孔子在《論語》說得很清楚，商朝的禮從夏朝學過來，然後加以增減；周朝的禮再從商朝學過來，然後加以增減；後代繼承周朝的制度，即使是在百世之後，也都可以知道梗概。

禮有一個基本原則——敬天愛人。「愛人」是指人與人之間互相尊重，彼此形成一個善的循環。這其實還不夠，人在世界上總是會遭遇各種挑戰和難題，比如發生悲劇或災難，一個地方要毀滅了，只有少數人可以活下去，那麼是誰能活下去呢？爲什麼我要讓別人活呢？人間問題層出不窮，如果忽略了源頭，如果沒有「敬天」之情，即對超越界的嚮往，就不知這一切從何而來，又要如何應付了。

古時候倡導德治、禮治，如果不往上發展，即沒有把上層的源頭——天的理想掌握住的話，就很容易往下發展變成法治，亦即只注重行爲有沒有違法。如何能把「天」掌握住呢？「天子」稱爲天之子，必須盡好兩個責任。第一，照顧百姓——仁愛；第二，能夠做爲正義的裁判——公正。「仁愛」和「公正」這兩種品德上的要求，是天子最主要的特色。《史記》裡用「其仁如天，其智如神」來評價堯。天沒有不覆蓋、不照顧的，而堯的仁德像天一樣，只要是百姓統統照顧。其智慧如同神明，神明是我們看不見、摸不著、聽不到的，神明就是無所不在，無所不知。古時候的人一發誓就拿神明做見證，也是這個道理，有神明的智慧，才可公正判斷善惡。

春秋時代禮壞樂崩，已經是法治的時代了，甚至更進一步變成「刑治」，直接用酷刑。很多人被屈打成招，有些人不打就招了。刑治的時代的確可怕，誰有權就可以任意對他人用刑。如果以打不打死、承不承認做為標準的話，很多人打死不承認做壞事，就會沒有一個公平的裁決。

德治、禮治、法治、刑治一路下來，社會一定接近瓦解，人跟人之間沒有什麼道義可說。談德治當然有其道理，重點在於「治」字，一有治理的具體方法或者作爲，馬上就要追求效果，變成只看表面，老子最怕的就是這一點。老子爲什麼連那些好的做法都反對？因爲他認爲只要有做法，就有存心，只要有存心就是有所爲而爲，就是有目的，有目的就可能扭曲很多事情，這就是老子的考量所在。

第十八章　大道廢，有仁義

大道廢，有仁義；
智慧出，有大僞；
六親不和，有孝慈；
國家昏亂，有忠臣。

大道毀壞之後，才有所謂的仁義；
智巧聰明出現，才有嚴重的虛僞；
家人之間失和，才有所謂的孝慈；
國家陷於混亂，才有所謂的忠臣。

背離大道退而仰賴的人心智巧

「大道廢，有仁義」，意即大道毀壞之後，才有所謂的仁義。「大道」是指究竟眞實及其運作規律而言，「廢」是指被人們遺忘、背棄與毀壞。「仁義」有兩種，一種是「自然的仁義」，一種是「所謂的仁義」。「自然的仁義」不用教，自然而然就會跟別人相處愉快，就會說話算話。人具有生物的本能，跟其他生物一樣有規則。在動物的世界裡規則很單純，也沒有什麼僥倖或意外的機會，人的世界則不然。而「所謂的仁義」就是做出來給人家看的，是社會要大家去做的。

人建立了一套價值觀，以仁義來互相期許及標榜，但是，仁義的行爲耗費心力而不易持久，由此衍生出的假仁假義與不仁不義，更造成世間的困擾。問題就在這裡，一有仁義就有假仁假義，就有不仁不義，老子此說並不是爲了批判或反對仁義，而是在陳述一個客觀事實，以下的各句亦有此意。

仁義有兩種，「自然的」和「所謂的」，怎麼分辨？從有心和無心來看。比如我對一個人好，是因爲我正好有能力，而他正好有需要，於是就幫忙他，沒有存著利用他的目的，這是無心的；有心的話就是我對你好，圖的是將來要你回報，那麼我現在的行爲就是設計、有目的。無心做一件事而能幫助人，這樣很好，誰還會反對仁義呢？但是有心做一件事就很麻煩了，會開始變得僞裝、互相利用、鉤心鬥角，結局不可收拾。我們也知道僞善、虛僞最讓人討厭，明明有別的目的卻故意裝出很仁慈的樣子。俗話說得好：「僞君子不如眞小人。」眞小人可以防他，僞君子沒有辦法防他。

「智慧出，有大僞」意即智巧聰明出現，才有嚴重的虛僞。「智慧」一詞在這裡是指智巧聰明，爲了爭奇鬥妍而虛僞不實。現在我們使用智慧一詞只有肯定之意，哲學就是愛好智慧，這個智慧是好的。在道家裡能體現「道」的要義，就是獲得「啓明」的智慧，比如第十六章就談到，只有到「啓明」的時候才是眞正的智慧，因爲是從「道」來看一切，就是從一切來看一切，也就是接受一切。一切都來自於「道」，爲什麼還要分辨這個貴那個賤，這個好那個壞呢？一旦分辨就代表沒有從「道」來看；從「道」來看，從一切事物本身來接受它，之後自然就沒有障礙。不執著於某一方面，就有啓明的光，像光照一樣，心中坦蕩蕩，一片光明，什麼都可以非常清楚地瞭解，這就是一種啓明的狀態。

忠孝做為安定社會的規範

「六親不和，有孝慈；國家昏亂，有忠臣」，意即家人之間失和，才有所謂的孝慈；國家陷於混亂，才有所謂的忠臣。「六親」是指父子、兄弟（姊妹）、夫妻。由於六親不和才能分辨出誰是孝慈，若是沒有不和之事，根本不需要所謂的孝慈。的確，家裡出事之後才知道誰最顧家。當父母、家裡有事時，子女的反應各不相同，從子女的表現就知道他們各自在小家庭裡的角色如何。家人之間價值觀接近最重要，價值觀接近的話，一件事情該怎麼做都有一致的共識，自然和樂融融。最令人難過的是一個很願意做，另一個在後面拉住他說「千萬不能做，千萬別上當」。有多少力量是一回事，有多少心意才更重要。

西方有一項調查很有意思，當災難發生的時候，窮人捐款的比例遠高過有錢人，雖然窮人的捐款全部加起來，恐怕比不過一個有錢人捐的數目，但是從人口比例來看，窮人捐款卻很普遍。爲什麼？因爲他知道窮的痛苦。有些有錢人捐款就像在做廣告，唯恐天下不知，企業捐款對企業形象有幫助，也算是有其目的。

宗教的看法也一樣。《聖經》記載，耶穌有一次帶著幾個門徒到了聖殿門口，那是猶太人聚會之地。猶太人有一個規矩，每個禮拜的安息日去教會時，要將自己賺來的十分之一捐出來，以維持教會的開銷。這樣一來，有錢人一到，牧師就會到門口迎接，因爲有錢人支票一開就是幾十萬，這是衣食父母，當然要迎接，大家都歌頌。有個寡婦趁四下無人注意時，跑到門口捐了兩毛錢。耶穌看到了，就對他的門徒說，在天父的眼中，她所捐的錢，遠遠比那個富翁所捐的錢更多。重要的不在於她捐了多少，而在於那兩毛錢是寡婦身上僅有的，那是她的心意，而富翁捐的只是他財產的九牛一毛而已。

宗教爲什麼可貴？因爲它只看心意。「道」爲什麼重要？因爲「道」是萬物的來源，不會輕視渺小的。宗教的表現有它好的一面，也有它庸俗、外表的一面；好的一面跟儒家、道家相通，因爲所有的一切既然都存在，憑什麼標準說誰好誰壞呢？從「道」來看一切的時候，就可以接納一切、欣賞一切，重要的是心意的眞誠。

「忠臣」的情況也是如此。換言之，老子並不是責怪「孝慈」與「忠臣」，而是在敘述客觀的事實。我們絕對不能說道家反對這種世俗的道德，沒有世俗的道德，人與人怎麼相處？道家不喜歡的是做作，不贊成有心人去宣傳道德。

針對本章，王弼的注特別提到：「魚相忘於江湖，相忘之道失，則相濡之德生也。」意思是，魚在江湖裡面忘記彼此，水、江湖就是「道」；如果失去了，使自己忘記彼此的「道」，就產生了「相濡之德」。「相濡」就是「以氣相濡」。《莊子・大宗師》有這麼一段話：「泉涸，魚相與處於陸，相呴以濕，相濡以沫，不如相忘於江湖。」意思是：泉水乾涸了，幾條魚一起困在陸地上，互相吹氣來濕潤對方，互相吐沫來潤澤對方，還不如在江湖中彼此互相忘記。以「江湖」來比擬大道，魚當然希望在江湖中悠游自在，彼此相忘，但是奈何泉水乾涸，連泉水都沒有了，又奢談什麼江湖呢？

我們今天身在人間，就好像是泉水已經乾涸了，只好設立一些標準來學習如何生活。因爲泉水已經枯竭，沒有別的路走，所以「相忘之道失，則相濡之德生也」。「道」失去了，德才會出現，大家互相鼓勵安慰對方。我們都知道，人活在世上追求更高價值時，往往需要勸勉，這是沒有辦法的事情。

英國哲學家休姆（D. Hume）曾說過，一個人做好事的時候都希望別人稱讚他。其實這種心理並沒有錯，如果做好事沒有被稱讚的話，誰還願意常常做好事？比如我今天做一件好事，得到稱讚，我並不是爲了要被人稱讚才做好事，但被稱讚總不需要拒絕吧？我被稱讚也很開心，但目的絕對不是爲了別人的稱讚。在人的世界上是不能免俗的，要每個人都達到老子一樣的境界，怎麼可能呢？

還有，本章三個地方的翻譯用「所謂的」，第一句以及第三句、第四句。有些版本認爲第二句是後代學者加上去的，但是並沒有定論，就它的意思來看，基本上沒有什麼矛盾，就接受它當作原文，至少可以提供一些反省的機會。

第十九章　絕聖棄智，民利百倍

絕聖棄智，民利百倍；
絕仁棄義，民復孝慈；
絕巧棄利，盜賊無有。
此三者以爲文，不足。
故令有所屬：見素抱樸，少私寡欲。

去除聰明與才智，人民可以獲得百倍的好處；
去除仁德與義行，人民可以恢復孝慈的天性；
去除機巧與利益，盜賊就不會出現。
這三方面是用來文飾的，不足以治理天下。
所以要讓人民有所依歸：表現單純，保持樸實；減少私心，降低欲望。

棄絕人為巧智是治理之善道

「絕聖棄智，民利百倍」，意即去除聰明與才智，人民可以獲得百倍的好處。《老子》書中的「聖人」一詞出現三十二次，代表悟「道」的理想統治者，但是「聖」字單獨使用，或與「智」字並用時，是專指聰明而言。「聖」字在古代來說左邊是耳，即一聽就懂，不全是依據觀察，人的眼睛所見畢竟有限。古時候只能聽別人講遠方或古代的事情，不像現在不出家門就可知天下事，所以聽在古代太重要了。「聖」的原義就是耳聰，耳朵非常靈敏，一聽就懂，代表聰明，後來才演變成道德上的完美。老子認為聖人聰明、有智慧，才能啓明，也才能覺悟。「聖」在此是保持原來的意思，悟「道」的統治者覺悟了，當然是聰明。

「絕聖棄智」爲什麼會「民利百倍」呢？因爲人民不再需要學習與競爭，更不必鉤心鬥角，就可以活得自在快樂。「絕聖棄智」還可以參考《莊子．胠篋》：「故絕聖棄智，大盜乃止；擿玉毀珠，小盜不起。」先看小盜，就可以懂得大盜；「擿玉毀珠」是指把玉敲碎，把珠毀掉，強盜、小偷沒什麼好偷，也就不出現了。大盜是來偷「聖」跟「智」的。誰最聰明，誰就是最好的領袖，眞正的大盜是「竊國者爲諸侯」，他要偷整個國家。把「聖」跟「智」去掉的話，就沒有大盜了。

「絕仁棄義，民復孝慈」，去除仁德與義行，人民可以恢復孝慈的天性。之所以說

「絕仁棄義」，是因爲仁義是相對的價值觀。一旦宣傳仁義，就很容易向外尋求肯定，而忽略了內在的天性。儒家講仁義，最重要的是肯定人性向善，以從內而發的眞誠做基礎。如果沒有眞誠做基礎，仁義就是假的。所以要經常反省，如同曾參說的：「吾日三省吾身：爲人謀而不忠乎？與朋友交而不信乎？傳不習乎？」由此可見，內心的眞誠最重要。

「民復孝慈」表示人民原本就會實踐孝慈。「孝慈」解釋有二。第一，「六親不和」才使我們知道何爲「孝慈」，六親如果沒有不和，又何必需要知道「孝慈」呢？因爲沒有人不「孝慈」，所以根本不需要「孝慈」。第二，我們本來就會實踐「孝慈」。

這兩者並沒有矛盾，前者與認知有關，六親不和所以知道什麼叫「孝慈」；後者是行動，是人民會實踐孝慈，在出現困難之後想辦法解決。然而，「絕」與「棄」不但不大可能做到，並且過於消極，「絕」和「棄」誰能做得到？不要太消極，可以從具體可行的地方去努力，就是下文的「見素抱樸、少私寡欲」。

有關版本的問題，我簡單說明一下「絕聖棄智」和「絕仁棄義」。竹簡本是最早的資料，在此寫成「絕智棄辨」以及「絕僞棄詐」，竹簡本的《老子》是用這兩句話代替前面兩段的開頭，於是變成「絕智棄辨，民利百倍，絕僞棄詐，民復孝慈」。現在的版本，恐怕是莊子後學的影響，因為莊子《外篇》、《雜篇》的立場很鮮明，其中反對「聖」與「智」、「仁」與「義」，這是有可能的。

「絕巧棄利，盜賊無有」，意即去除機巧與利益，盜賊就不會出現。這句話是對的，問題是前面為什麼用「絕聖棄智」、「絕仁棄義」呢？這就是《老子》版本裡常常受人質疑的地方。

恢復民心的單純樸實

「此三者以為文，不足」，意即這三方面是用來文飾的，不足以治理天下。就是做了三「絕」三「棄」，是用來文飾的。「絕」和「棄」都是消極的，如果真的不要這個，不要那個，排除這個，放棄那個，怎麼能治理國家呢？

「故令有所屬：見素抱樸，少私寡欲」，意即所以要讓人民有所依歸：表現單純，保持樸實；減少私心，降低欲望。「見」就是現，表現、展現的意思。「素」在古代是指沒有染色的白絲；「樸」是沒有雕鑿的木頭。所以說，本來的樣子就是「素」和「樸」。那麼，要怎麼樣能讓人有所依歸呢？就是「見素抱樸，少私寡欲」，這八個字對我個人的修養來說太重要了，我一想到老子，腦海中就會出現這幾個字，尤其是「少私寡欲」。活在這個世界只要「少私寡欲」，什麼問題都不會發生，什麼問題都能解決。表現單純，保持樸實，才會減少私心、降低欲望，心情隨時都會保持愉快。人的煩惱、痛苦常常來自私心與欲望，一有了私心和欲望，看到別人得意、順利，就會自怨自艾地想著自己爲什麼沒有這麼好運呢？自己有委屈、有困難的時候，就會忙不迭地抱怨自己爲什麼這麼不幸呢？所以，私心跟欲望去掉之後，人生要快樂其實很容易。

說實在的，現在的社會基本的問題在於缺乏眞誠，連追求眞實的心都少有，多數人仍舊把個人的利益放在前面。社會上很多眞相到現在還不明朗，即使將來可能明朗，也無所謂眞相了，因爲誰得勢誰就有眞相，不得勢者很可能永遠不得翻身。

第二十章　絕學無憂

絕學無憂。

唯之與阿，相去幾何？

美之與惡，相去若何？

人之所畏，不可不畏。

荒兮，其未央哉！

眾人熙熙，如享太牢，如春登台。

我獨泊兮，其未兆；如嬰兒之未孩；儽儽兮，若無所歸。

眾人皆有餘，而我獨若遺。

我愚人之心也哉，沌沌兮！

俗人昭昭，我獨昏昏。俗人察察，我獨悶悶。

澹兮其若海，飂兮若無止。

眾人皆有以，而我獨頑且鄙。

我欲獨異於人，而貴食母。

去除知識，就沒有了煩惱。
奉承與斥責，相差有多少？
美麗與醜陋，差別又有多遠？
眾人所畏懼的，我也不能不害怕。
遙遠啊，差距像是沒有盡頭！
眾人興高采烈，有如參加豐盛筵席，有如春天登台遠眺。
唯獨我淡泊啊，無動於衷，好像還不懂得嘻笑的嬰兒，孤孤單單啊，好像無處可去。
眾人都綽綽有餘，唯獨我好像有所不足。
我真是愚人的心思啊。渾渾沌沌啊！
世人都炫耀光彩，唯獨我暗暗昧昧。世人都精明靈巧，唯獨我昏昏沉沉。
遼闊啊，好像無邊大海。飄蕩啊，好像無所棲息。
眾人都有所施展，唯獨我頑固又閉塞。
我所要的，就是與別人都不同，重視那養育萬物的母體。

由區辨引起的煩惱

「絕學無憂」，意即去除知識，就沒有了煩惱。大家都不要知識，才能沒有煩惱。這是一個普遍的原則，知道得愈多，欲望就愈多，煩惱和欲望聯繫在一起。因爲有知就有欲，世人的「知」用在區分各種價值，但這種區分往往帶來煩惱。

「唯之與阿，相去幾何？美之與惡，相去若何？人之所畏，不可不畏」，意即奉承與斥責，相差有多少？美麗與醜陋，差別又有多遠？眾人所畏懼的，我也不能不害怕。「唯」即「是的」，聽長輩說話的時候，年輕人要「唯」；「阿」是古時候長輩對晚輩說話的口氣，從喉嚨裡發出「阿」的聲音。「唯」代表尊敬；「阿」代表傲慢。「唯」與「阿」在此作「奉承」與「斥責」解。

被別人稱讚、奉承，以及被別人批評或者呵斥，兩者相差很多嗎？如同「寵辱若驚」，得寵跟受辱同樣讓人驚嚇，因爲得寵之後，就有可能受辱，如果從來沒有得寵過，何來侮辱？

「美之與惡」是說天下皆知美之爲美，醜就出現了，但美、惡「相去若何」，這個標準是誰定的？普遍嗎？要是直接接受事物原貌，本來是什麼就是什麼，無所謂「應該」是什麼。但是，人的世界從有認識能力以來，就開始分辨應該怎麼樣，「應該」代表本來的樣子還不夠好。有了「應該」之後，就有要求，那就成了標準。

求道者與世俗之間無法跨越的鴻溝

「荒兮，其未央兮」，意即遙遠啊，差距像是沒有盡頭！「荒兮」是指遙遠、沒有盡頭；「未央」是指還沒有結束，無盡的意思。「夜未央」，即夜晚還沒有結束；「未央歌」，就是指這首歌一直唱下去。沒有結束，也是一種感嘆，我們看遙遠的差距像是沒有盡頭。什麼差距？就是我跟別人的差距。在這裡就可以看出來，一般人怎麼生活、有什麼想法，以及老子怎麼生活及思想。

「眾人熙熙，如享太牢，如春登台」，意即眾人興高采烈，有如參加豐盛筵席，有如春天登台遠眺。太牢是古代非常盛大的祭品，天子所用的祭品有牛、羊、豬三牲，是最完美、最豐盛的祭品，後來就用太牢來表示豐盛的宴席。「如春登台」有些版本是「如登春台」，我覺得還是「如春登台」好，春天登台遠眺，只見春光明媚，一望無際，心情愉快，萬象更新，由此可見一般人活得很熱鬧。

「我獨泊兮，其未兆；如嬰兒之未孩，儽儽兮，若無所歸」，意即唯獨我淡泊啊，無動於衷，好像還不懂得嘻笑的嬰兒，孤孤單單啊，好像無處可去。「其未兆」即無動於衷。「孩」一般認爲是「咳」，指小孩笑的聲音。「儽儽」就是鬱鬱寡歡，一個人孤孤單單，好像沒有地方可以去，找不到家一樣。

「眾人皆有餘，而我獨若遺」，意即眾人都綽綽有餘，唯獨我好像有所不足。

「遺」，通匱乏的「匱」。別人都吃飽喝足，而我卻有所匱乏的原因，是因爲我要的不是那些俗物。

「我愚人之心也哉」，意即我眞是愚人的心思啊。「愚人」是指看起來好像是很笨、很蠢的人。

柏拉圖曾以寓言的方式描寫蘇格拉底的處境，他把人類社會比擬成住在地窖的洞穴裡，所有住在裡面的人，都是坐在椅子上，雙手雙腳被綁，眼睛看著前面的牆壁，牆壁上有很多影像，椅子後面有道具，再後面有火光，火光照著道具，在牆壁上演出很多故事。大家看著以爲那是眞的，換句話說，是把假的當作眞的。有一個人就想：眞的是這樣嗎？於是想辦法把綁著的繩子弄鬆了，跑到後面一看，才知道牆壁上看到的影像全是騙人的；然後他繼續找光從哪裡來。

這個人就是蘇格拉底，他發現了眞相：原來我們一直活在漆黑的地窖裡面，在燭光投影下，看到的只是牆上的幻影。他繼續努力，終於走出洞口，看到光明的世界。他想，我不能獨自享受這種樂趣。於是就跑回地窖去，想把別人也拉到外面的世界去。但是，一下子從光明回到黑暗，當然看不清楚，行動自然顯得很笨拙，到處摔跤。他跟別人說裡面是假的，外面才是眞的，別人對他說，你在這種假的地方都站不穩，還跌跌撞撞的，你所說的一定是騙人的。

這就是柏拉圖所寫的有關地窖洞穴的比喻。一個懂得眞理、發現眞實的人，在現實世界的人眼裡，只能用笨拙兩個字來形容。因爲一般人都非常機靈、斤斤計較，絕不允許有任何冒險的空間，但這些人發現，竟然還有一個愚笨的人，好像很天眞，就完全不能想像。

不於世間沉浮，只因一心回歸根源

「沌沌兮！俗人昭昭，我獨昏昏」，意即渾渾沌沌啊！世人都炫耀光彩，唯獨我暗暗昧昧。「昭昭」是亮麗、光耀的樣子。「昏昏」，是指好像黃昏的時候，暗暗昧昧地看不清楚。

「俗人察察，我獨沉沉」，意即世人都精明靈巧，唯獨我昏昏沉沉。「察察」就是非常精明，好像什麼事情都觀察得很清楚。別人都聰明，好像只有我沒什麼本事。

「澹兮其若海，飂兮若無止」，意即遼闊啊，好像無邊大海；飄蕩啊，好像無所棲息。人與人之間的距離很大，只有我一個人面對世界上其他人，覺得自己格格不入，非常孤單、無奈。

「眾人皆有以，而我獨頑且鄙」，意即眾人都有所施展，唯獨我頑固又閉塞。「以」就是「用」，別人都有用，很有本事，可以發揮才幹，只有我頑固又閉塞。

「我欲獨異於人，而貴食母」，意即我所要的，就是與別人都不同，重視那養育萬物的母體。「我欲獨異於人」一語中的「欲」字，是據帛書甲、乙本，及王弼注本加上的，原來的很多版本都沒有寫「欲」。由此可知，老子並不反對有「欲」，這個「欲」是正確的欲，必須以正確的知爲前提。而所欲者是「貴食母」，重視養育萬物的母體。在《禮記》裡面，食母就是乳母，就是奶媽。這裡是說我所重視的是乳母，能夠給我生存資源的母親。「食母」就是「道」，我所重視的就是「道」，養育萬物的母體就是「道」。

從以上的描述可以看出，老子把悟「道」者稱爲「我」，連續七個「我」，「我」跟別人不一樣，珍惜「道」，珍惜根源。由於珍惜根源，就離一般人很遙遠，一般人在世界上都接受相對的價值觀，追求名利、權位，看見誰風光就羨慕、崇拜，這是一般人，有他們的標準。但是老子不同，與一般人差距很遠。

綜上所述，求「道」者在與眾人相比之下，顯得孤單、落寞、愚笨而頑固。表面上看來，眾人占盡一切優勢，在世間如魚得水，但是卻脫離了母體，結局終究是一場空。

如何知道有沒有脫離「道」呢？必須要經常回歸根源，把世間的一切差異都化解掉。比如在社會上，要忘記自己的身分地位，回歸到單純的人，就只是一個單純的生命而已。如果能體會到這個基礎，就比較容易保持原狀；否則太重視自身的角色，甚至拿來和別人競爭，將會離根源愈來愈遠，這是可以想像的。

第二十一章 孔德之容，唯道是從

孔德之容，唯道是從。
道之爲物，唯恍唯惚。
惚兮恍兮，其中有象；
恍兮惚兮，其中有物。
窈兮冥兮，其中有精；
其精甚眞，其中有信。
自今及古，其名不去，以閱眾甫。
吾何以知眾甫之狀哉？以此。

大德的表現，完全跟隨著「道」。
「道」這種東西，是恍恍惚惚的。

惚惚恍恍啊，其中卻有某種形象；
恍恍惚惚啊，其中卻有某種物體。
深遠暗昧啊，其中卻有精微之氣；
精微之氣極爲實在，其中竟有可靠驗證。
從現在上溯到古代，它的名字不會落空，根據它可以觀察萬物的本源。
我怎麼知道萬物的本源是什麼樣子呢？根據就在這裡。

萬物的樣貌是「道」的具現

「孔德之容，唯道是從」，意即大德的表現，完全跟隨著「道」。「孔德」是指大德，「孔」者大也。「德」有兩個解釋：一是萬物由「道」所獲得的存在條件，如萬物的本性、稟賦；二是萬物依此而有的表現或樣態，即萬物按照它的存在條件、稟賦所表現出來的樣子。因此，「孔德」是由全面關照所見的萬物表現，此謂大德。

大德完全跟隨「道」。人因爲有思考、判斷及選擇的可能，而這種選擇可能發生錯誤，因此產生「有德」、「無德」的問題。如果沒有人類的話，宇宙萬物就不會離開「道」，自然界的生態本來就會達到平衡，例如食物鏈就是自然的生態，並不會造成可怕的災難。人類出現之後，發生戰爭時放火燒山阻敵、讓黃河決堤來淹沒敵軍，這些行爲都對自然界造成了極大的災難。

「道」不是虛無，而是最眞實的存在

「道之爲物，唯恍唯惚。惚兮恍兮，其中有象；恍兮惚兮，其中有物」，意即「道」這種東西，是恍恍惚惚的。惚惚恍恍啊，其中卻有某種形象；恍恍惚惚啊，其中卻有某種物體。

本章描寫「道」看似恍恍惚惚、若有若無、若隱若現，但是其中又「有象」、「有物」、「有精」、「有信」。由此可知，「道」不但不是虛無，反而是最眞實、最大的存在。有大的存在做爲基礎，許多個別的小存在者（萬物）才能夠出現，也才有歸宿。簡單說起來，「道」是究竟眞實，不隨萬物變化而變化，不隨人類的生命而有任何改變。超越就是不隨著變化而變化，這是最重要的一點。

「道」是究竟眞實，所以感覺無法捕捉，理智也無法認識。因爲「道」是統合一切的整體，從不顯示爲客觀對象，所以不能被人看到。有宗教信仰的人很容易理解，比如沒有人能夠看到上帝，能看到的只是形象，是自己想出來的；如果看到上帝，上帝就成了客觀對象，就有問題了。「道」也是一樣，從來不顯示爲一個客觀對象，摸不到也看不到。

「其名不去」，是指一旦有了「道」這個名稱，雖然難以捉摸，但絕不會落空。因爲「道」本身不能夠讓人定名稱，但是既然說了名稱叫「道」的話，就不會落空。我們在思考這些問題的時候，必須有兩方面的理解模式。由《老子》第一章「名，可名，非常名」可知，絕對的「名」是不能說出來的。「道」的名字不會落空，是因爲先有這個不能被命名的「道」，然後才能勉強給它一個名稱；一旦有了名稱，就不用擔心這個名稱會落空。所以，一方面「道」不可說，另一方面有智慧的人如老子，體會了「道」之後，就不得不說。

關於「唯恍唯惚」一語，可以參考《莊子・天地》：「視乎冥冥，聽乎無聲，冥冥之中，獨見曉焉，無聲之中，獨聞和焉。故深之又深而能物焉，神之又神而能精焉。」意即看過去一片昏暗，聽起來毫無聲響，一片昏暗之中，只有他見到了光明；毫無聲響之中，只有他聽到了和音。所以，在無比深遠之處，卻有東西存在；在無比神妙之境，卻有眞實存在。

「道」是最重要的，但是最重要的東西，往往不是那麼具體，要花很多時間去理解，一旦理解之後，那種體驗會讓人覺得非常安穩，好像突然之間找到根源了。

在變動中找尋最終的依歸

「窈兮冥兮，其中有精；其精甚眞，其中有信」，意即深遠暗昧啊，其中卻有精微之氣；精微之氣極爲實在，其中竟有可靠驗證。這四個「其中」——「有象」、「有物」、「有精」、「有信」，就是老子描寫「道」的順序。第一個「有象」，是指好像有一個樣子在裡面，並不是完全虛無的；第二個「有物」，是指這個象不是空的，是有一個實在的物；第三個「有精」，是指這個物是精微之氣，「精」代表微之至也，它不是粗糙的，而是非常精細、精密的氣；第四個「有信」，是指可以驗證的，「信」是指可以證明的。「象」、「物」、「精」、「信」說明了「道」不是虛無，只是不能用感覺去掌握，是視之不見、聽之不聞、搏之不得，非感官所能掌握，也非理性可以認識的。換句話說，眞正存在的東西不要用感覺，也不要用理智去思考，但它就是存在。道理很簡單，它不存在的話，我們這些相對的存在怎麼可能出現呢？

宇宙萬物都在變化之中，叫做相對的存在，我們的生命有開始也有結束，不也是相對的嗎？如果沒有一個絕對的東西做爲基礎，這些相對的東西只是幻覺。比如今天擁有某物，到明天恐怕就不見了。短暫的生命可謂「夏蟲不可語冰」，就像是夏天的蟲子不知冰爲何物，因爲牠們是夏天生而秋天死，甚至有的是朝生暮死。有些人可以活五十年、八十年、一百年，但是在整個宇宙裡，只不過是占了一、兩秒而已，這就說明人類生命的短暫。這些短暫的生命應該有一個基礎，這就是「道」，「道」不是普通的東西，它是一切的根源。

「自今及古，其名不去，以閱眾甫」，意即從現在上溯到古代，它的名字不會落空，根據它可以觀察萬物的本源。「甫」是指父親的意思，意即這樣的「道」從現在上溯到古代，它的名字不會落空。這個名字必有實在的根據，根據它可以觀察萬物的本源，而非鏡花水月，空中樓閣。

「吾何以知眾甫之狀哉？以此」，意即我怎麼知道萬物的本源是什麼樣子呢？根據就在這裡。掌握了「道」之後，就可以看到萬物的本源了。

人活在世界上，可以很明顯地看到，所有的一切都在變化，自己也在一天天成長，最後慢慢衰老。那麼，如何安排這一生才是正確的做法呢？有各種選擇，其中一種是按照社會既有的習慣，別人怎麼做就跟著怎麼做，因爲有種世俗的價值可以互相肯定、互相稱讚。事實上多數人是瞎子帶領瞎子，大家都不知道爲什麼而做。

蘇格拉底曾經問過許多人一個問題，何謂眞正的幸福？很多人都回答不出來。對於西方民主世界的政治領袖而言，他們只在乎選票及經濟成長，卻不知道人民眞正的幸福生活是如何。對那些寫了許多膾炙人口的作品的作家、詩人、劇作家來說，他們有的是靈感，但也無法回答人生眞正的幸福是什麼。

接著蘇格拉底問一些建築家，房子的結構應該如何設計才符合人性需求，可以讓人住得舒服。這也沒有什麼標準，往往是誰有錢，就從各地買來名貴的裝飾材料，以顯「物以稀爲貴」，做爲身分非凡的象徵。這種世界的政治、文化、生活的方式，在老子看來就充滿危險了。如果人生只是浪費生命的話也就算了，自己的事自己負責，可怕的就是天下大亂，天下亂了的時候，沒有一個人可以眞正活得快樂或幸福。

讓滴水回歸海洋

在老子的思想裡面，很容易找到生命的基礎，每一樣東西都有「成住壞空」，人有生老病死，季節有春夏秋冬，國家有興盛衰亡。萬事萬物都有其軌道、循環，最後就是結束。時間不斷過去，最後都會問：「而今安在哉？」蘇東坡寫得非常精采：「大江東去，浪淘盡，千古風流人物。」

如果人生是一代一代像接力棒那樣傳遞下去，我們願意接受這樣的生活嗎？這樣的生活是空虛的，因爲抓不住任何東西。有沒有辦法可以讓我們的生命不要像一滴水一樣地乾枯掉呢？那就讓這滴水回歸海洋吧，海洋就是「道」。所有的言詞、描述、裝飾都是虛構、虛擬的，建立「道」的目的，是爲了超越，是爲了突破現有的模式，這樣才能夠往上提升。

西方學者海德格（M. Heidegger），二十世紀存在主義的代表人物，他的學生含括了哲學、神學、宗教、藝術界裡的第一流人才。海德格晚年曾想把《老子》翻譯成德文未果，因爲「道」不能用言語表述。他認爲「道」是一個超越的力量和境界。

海德格一輩子在探討什麼是「存有」，他不太喜歡談論神的問題，因爲一談到神就太具體，變成某個宗教的特權。他喜歡講「存有」本身，他甚至批評整個西方哲學，連蘇格拉底在內，都忘記了什麼是存有本身，往往只從經驗層面去尋找存有背後的基礎。海德格認爲不對，因爲如果從經驗界尋找基礎，結果都是在經驗界裡打轉；如果無法超出經驗界的範圍，就好比一切都是零。有開始、有結束的都是零，所有的零加起來也不等於一。

海德格認爲兩千年來研究哲學的人，都在零裡面徘徊，這個零多一點，那個零少一點，最後還是零，都是從「無」來，又回到「無」裡面去。由此可見海德格的形上學非常精湛，他從「無」入手，和老子非常相似，從「無」來瞭解一切事物的眞相。

而且海德格所謂的「存有」，是不能給它一個名稱的，老子的「道」也是不能給它名稱的，兩者非常相似。海德格的目的是想透過人的生命特質，找到存有本身。因爲只有人會提問題，提問題是一個重要的概念，不提問題就代表生命存而不在，像動物就不可能提問題，牠們只是按照本能來生活。人不一樣，人會反問，這樣的人生有意義嗎？別人看起來某個人好像什麼都不缺，生下來一路都很順利，而這人居然要自殺，說明他對自己的人生有所質疑——這樣的生活有意義嗎？要回答這個問題，就要從人的生命結構去分析。

海德格的代表作是《存有與時間》，主要是揭示出時間，因爲人的生命特質在於時間。人有時間的意識，雖然活在現在，但可以回憶過去，可以設想將來，然而就算把過去、現在、未來連起來了，最後還是要死亡，所以人是走向死亡的存有者。既然走向死亡的話，生命就出現緊張性了，不能過一天算一天，必須做抉擇。存在的問題在此就凸顯出來——人必須做選擇，存在就是選擇成爲自己的可能性，存在變成了動詞；你可以選擇成爲自己，也可以不選擇成爲自己，或者選擇不成爲自己。後兩者是我們經常看到所謂的「過一天算一天」、「不要想太多，可以過日子就好了」、「比上不足，比下有餘」之類。海德格對老子的欣賞，就體現在他的哲學思想上。

綜上所述，由本章來回溯前面各章，可以得知老子的思想有兩條基本的軸線：第一就是「道」本身是什麼；第二是與「道」相對的一面，就是人間的混亂、痛苦與煩惱。天下「皆知美之爲美」，醜就出現了，這是相對的價值觀。所以人活在世界上一切都是相對的，相對的時候就要知道區分、避難、啓明。

生命出現挑戰、考驗，只有回歸於「道」才能化解，並且由聖人來負責統治。統治者並不是靠軍隊、政治來統治，而是靠生命的理想來讓百姓嚮往。對百姓來說，聖人提供了一個生存的空間。聖人有無限包容，因爲他學到了「道」，並且希望「常使民無知無欲」，看似以愚民爲策略，目的卻是要幫助百姓避開所有的災難。

第二十二章 曲則全

曲則全，枉則直，窪則盈，敝則新，少則得，多則惑。是以聖人抱一爲天下式。不自見，故明；不自是，故彰；不自伐，故有功；不自矜，故能長。夫唯不爭，故天下莫能與之爭。古之所謂「曲則全」者，豈虛言哉！誠全而歸之。

彎曲才可保全，委屈才可伸展，低窪將可充滿，敝舊將可更新，少取反而獲得，多取反而迷惑。

因此，聖人持守著「道」，來做爲天下事物的準則。不局限於所見，所以看得明白；不以自己爲對，所以眞相彰顯；不誇耀自己，所以才有功勞；不仗恃自己，所以才能領導。

正因爲不與人爭，所以天下沒有人能夠與他相爭。古人所說的「彎曲才可保全」這些話，怎麼會是空話呢？是眞的能讓人得到保全，善度一生。

領悟相反相成的道理

「曲則全，枉則直」，意即彎曲才可保全，委屈才可伸展。這是一種辯證法，如果已經「全」了的話，就無法再全了，所以要隨時保持曲的姿態，才得以保全。同樣，要發展必先委屈。就像《易經》乾卦初九所說「潛龍勿用」，龍沒有先沉潛，飛起來之後沒有招數是不行的。

「窪則盈，敝則新」，意即低窪將可充滿，敝舊將可更新。「窪則盈」是指有低窪才可以充滿。例如下雨的時候，雨水一定是先塡滿低窪的地方，高的地方突出地表，當然是存不了水。「敝則新」是指舊的才能更新。比如我們現在有一筆錢，要去整修房子，當然是先改舊房子，房子是舊的，把它的外表更新之後，就變得像新的一樣；而已經是新的房子，即使發現了好的建材或者裝潢設計，也不會用在上面，這就是相反才能夠相成的道理。

「少則得，多則惑」，意即少取反而獲得，多取反而迷惑。爲何會如此呢？比如去歐洲參觀美術館，假設一個下午只有三小時可以參觀，而美術館裡面有六十幅世界名畫，那麼每一幅畫平均只有三分鐘的時間可以欣賞。三分鐘看一幅名畫，好比走馬觀花，看完之後只會頭昏腦脹，什麼都不記得了，這就是「多則惑」。相反的，假設三小時只有一幅畫可以看，當然可以慢慢欣賞，三小時之後看懂了，這幅畫就會終生不忘，此謂「少則得」。再比如讀書，《老子》雖然只有五千多字，但內容博大精深，好好讀就能體悟；若是貪多亂讀，難免會迷惑。

「曲則全，枉則直；窪則盈，敝則新；少則得，多則惑」這六句話涵蓋自然界與人類社會的範圍，是自然界與人類社會的正反互動。但由「多則惑」來看，應該是以人類社會爲主，因爲只有人才會迷惑。比如颱風時，大樹彎曲才可以保全；有些大樹枝幹太硬，風吹它不讓，最後步上折斷一途。「窪則盈」的現象自然界常看得到，比如下雨時，地上的凹洞將可滿溢；運用到人類社會的時候例證更多。「少則得」可以當成因爲少，所以還有成長的空間，也可以解釋成因爲少，所以可以完全吸收消化。我常常說：讀書在精不在多。「多則惑」，是因爲無法理出頭緒，「則」字有辯證法上的正反互動之意。「多則惑」，則變成正反互動了，有正就有反，也有經驗界的正反對待或相反相成之意。如「物極必反」，一樣東西推到了極點就會走到它的另一面，好像鐘擺理論，鐘擺盪到這一端，就要往另一端去了。

跳脫人我對立的框限

「是以聖人抱一爲天下式」，意即因此，聖人持守著「道」，來做爲天下事物的準則。「一」是指整體，也就是指「道」做爲一個整體。

「不自見，故明；不自是，故彰；不自伐，故有功；不自矜，故能長」，意即不局限於所見，所以看得明白；不以自己爲對，所以眞相彰顯；不誇耀自己，所以才有功勞；不仗恃自己，所以才能領導。很多大國的政治領袖仗恃自己的國力，誇耀自己，以自己爲對，局限於自己所見，凡是超出這個範圍的一律認爲沒有用。在這裡老子則採用了相反的手法，來說明生存的道理。

「夫唯不爭，故天下莫能與之爭」，意即正因爲不與人爭，所以天下沒有人能夠與他相爭。比如我從來沒有打過網球，當然永遠都不會輸；我的圍棋沒輸過，因爲我根本不下圍棋。

眞正的保全之道

「古之所謂曲則全者，豈虛言哉。誠全而歸之」，意即古人所說的「彎曲才可保全」這些話，怎麼會是空話呢？是眞的能讓人得到保全，善度一生。「歸之」是指能夠善度一生，讓自己回到生命的最後歸宿。

如果從整體來看，很多事根本沒有問題。本來會在乎多一點、少一點，或是舊的、新的、曲的、枉的，但有整體觀的話，就會保持平衡，因爲到最後一定是平衡的。比如我們經常覺得這一生得到很多，也失去很多，臨死時一切都平衡了，感覺歸於平靜。蘇格拉底臨終的遺言是：「不要忘記替我獻一隻雞給醫神。」這是當時希臘的習慣，人生病時往往會去求神拜佛，等病痊癒之後，就要送一隻雞給醫神還願。而蘇格拉底認爲活著等於生病，死亡等於痊癒，好不容易得病死亡（痊癒）了，當然要送雞給醫神。明代哲學家王陽明留給學生們的遺言也很獨特：「此心光明，夫復何言？」意即我的心一片光明，還有什麼話好講呢？

如果能眞實地面對自己，會發現這一生能夠僥倖平安過日子，沒有發生什麼大的災難，能與別人好好相處，一輩子到最後沒有被人批評，是多麼不容易的事。老子說「抱一爲天下式」，就等於人生面臨的一切相對，有「一」的話都可以化解。事實上前面六句，「曲、枉、窪、敝、少、多」，是讓每一個人都要記住：走偏道，過猶不及，最後一定不會有好的結果。人生的挑戰也就在這裡。如果能掌握「一」（整體）的話，什麼困難都沒有，會安於那個情況，得到平衡的機會。政治領袖們如果懂得「曲則全，枉則直」的話，才是眞英雄。

綜上所述，聖人所抱的「一」，是指統一的整體，由整體來看，這一切變化都是相對的，因此不必執著，更無所排斥。「一」是對「道」的一種描述，「抱一」在第十章出現過。除了「不自見，故明」之外，還有「知常曰明」（第十六章）、「自知者明」（第三十三章）、「見小曰明」（第五十二章），以各種方式肯定「明」，是要提醒我們覺悟智慧的重要。

本章用了很多有趣的對比，尤其是「不自見」、「不自是」、「不自伐」、「不自矜」這四句，孔子在《論語・子罕》說過：「子絕四：毋意，毋必，毋固，毋我」，不是跟老子差不多嗎？

第二十三章 希言，自然

希言，自然。故飄風不終朝，驟雨不終日。孰爲此者？天地。天地尚不能久，而況於人乎？故從事於道者，同於道；德者，同於德；失者，同於失。同於德者，道亦德之；同於失者，道亦失之。信不足焉，有不信焉。

少說話，才合乎自己如此的狀態。所以狂風不會持續吹一早上，暴雨不會持續下一整天。是誰造成這種現象呢？是天地。連天地的特殊運作都還不能持久，何況人呢？所以，積極求道的人，與道同行；修德的人，所認同的是有德；失德的人，所認同的是無德。

認同有德的人，道也會獲得他；認同無德的人，道也會失去他。

統治者的誠信不足，人民就不信任他。

無所作為所產生的恆久影響力

「希言，自然」，意即少說話，才合乎自己如此的狀態。「希言」，是指少說話。很多話保留不說，不但對別人沒有損失，說不定還可以減少困擾，說出來反而製造誤會。西方有一句民諺：「話說得愈多，誤會愈深。」不說話反而沒有誤會。最好的辯論是沉默，一句話都不說，反而是口才過人。口若懸河時，話如江河流水，卻比不上別人不說一句話，沉默的力量超過滔滔不絕。有個小故事：某個老太太一天到晚都不說話，別人問她爲什麼，老太太回答說：「我小時候就知道一件事，一個人活在世界上說的話有個限度，把話全部說完就會死了。」

以統治者而言，即是少頒政令，讓一切自己如此。如果統治者力求有爲，就會像「飄風」、「驟雨」一樣，無法持久生效。類似的觀點是「貴言」（第十七章），當然，最理想的是「不言」（第二章）。

「故飄風不終朝，驟雨不終日」，意即所以狂風不會持續吹一早上，暴雨不會持續下一整天。這兩句話也是我們現代人常用的。飄者，大也，風大到東西都飄起來了，驟雨是指暴雨。

「孰爲此者？天地。天地尚不能久，而況於人乎」，意即是誰造成這種現象呢？是天地。連天地的特殊運作都還不能持久，何況人呢？天地是比人更高的層次，天地都不能持久，何況是人呢？這說明做任何事不要有超越常軌的行爲，不然就不能持久，到一定的時候就要付出代價。任何東西都有它自然的常規，保持適當的程度，就可以一直用下去。

工作也一樣，到了一定時間，累了就要休息。我年輕時每天可以翻譯十二小時，一天可以譯一萬字，一本二十萬字的書，二十天就翻譯完畢，又快又好；反觀現在，一天譯三千字就很勉強了。這說明年輕時可以「一鼓作氣」，現在只能說是「再而衰」，再過幾年就「三而竭」了。所以，人要服老，到某個階段就要懂得收斂。能量要慢慢用，每天讓它恢復到一個程度，再繼續使用。

再者，「天地尚不能久」，是就其特殊運作如飄風、驟雨而言，與第七章的「天長地久」並無矛盾之處。事實上，從「天長地久」的角度看來，飄風、驟雨並未超出生態平衡的範圍。老子藉此比喻統治者的有心造作必定歸於失敗。

修德之人懂得珍惜自己的稟賦

「故從事於道者，同於道；德者，同於德；失者，同於失。同於德者，道亦德之；同於失者，道亦失之。信不足焉，有不信焉」，意即積極求道的人與道同行；修德的人所認同的是有德；失德的人所認同的是無德。認同有德的人，道也會獲得他；認同無德的人，道也會失去他。統治者的誠信不足，人民就不信任他。

「同於德者」的以下四語，在王弼本是「同於道者，道亦樂得之；同於德者，德亦樂得之；同於失者，失亦樂得之。」王弼注曰：「言隨其所行，同而應之」，這似乎重複了前一句的意思，並且三者都是「樂得之」，又有何「得失」之辨？因此，本文據帛書乙本改之。其次，「德」是指「萬物得之於道者」，「同於德者」是指順著萬物的本性與稟賦去行動。「同於失者」，則是倒行逆施，成了失德或無德，結局當然是自取敗亡了。

由此可見，修德與失德兩者的不同結局。修德之人珍惜自己的稟賦，按照人的稟賦與本性去生活、行動；失德之人則相反，爲所欲爲，結果使天生的稟賦受到傷害。只有人會修德和失德，動物只有本能，所以沒有這個問題。

第二十四章　企者不立

企者不立；
跨者不行；
自見者不明；
自是者不彰；
自伐者無功；
自矜者不長。
其在道也，曰餘食贅形。
物或惡之，故有道者不處。

踮起腳跟，無法站得久；
跨步前進，無法走得遠；
局限於所見，就看不明白；

以自己爲對，就遮蔽眞相；

誇耀自己的人，沒有功勞；

仗恃自己的人，無法領導。

從「道」的觀點來看，這些可說是剩飯與贅瘤。

人們都厭惡這樣的作爲，所以悟「道」的人不會如此。

人為造作適得其反

「企者不立」，意即踮起腳跟，無法站得久。「企」是指踮起腳跟。「跨者不行」，意即跨步前進，無法走得遠。比如人正常的一步是六十公分，如果硬要跨很大的一步，腿吃不消，就會走不遠，而且很容易摔跤。「企者」與「跨者」都存在特定的目的，因而有所作爲，結果卻適得其反。老子對於「順其自然」的強調亦由此可見。

這兩句話就告訴我們，要考慮得長遠一點，不需要踮起腳跟，最自然、最普通的姿勢就可以站很久；走路的時候不要跨太大的步子，保持平常的步伐慢慢走，就可以走得很久。我們都有這種經驗，趕路時最要緊的是調和氣息，否則一下子就喘氣的話，走不了幾步。

「自見者不明；自是者不彰；自伐者無功；自矜者不長」，意即局限於所見，就看不明白；以自己爲對，就遮蔽眞相；誇耀自己的人，沒有功勞；仗恃自己的人，無法領導。由「道」看來，立、行、明、彰、功、長是常態現象，只需排除刻意造作以及自我中心，就會順利達成。這並不是容易的事情，世間之人少有不畫蛇添足、自尋煩惱者。「自伐者無功」一語，亦見於《莊子．山木》：「大成之人曰：『自伐者無功。』」

「其在道也，曰餘食贅形」，意即從「道」的觀點來看，這些可說是剩飯與贅瘤。「贅形」是指身體多出來的部分。「有道者」是指悟「道」的人，每個人都有可能成爲有「道」者。《老子》書中的聖人、吾、我，都是指悟「道」者而言，其言行表現也有異曲同工之妙。

「物或惡之，故有道者不處」，意即人們都厭惡這樣的作爲，所以悟「道」的人不會如此。「物」是指人們，因爲萬物包括人在內。只有人會厭惡，厭惡的原因就是前面的六點，有的是太過分了，有的是太以自我爲中心了。

本章直言自作聰明的人爲造作，終究帶來適得其反的效果，悟「道」者當深知此理，自我警惕。

第二十五章　有物混成

有物混成，先天地生。寂兮寥兮，獨立而不改，周行而不殆，可以爲天下母。吾不知其名，強字之曰道，強爲之名曰大。大曰逝，逝曰遠，遠曰反。故道大，天大，地大，人亦大。域中有四大，而人居其一焉。人法地，地法天，天法道，道法自然。

有一個混然一體的東西，在天地出現之前就存在了。寂靜無聲啊，空虛無形啊，它獨立長存而不改變，循環運行而不止息，可以做爲天下萬物的母體。我不知道它的名字，勉強叫它做「道」，再勉強命名爲「大」。它廣大無邊而周流不息，周流不息而伸展遙遠，伸展遙遠而返回本源。

所以，「道」是大的，天是大的，地是大的，人也是大的。存在界有四種大，而人是其中之一。人所取法的是地，地所取法的是天，天所取法的是「道」，「道」所取法的是自己如此的狀態。

「道」廣大無邊且周流不息

「有物混成，先天地生」，意即有一個混然一體的東西，在天地出現之前就存在了。「有物混成」四個字眞是精采，「混成」代表渾然一體，還沒有區分；因爲區分之後，才能成爲被認識的對象。比如遠遠地看不知道是什麼，走近一看原來是一張桌子、一張椅子；一旦區分成桌子、椅子，才能夠被認識。「先天地生」是指在天地以前就存在，說明沒有東西比它更早。

「有物混成」一語，可以參考《莊子．天地》：「泰初有無，無有無名，一之所起，有一而未形。」意即在最開始的時候，就是「無」存在，尚未出現「有」，也尚未出現「名」，這就是「一」的由來，混同爲一而尚未具體成形。莊子的這幾句話把老子的「有物混成」講得很清楚。

「寂兮寥兮，獨立而不改，周行而不殆，可以爲天下母」，意即寂靜無聲啊，空虛無形啊，它獨立長存而不改變，循環運行而不止息，可以做爲天下萬物的母體。既沒有聲音，也沒有形狀；無聲是針對人的耳朵來說，無形是針對人的眼睛來說，亦即「道」無聲無形，不隨著天地萬物的變化而變化。我們經驗到的世界都在變化之中，而「道」永遠沒有任何改變。不僅獨立而不改，還必須「周行而不殆」；如果只是「獨立不改」，那不是僵化了嗎？「周行」是說周流循環運行，它的循環運行，就好像四季春夏秋冬重複循環一樣，「道」循環運行而不止息。「獨立而不改，周行而不殆」，這兩句話是重點。如此一來，則「可以爲天下母」，而第一章談過的「無名，萬物之始；有名，萬物之母」，意思就在這裡。

「吾不知其名，強字之曰道，強爲之名曰大。大曰逝，逝曰遠，遠曰反」，意即我不知道它的名字，勉強叫它做「道」，再勉強命名爲「大」。它廣大無邊而周流不息，周流不息而伸展遙遠，伸展遙遠而返回本源。

爲什麼要說「強爲之名曰大」？因爲實在是太大了，大到廣大無邊而周流不息，大到最後無所不在，無所不包，於是就周流不息。周流不息而伸展遙遠，到最遠的地方去，遠到最後不能消失不見，必須返回本源，這叫做循環、周行。老子用「大曰逝，逝曰遠，遠曰反」三個詞來描寫。

人具有與「道」相契的可能性

「故道大，天大，地大，人亦大。域中有四大，而人居其一焉」，意即所以，「道」是大的，天是大的，地是大的，人也是大的。存在界有四種大，而人是其中之一。「道」是無窮大的，天、地、人都是從「道」而來的。從「道」而來，到天、地、人，人和前三者不一樣，居然也成爲其中一大。「我們」構成一個特別的存在領域，叫做「人」。

「域中有四大」，在此「域」不是指宇宙，宇宙是指空間和時間；但「道」並非時空所能局限，所以此句並非是指宇宙裡面有四個最大的東西，而是指「道」。「域」勉強譯爲「存在界」，以與「虛無」區別，表示老子反對虛無主義。何以成爲「四大」？由上文的「大」經過「逝、遠、反」三個步驟，可以得知這是由「道」而展現的四大領域：道、天、地、人。事實上只有「道」是唯一的大，「人居其一」是爲了提醒人，不可因爲生命短暫、脆弱而失去信心，而應該由「人、地、天」一步步提升，達成與「道」冥合的至高境界。

「道大，天大，地大，人亦大」，老子對人的肯定由此可見，他認爲人非常重要。人可以墮落到深淵，也可以提升到領悟「道」的程度，所以人的「大」具有可變性、可能性。問題在於「大」要如何展現，還需要好好努力。老子提出要修德——保存本性，但是有幾個人可以保存本性而達到這個目的呢？並不是說這一生完全不動，就保存了人的生命特色，而是要讓本性與稟賦不斷地展現出來。一個人說話、行動、思考，以及自由選擇的能力都是稟賦。往上走，就是回「道」；往下走，就是離「道」愈來愈遠。

回歸本然，就是與「道」同行

「人法地」，意即人所取法的是地。人活在地上，地上生長五穀蔬菜、水果等物產，人所取法的是地，如果沒有按照生存的條件——「地」所提供的材料去安排生活的話，人類很難活下去。俗話說「靠山吃山，靠海吃海」，就表示人所取法的是地。

「地法天」，意即地所取法的是天。天即天時，地上所有東西的成長和發展都要靠春夏秋冬的配合。植物的開花或結果都不能隨意，要靠季節及風、雨、雷、電的互相配合，才得以風調雨順，地上萬物才能自然生長。

「天法道」，意即天所取法的是「道」。「道」是大、逝、遠、反，等於是讓天有個最後的依靠。

「道法自然」，意即道所取法的是自己如此的狀態。任何一樣東西只要是「自己如此」的話，「道」就讓它表現出來。對人來說，瞭解「道」所取法的是自己本來的狀態，就可以依此生活，本來是怎麼樣就怎麼樣，只要自己也如此，不要有額外的欲望，人就與「道」一樣了。老子並不是說「道」眞的要取法誰，因爲自己如此的狀態也來自於「道」——無爲，什麼都沒做，但是無爲而無不爲，到最後所有該做的都做完了。因爲它所謂的「應該」並不離開事實，在人的世界之外，並沒有「應該」這兩個字。

另外，「自然」一詞不是指自然界，在《老子》全書中，「自然」出現過五次，沒有一次是指自然界。像「希言，自然」的意思是：少說話就合乎自己如此的狀態，「自然」是指自己如此。古代談到天地萬物就是用「天地萬物」一詞，而不用「自然界」。事實上，天地萬物與「自己如此」最接近，只有人類才不會自己如此或者自己會不如此。

由上可知，「人法地」的「地」，是指地利或具體自然環境，「人法地」可以保障人的生存，並學習合宜的生活法則；「地法天」是由人的觀點想要找到天的法則；「天」是指天時或宇宙中的規律。「天法道」也是由人的觀點向上追溯到天的依歸，由此體悟了「道」（如無爲、不爭等）。最後「道法自然」，任何事物若是保持自己如此的狀態，就是與「道」同行。

永恆的「道」超越時間的邏輯

本章是老子論「道」的關鍵篇章。「有物混成」，認爲「道」是一個混沌未分的整體，這是基本的觀點；「先天地生」，天地是已分的結果，「道」之先於天地並非時間上的先後，而是邏輯上的先後。因爲天地之前無從計較時間久暫。有學者認爲，「道」比天地先，是時間上的先後，而不是邏輯上的先後。此言差矣，先後有兩種，一種是時間上的先後，比如先下雨地上才會濕；另一種是邏輯上的先後，邏輯先後一定要強調什麼是前提，什麼是結論。比如父母就存在上來說，是時間上的先後，父母生子女出來；但在邏輯上，子女生出來的那一剎那，父母才成爲父母。所以父母和子女，以時間來說，父母爲先；而在邏輯上父母和子女是同時的，彼此都需要以對方做爲前提，二者同時出現。「道」和天地萬物也是一樣，「道」創造萬物，並不是時間上的先後，因爲「道」是永恆不變的，永恆即超越時間。「獨立而不改，周行而不殆」，時間不能對它加以任何限制。所以，「道」存在很久終於出現了天地萬物，這種說法代表時間上「道」在先，就有問題了。

什麼是邏輯上的先後呢？天地非由自生，所以需要一個「自生者」爲其基礎，這就是邏輯上的先後。天地是有開始的，有開始的東西若要存在，需要一個邏輯上的條件，就是有一個在它之前的東西，這就是「道」。所以，邏輯上「道」比萬物在先。

「道」是自生者，沒有東西生它，天地是被「道」生出來的，需要「道」做爲它的前提。換句話說，「道」不需要天地，天地卻不能夠沒有「道」。時間只對變化之物有效，假如有樣東西從來沒有任何變化，時間對它就沒有意義。比如機器人永遠不會變，歲數對它就沒有意義；只有會變化的人才需要計算時間，歲數對他才有意義。

「自生者」在西方哲學中就是「自因」——我是自己的原因。「自因」是上帝或存在的首要條件，此外其他一切皆爲「他因」——需要其他的東西做爲原因。眞正永遠存在的事物，一定以自己爲原因。如果不是自因，就是他因，他因一定有開始，那個因素就是開始。假如沒有因素使自己開始，那就是自因，一定永遠存在。自因只有一個，在西方稱爲上帝，在老子來說就是「道」。所以我們在比較不同的哲學系統時，常會強調一個概念是不是在同一個位置和階層。外國人所說的上帝，就是老子所說的「道」，上帝創造一切，「道」生出萬物，代表同樣的位置和階層。上帝之前沒有東西存在，「道」之前也沒有東西存在。

《聖經》記載，摩西帶領猶太人出埃及，他到西奈山上去禱告，這時上帝現身，顯示爲荊棘叢在著火，但是並沒有被燒毀。上帝跟一般自然現象當然是不同的，摩西就問：「你是誰？告訴我，我才好對百姓說。」上帝就說：「我是自有永存者（**I am who I am**）。」意思是：我就是一直如此，我就是原先所是的，亦即上帝不可能有過去或未來，祂是永恆的。

《聖經》裡的摩西和中國的老子互不相識，為什麼談的東西會類似呢？因為凡是人，順著思想的要求，就非有這樣的結果不可。我們今天就算沒有《老子》、《莊子》、《聖經》可以看，照樣會想出類似的需求。宇宙萬物從哪裡變化？以前沒有我，以後也沒有我，那就要問我到底存在嗎？笛卡兒（R. Descartes）說：「我思，故我在。」但是他接著說：「我在，故上帝在。」我憑什麼存在？這是不是幻覺呢？要證明我的存在不是幻覺，只有一個辦法，就是找到一個存在的根源，亦即證明使我存在的那個力量。但要注意，那個力量本身不能是別的東西使它存在的，而必須是自己使自己存在的，我才有眞的保障。

如此一想，人生的態度也會改變，試問：活在世界上能依靠誰呢？滄海桑田，一切都會變，自己當然靠不住，只有靠「道」。為什麼有些人需要信仰呢？信仰其實是很誠實的態度，當知道一切都靠不住，一切都是空虛時，就依靠信仰，此時的信仰也就是「道」。「道」是一切的根源。有了信仰，才會正確看待這個世界與人生。

「道」是既內存又超越

「道」是絕對的「一」，本章談的「獨立」是指它是唯一的，和一般所謂的「獨立」

不同，一般的「獨立」是相對的，比如成爲一個國家或者其他。這裡的「獨立」是絕對的「一」，不會因爲任何緣故而變化，所以「獨立而不改」，這正是「超越界」的基本界說。人類經驗所及、理性所能理解的範圍，叫做內存界，但是內存界本身無法解釋清楚自己的情況。人的生命有開始、有結束，宇宙萬物有開始、有結束，我們找到人類世界加上自然界這兩大範圍，已經很了不起了。打開電視看，宇宙萬物讓人目眩神迷，然而再怎麼目眩神迷，不過就是太空船航行到太空；再怎麼偉大，一切還是充滿變化，還是有其限制。而這一切的基礎就是超越界。

「道」是「周行而不殆」，遍在一切之中的，亦即「道」不離內存界，沒有「道」的話，所有的存在都不可能。「超越界」和「內存界」在宗教及哲學裡是很重要的術語。內存界就是我們現在經驗到的世界，主要包括人類與自然界。但是人類與大自然本身不足以解釋自己，要使內存界得以存在，需要有一個最後的原因，那個原因就是超越界，因爲它不是我們可以用言語表達、用概念來掌握的。

內存界是有形可見而充滿變化的天地萬物，亦即自然界的一切是有形可見、充滿變化的。超越界所指的是由於自因而恆存的「道」，若無「道」，則萬物無從存在；若無萬物，則「道」亦無由彰顯。這就是「道」既超越又內存的性格。宇宙萬物處處都有「道」，沒有「道」萬物就無法獲得存在的條件。

人類思想的最高層次

「吾不知其名，強字之曰道」，可見「道」這個名稱是勉強取的，中西哲人在面對超越界時都有勉強取名的情況。因此我們對於「存有」或「上帝」也不必過於執著名相。我提到上帝，非關宗教，哲學是愛好智慧，是敞開心靈，所以要把眞實的道理說清楚。

許多人認爲，年輕眞好！那麼，年老了又如何呢？其實年輕、年老不是問題，只要活著就一定會衰老，將之視爲自然，天天都可以是好日子。可見道家的思想非常豐富，讀了之後給人許多啓發，簡單一兩句話就給人很深刻的思想空間。因爲它所談的不是表面現象，而是經過反省，深入到現象背後，並且以「道」爲基礎，給人帶來震撼的感覺。我們活在世界上，往往浮在世俗的表面，只是在表面上與別人互動，爭來爭去，得之則喜，失之則悲，悲喜交集，很熱鬧也很浪費。如果無法明白老子所闡述的「道」，一般人活到最後，都只想著要多活幾天，自古有多少人在找尋長生不老之藥，就是因爲沒有智慧體驗「道」，只害怕失去生命。

綜上所述，老子思想爲什麼重要？因爲他在一個亂世中（春秋戰國時代），讓人民瞭解，「道」一直存在。正如笛卡兒所說「我思，故我在」、「我在，故上帝在」，如果沒有「道」的話，人的生命觀就不堪一擊了。在一生中，如果無法體會老子這種思想境界，難免會覺得人生來來去去，所有的一切恍如做夢，這叫做虛無主義的危機。老子擔心人類陷入虛無主義的困境，他在體驗到這種智慧之後，不忍獨享，因此說出來與大家分享。我們現在有機會瞭解老子當然很好，他的思想一輩子也學不完，在入門的時候，把握每個重要的概念，認清每章基本的觀點，理解其整體的思想脈絡，讀來就會有更深的體會。

老子的思想代表人類思想上最高的層次，就像莊子所說，眞正的智慧就是能夠瞭解：從來就沒有任何東西存在（未始有物）。明白「道」永遠存在，人的智慧還能高到哪裡去？以「道」爲基礎，就能夠瞭解我們所見的宇宙萬物根本是虛無的。佛說這一切都是空的，現在回顧以前發生的事情，眞的發生過嗎？其實都是經過我們選擇及解釋的，不是嗎？

第二十六章　重爲輕根，靜爲躁君

重爲輕根，靜爲躁君。
是以君子終日行不離輜重，
雖有榮觀，燕處超然。
奈何萬乘之主，而以身輕天下？
輕則失根，躁則失君。

重是輕的根本，靜是動的主宰。
因此君子整天行路，都不離開載物的車輛，
雖然享受尊榮，卻不會沉溺其中。
爲什麼萬乘大國的君主，還以輕率的態度治理天下呢？
輕舉將會失去根本，妄動將會失去主宰。

以靜制動

「重爲輕根，靜爲躁君」，意即重是輕的根本，靜是動的主宰。我們都知道不能頭重腳輕，一定要用腳跟才站得穩。再怎麼動還是要回到靜的狀態，有靜的狀態才可以持久，比如晚上睡覺回到安靜的狀態，白天才能活動。

「重爲輕根」，是指重物可以承載輕物，若是頭重腳輕，必然無法站穩。觀察不倒翁的造型，就會明白這個道理。「靜爲躁君」，靜止可以主導躁動，因爲躁動無法持久，必然回歸靜止。

這兩句話其實合乎我們平常的觀察，也就是平常說的以靜制動。比如拳擊比賽，有經驗的拳擊手就會保持靜止不動的姿態，這樣消耗的體力較少；對手只要忍不住先動，體力消耗就大。而比賽到最後都是在拚體力，誰能站穩腳步，就有希望獲得勝利。「重」有厚重、穩重、沉著、謹慎之意。「靜」有安靜、靜止、無爲、超然之意；這些都是延伸下來的意思。

「是以君子終日行不離輜重」，意即因此君子整天行路，都不離開載物的車輛。「君子」一詞也有寫作「聖人」的，「輜重」是軍隊載運裝備的車，離開輜重就無法遠行，更不可能戰勝。古時候大軍作戰，軍隊還沒有出發，輜重先行。以現實生活來說，我出門一定帶著背包，裡面有鑰匙、證件、喉糖、維他命，當然還有書本、筆記等資料。沒有這個背包，怎能在外奔波？

以平常心享受尊榮

「雖有榮觀，燕處超然」，意即雖然享受尊榮，卻不會沉溺其中。「燕處」即安居；「燕」在古時候可以當成「平常」的意思，「榮觀」即豪華的樓房。以平常的生活方式處於富貴之中，態度超然。要做財富的主人還是財富的奴隸，全在自己一念之間。道家的瀟灑風度即由此而生。

「奈何萬乘之主，而以身輕天下」，意即爲什麼萬乘大國的君主，還以輕率的態度治理天下呢？

「輕則失根，躁則失君」，意即輕舉將會失去根本，妄動將會失去主宰。

統治者有了權位之後，難免心浮氣躁、輕舉妄動，造成天下大亂。這種例子在現實生活中屢見不鮮。我們不能因爲自己稍微有點知識，就想拿歷史和今天的情況相比，說現在怎麼樣，過去怎麼樣，甚至大張旗鼓和現實唱對台戲。其實沒什麼好比較的，歷史上的很多事情都是獨一無二的，歷史上的角色，往往很難理解。所以我們要尊重現實，借鑒歷史，避免心浮氣躁，謹愼行事，不要輕舉妄動，要爲天下百姓著想。

第二十七章　善行無轍跡

善行無轍跡，善言無瑕謫；善數不用籌策；善閉無關楗而不可開，善結無繩約而不可解。

是以聖人常善救人，故無棄人；常善救物，故無棄物。是謂襲明。

故善人者，不善人之師；不善人者，善人之資。不貴其師，不愛其資，雖智大迷，是謂要妙。

善於行走的，不會留下痕跡；善於說話的，沒有任何瑕疵；善於計算的，不必使用籌碼；善於關閉的，不用栓鎖，別人也開不了；善於捆綁的，不用繩索，別人也不能解。

因此聖人總是善於幫助人，所以沒有被遺棄的人；總是善於使用物，所以沒有被丟棄的物。這叫做保持啓明狀態。

因此，善人是不善人的老師，不善人是善人的借鑒。不尊重老師，不珍惜借鑒，即使再聰明也免不了陷於困惑，這是一個精微奧妙的道理。

凡人的智慧展現

「善行無轍跡」，意即善於行走的，不會留下痕跡。比如印第安人善於追蹤，前面的人走了多久、帶了多少東西大都可以觀察出來；武俠小說裡也常有這類的描寫。

「善言無瑕謫」，意即善於說話的，沒有任何瑕疵。話要說得好實在很難，就像講課一樣，當過老師的人都知道，講課時會忽然福至心靈，出現神來之筆；在講課前根本不知道自己會說什麼，一說出來才發現某句話說得眞好，連自己也想鼓掌。也有善於外交辭令的，發言時妙語如珠，有如行雲流水。

「善數不用籌策」，意即善於計算的，不必使用籌碼。使用籌碼計算的話，萬一籌碼掉了怎麼辦？所以心算很重要。

「善閉無關楗而不可開」，意即善於關閉的，不用栓鎖，別人也開不了。

「善結無繩約而不可解」，意即善於捆綁的，不用繩索，別人也不能解。

以上提到了五種「善於」，也就是人所具有的特別能力，「說話」可以做到滴水不漏，「行走」可以有如踏雪無痕，「計算」可以達到神機妙算，「關閉」可以巧奪天工，「捆綁」可以神乎其技。

《莊子．達生》裡面描寫一個人鑿木頭做鐘架，鐘架上的野獸形狀，可謂鬼斧神工。別人問他是如何做出來的，他說：「先齋戒靜心，並把人間的各種考慮都放下，之後才能直接看到一塊木頭有什麼潛能。」這種境界一般人達不到，但是經過藝術家長期的觀察之後，就會想像這塊木頭可以雕成什麼樣子，看準後下手就很輕鬆，完成之後，好像是還它本來的面貌。這非常不容易，但只要在某方面有專長，久而久之就具有這種能力，並不是什麼神祕的事情。

聖人善用萬物的可能性

「是以聖人常善救人，故無棄人；常善救物，故無棄物，是謂襲明」，意即因此聖人總是善於幫助人，所以沒有被遺棄的人；總是善於使用物，所以沒有被丟棄的物。這叫做保持啓明狀態。

關於「常善救物，故無棄物」，有一個很好的例子。魏晉時的陶侃，在擔任荆州主管時，把造船、蓋房子所剩下的木頭碎片、碎屑，全部收藏起來。別人誤以爲他小器，把沒有用的碎屑，也當寶貝一樣收藏起來。等到冬天下雪時，這些木頭碎屑終於派上用場，鋪在地上方便走路，他就靠著善用廢物而建立軍功。這說明沒有任何廢棄之物，「無用之用，是爲大用」。

對於聖人來說，沒有東西可以被廢棄，因爲它們都來自「道」。聖人只不過是從「道」來肯定每樣東西，任何東西只要存在一定有理由。神農嚐百草，才知道每種植物的用處；一般人卻只會以花草的美醜做爲判斷的價值標準，但是從「道」來看，沒有任何植物是無故生出來的，一定有它的作用。

我小時候住在鄉下，最喜歡吃薺菜餃子。這種薺菜長在路邊也沒人會注意，被踩爛了也無所謂，但是知道怎麼應用的話，就是廚房最好的配料，遠比大白菜水餃好吃百倍，這個例子可以說明沒有應該被丟棄的東西。

人也一樣，「常善救人，故無棄人」。每個人都有他的用處。但是我曾經看過一則令人難過的新聞報導，有個台大學生自殺，自殺時說，反正活著不過是浪費糧食，不如死了算了，這是典型的自暴自棄。只要是台大的學生一出事我都特別緊張，一定先查他有沒有修過我的課，如果修過我的課，我就會問自己，爲什麼沒有把他教到捨不得這個人生？我上課的目的，就是希望讓學生知道，活著不是爲了快樂，活著就要問有沒有意義，承受各種考驗跟痛苦是有意義的。

每次經過公園、路邊或車站看到流浪漢時，我心裡不免會想：他生下來時總有父母、家人照顧吧？怎麼會落到這個地步呢？有些人當了流浪漢也許不完全是他的責任，因爲他也認眞工作，只因經濟不景氣而失業了；但如果眞要活下去的話，會有人失業嗎？我是不相信的。如果我現在眞的失業了，只要願意工作的話，至少可以打零工吧，就連學生都可以去當家教來維持平時的生活。

雖然說美國社會福利比較完善，失業領有失業救濟，有些食宿則靠宗教的協會在支持，晚上還有地方住，勉強過得下去。但是，一個人活著爲什麼要讓別人幫忙呢？本來可以自力更生，靠著自己的雙手工作，賺錢養活自己，這是一個人的尊嚴所在。除非社會動盪或是發生戰爭，否則不會沒有辦法。所以說聖人善於幫助人，以致沒有被遺棄的人，讓每個人都可以發揮專長，在社會上找到最基本的工作。

虛心效法的智慧

「故善人者，不善人之師；不善人者，善人之資」，意即因此，善人是不善人的老師，不善人是善人的借鑑。「資」即借鑑。借鑑之意就在於提醒自己，不要變成不善的人。「善人」並非一般所謂的好人，《老子》書中的「善人」往往是描述跟著「道」走的人，「不善人」則是違背這個途徑的人，違背途徑的下場當然不理想。

「不貴其師，不愛其資，雖智大迷，是謂要妙」，意即不尊重老師，不珍惜借鑑，即使再聰明也免不了陷於困惑，這是一個精微奧妙的道理。每個人都有老師，這個老師就是「道」。我們常常要保持開放的心胸，見賢思齊。我自己就有個習慣，只要看到別人有優點，就向他請教；如果無人可以請教就自己閱讀，讀一些偉人故事或傳記，從中獲得啓發。

我們要珍惜借鑒，尊重老師，否則很容易陷於困惑。人生本來就會有困惑，再聰明的人也免不了陷於困惑。孔子「四十而不惑」，令人佩服，我們則是四十而開始大惑，四十歲要面對全方位的開展，包括自己的家庭、子女、父母、朋友、事業，難免左支右絀，所以一個人能夠「四十而不惑」，懂得分辨本末輕重，可謂高人。

綜上所述，本章的五「善」可以經由熟能生巧或順其自然來達成，只要「無心而爲」，就會有出其不意的神奇效果。「無心而爲」是老子的祕訣。聖人是悟「道」者與行「道」者，既然一切皆源自於「道」，則天下豈有棄人與棄物？這就是我們獲得的啓發。一切都來自「道」，棄或不棄則是由人的眼光所下的判斷。我們千萬不要從自己的角度來判斷，還是讓每個人自己發展；並且，成不成不能只看外在。

善人爲「師」，不善人爲「資」，兩者合成「師資」，剛好有互相學習、期許、珍惜之意。由於今日學問分類細密，在此爲師者，在彼則爲資，兩者相互需要，而不必涉及善與不善，「雖智大迷」是我們應該自我警惕的。

第二十八章 知其雄，守其雌

知其雄，守其雌，爲天下谿。爲天下谿，常德不離，復歸於嬰兒。知其白，守其辱，爲天下谷。爲天下谷，常德乃足，復歸於樸。樸散則爲器，聖人用之，則爲官長。故大制不割。

知道雄強的好處，卻守住雌柔的位置，這樣可以做爲天下的僕役。做爲天下的僕役，就不會離開恆久的德，再由此回歸嬰兒的狀態。知道光明的好處，卻守住暗昧的位置，這樣可以做爲天下的山谷。做爲天下的山谷，才可以滿足恆久的德，再由此回歸眞樸的狀態。眞樸的狀態分散爲具體的器物，聖人依循這個原則，建立了管理與領導。所以完善的政治是不去割裂的。

樹大容易招風

「知其雄，守其雌，爲天下谿」，意即知道雄強的好處，卻守住雌柔的位置，這樣可以做爲天下的僕役。「雄」即雄強，是指出人頭地、很榮耀威風的樣子；「雌」即雌柔，是指能夠委屈、安靜。做爲天下的僕役，亦即接受命令，而不發號施令，是替人服務，而不要求別人回報。

「爲天下谿，常德不離，復歸於嬰兒」，意即做爲天下的僕役，就不會離開恆久的德，再由此回歸嬰兒的狀態。因爲並非有心造作，本性不會喪失。主人發號施令有特定目的，而僕役只是按照命令行事，由此可以回歸嬰兒的狀態，而保持恆久的德。

「知其白，守其辱，爲天下谷」，意即知道光明的好處，卻守住暗昧的位置，這樣可以做爲天下的山谷。誰不喜歡在光明的地方，成爲鎂光燈的焦點呢？但是出現在光明的地方，就容易受到批評，遭人忌恨。因此名人大多毀譽參半，以及樹大招風就是此理。而山谷就是任何水來了都可以流過去，不會擺出高姿態。

「爲天下谷，常德乃足，復歸於樸」，意即做爲天下的山谷，才可以滿足恆久的德，再由此回歸眞樸的狀態。「樸」是指未經加工的原木，亦即還未雕琢的原貌。「谿」和「谷」所指的對象是一樣的，都是要守住那個位置。「谿」即是「奚」，指古代的奴僕，如此才合乎守雌之意。爲何要譯成奴僕、僕役呢？因爲「復歸於嬰兒」，是人的純樸狀態。後面提到山谷時，則要「復歸於樸」，山谷和樹木都屬於自然界，僕役和嬰兒都是有生命的人類，我覺得這樣的解釋比較合理。否則前面是溪流，後面是山谷，爲什麼一個會變成像嬰兒一樣，一個會變成眞樸的狀態，兩者顯然重複了，似乎沒有必要，所以谿譯成奴僕比較適合。

「常德」是恆久的德，也就是由「道」所獲得的本性與稟賦。由「常德不離」與「常德乃足」可以知道，我們是處在「離」與「不足」的困境中，在這種困境裡面，若能保持常態，就可以復歸於「嬰兒」或「樸」的狀態了。

以上就是知與守的關係，比如出人頭地，可以得到大家的掌聲，但是掌聲之後恐怕就有批評，當然會形成壓力，所以要「和光同塵」，調節光芒，也不排斥灰塵，否則太清高容易引起別人的側目，引來麻煩。

善治者不製造分裂

「樸散則爲器，聖人用之，則爲官長，故大制不割」，意即眞樸的狀態分散爲具體的器物，聖人依循這個原則，建立了管理與領導。所以完善的政治是不去割裂的。「大制」的「大」是指完善，「制」是指治理的治，是一個整體。「聖人用之」，在此「之」是指「樸散則為器」的道理，聖人用這個道理治理天下。它的效果是回到樸的狀態——返樸歸眞，若不去割裂，萬物都可以返樸歸眞。比如聖人治理百姓的時候，就不要分士農工商。

本章文句在「知其白」與「守其辱」之間，或許有一小段，即「守其黑，為天下式。為天下式，常德不忒，復歸於無極。知其榮」。其意為守住黑暗的位置，做為天下的用具。做為天下的用具，恆久的德就不會偏差，再由此回歸無窮的境界。知道榮耀的好處。在此，「式」即「栻」，為古人占卜用的器具；如此才可與「谿」、「谷」之卑下含義並列。許多專家認為此一小段為衍文，取消亦不影響文意。事實上「知其白，守其辱」的「辱」非指侮辱，而指黑，即汙垢的垢，「辱」字本身就有黑之意。

為什麼要「知其白，守其辱」呢？這與我們前面談過的「避難」觀念可以相通。「是非只為多開口，煩惱皆因強出頭」，人取我棄，人棄我取，既安全又自在。這不是懦弱，而是重視覺悟甚於爭勝，相信自己只要能夠覺悟，將可品味人生最深刻的境界。

第二十九章 將欲取天下而爲之

將欲取天下而爲之，吾見其不得已。
天下神器，不可爲也，不可執也。
爲者敗之，執者失之。
是以聖人無爲，故無敗；無執，故無失。
夫物或行或隨；或噓或吹；或強或羸；或培或墮。
是以聖人去甚，去奢，去泰。

想要治理天下而有所作爲，我看他是不能達到目的了。
天下是個神妙之物，對它不可以有爲，不可以控制。
有爲就會落敗，控制就會失去。
因此之故，聖人無心於爲，所以不會失敗；不加控制，所以不會失去。

一切事物有的前行，有的後隨；有的性緩，有的性急；有的強壯，有的瘦弱；有的成功，有的失敗。

因此聖人要去除極端，去除奢侈，去除過度。

統治者過多的介入會適得其反

「將欲取天下而爲之，吾見其不得已」，意即想要治理天下而有所作爲，我看他是不能達到目的了。此處的「不得已」，不是平常所用之意，「不得」是指無法達到目的。「取」是指爲，亦即治，「而爲之」是指無爲的反面——想要有所作爲。想要治理天下而有所作爲，反而不能達成目標，這是老子對統治者的提醒。

「天下神器，不可爲也，不可執也」，意即天下是個神妙之物，對它不可以有爲，不可以控制。「器」即物。「天下」有時候是指天下萬物，萬物也包括人在內，但是談到聖人，由於他是統治者，所以這裡的天下是指人間所構成的整體。如果統治者有心治理，結果一定難以周全，不是顧此失彼，就是難以長治久安。

比如現在要保存農業，還是發展工商業？發展工商業不但得犧牲農業，甚至還得犧牲環保，很難全面兼顧。爲政者雖然看得長遠，百姓圖的卻是眼前的利益，因此長遠的目標，要經得起百姓的質疑和批判。歷代以來多少帝王將相、政治領袖，沒有人可以面面俱到，一定是某些階級滿意，另外一些階級就抱怨，因爲資源是有限的，不可能滿足每一面的需求。所以最好就是無心於爲，順其自然。

又比如談到中國人的處境。台灣目前最重要的就是避免戰爭，一旦爆發戰爭，損失一定慘重，既然都是中國人，相煎又何必太急？尤其那些年輕的學生才剛從學校畢業，怎麼忍心讓他們上戰場呢？眞正的英雄，一定會先考慮群體的安全。像孔子就很稱讚管仲，因爲管仲通過外交手段，避免了春秋初期的戰爭，使百姓不必經歷生靈塗炭。《論語．憲問》提到「九合諸侯不以兵車，管仲之力也」，所以「民到於今受其賜」，百姓到現在還受到管仲的恩賜。人民爲什麼可以活著，是因爲沒有打仗，一打起仗來，就會有人死亡，大軍過後必有荒年，這就是管仲了不起的地方。

「爲者敗之，執者失之。是以聖人無爲，故無敗；無執，故無失」，意即有爲就會落敗，控制就會失去。因此之故，聖人無心於爲，所以不會失敗；不加控制，所以不會失去。多少獨裁者，在控制國家時是多麼不可一世，「號令天下莫敢不從」，到後來一樣土崩瓦解。人民的服從與聲勢浩大，都是表面功夫，因爲多數人都是盲從的。如果給他時間反省，他就會思考自己爲什麼要聽話，開始替自己打算，等風雲突變，整個就都反過來了。

聖人深知過猶不及的道理

「夫物或行或隨；或噓或吹；或強或羸；或培或墮」，意即一切事物有的前行，有的後隨；有的性緩，有的性急；有的強壯，有的瘦弱；有的成功，有的失敗。

前行、後隨；性緩、性急；強壯、瘦弱；成功、失敗；這八種狀況兩個一組，合而觀之是一種均衡的狀態。有些人生下來適合當領袖，那就當領袖，何必跟他爭？有些人生下來就適合在別人後面善後，又何必跑到前面去呢？有些人生下來個性緩慢，反應慢半拍；有些人個性很急，事情還沒發生，就跑到前頭去了。這一切沒有對錯，只要能夠相互配合，人活在世界上就是一個搭配的問題。

「是以聖人去甚，去奢，去泰」，意即因此聖人要去除極端，去除奢侈，去除過度。我們生活在一個快速變化的時代，注意力大多被分散到外在的世局，尤其是大型的活動。比如爲了看世界盃足球賽，可以徹夜不眠；事過境遷之後會發現這只是一種熱情的發散。人的一生經常被外在的刺激引發熱情，等到清醒的時候，已經人過中年了。

社會上也有很多事，讓人隨著大家起舞。眞正自由的社會應該維護一個人基本的生命尊嚴，讓人有更多時間善度自己的生活，可惜現在不是，反而放任各種傳播媒體，讓每個人都忘記內心的需求。

報紙曾經刊載，二〇〇四年台灣每三小時就有一個人自殺，爲什麼自殺的問題這麼嚴重呢？因爲大家注意的往往是外在的成就，而忽略了對自己內心的瞭解、反省、訓練和培養，於是一碰到挫折就無法承受。我們需要的是能夠讓大家回到內心，想得遠一點，考慮老子所說的「去甚，去奢，去泰」。因爲極端、奢侈、過度，必定會有後遺症，樂極生悲、縱欲傷身，自古即有明訓。

關於「去甚、去奢、去泰」的道理。可以聯想一般人對古董的態度，如果沒有占有欲，欣賞過後讚賞一番，放在一旁再給其他人看；一旦起了占有的心思就麻煩了，不知又有誰家的祖墓要遭殃了。

古時候有個有錢人，家裡有好幾座倉庫都堆滿各種金銀珠寶。他的窮朋友對他說：「你的金銀珠寶能不能借我一看？」他說：「當然可以，不過你不能拿。」窮朋友答應絕不拿，這個人就帶他的窮朋友進倉庫看。出來之後窮朋友對他說：「我現在跟你一樣有錢了。」他嚇了一跳：「怎麼會呢？你什麼都沒拿呀，怎麼會跟我一樣有錢呢？」窮朋友說：「你這些財寶是用來看的，我進去看了一遍之後，不就跟你一樣有錢了嗎？」這話很有道理，我們想一想，當初這個有錢人的財寶，現在在哪裡呢？當然早已落在別人的手上，或許由他的子女繼承了；或許子孫不孝，富不過三代，家產被變賣；又或者打仗時，全被人搶走了；或是陪葬後慘遭掘墓而遺失各處了。那麼，爲什麼還一定要去追求呢？

綜上所述，我們不要讓外界的誘惑引發自己的困擾。世間一切各有其特色，在參差不齊中，保持整體的均衡，這就是「神器」的妙用。它有整體的均衡，因此最需戒惕的是人爲造作。如果因而擾亂了自然秩序，將使天下大亂，聖人的三去——去甚、去奢、去泰，其實只是想要回復自然狀態而已。如果從自身著手來化解問題，自己先「去甚、去奢、去泰」，也就是先採取防禦措施，避免外界誘惑給自己帶來困擾。

第三十章 以道佐人主者

以道佐人主者，不以兵強天下。
其事好還。
師之所處，荊棘生焉。
大軍之後，必有凶年。
善者果而已，不以取強。
果而勿矜，果而勿伐，果而勿驕，果而不得已，果而勿強。
物壯則老，是謂不道，不道早已。

用「道」來輔佐國君的人，不會靠武力在天下逞強。
打仗這種事，總會得到報應。
軍隊所過之處，長滿了荊棘。

大戰之後，必定出現荒年。

善於用兵的人，只求達成目的，不靠兵力來逞強。達成目的卻不自負，達成目的卻不誇耀，達成目的卻不驕傲，達成目的是因為出於不得已，達成目的卻不逞強。

事物壯大了之後，就要回歸衰老，這就叫做不合乎「道」。不合乎「道」，很快就會消失。

本章老子的反戰思想出現，他指出打仗和擅用武力者，終免不了報應。

豪奪強取，得不償失

「以道佐人主者，不以兵強天下。其事好還。」意即用「道」來輔佐國君的人，不會靠武力在天下逞強。打仗這種事，總會得到報應。「其事好還」，亦即一個人怎麼樣對待別人，將來別人就會用同樣的方式來對待他。我們平常所說的「天道好還」、「善有善報，惡有惡報」即由此而來。

人類社會有很多事形成一套規則，也因為人類才使某套規則開始實現。比如某個人以投資爲名，騙取別人的錢財，因而覺得得意洋洋，但是將來一定有人會以同樣的方法對待他，這就叫「其事好還」。即使沒有遭到報應，也可能因而信用破產，名聲變壞，最後發現得不償失，這就是騙人的代價。所以活在世間，很多事情要從長遠來看，才會保持愉悅與平衡。占了別人的便宜，將來一定會付出代價。

「師之所處，荊棘生焉。大軍之後，必有凶年」，意即軍隊所過之處，長滿了荊棘。大戰之後，必定出現荒年。農耕不能運作，不能收成，所以大戰之後必定出現荒年。古代有很多例子，打仗之後就會出現各種疾病，許多地方人死了之後卻沒法埋葬，接著各種傳染病、瘟疫紛紛出現，到頭來還是百姓遭殃。

反其道而行的道家智慧

「善者果而已，不以取強」，意即善於用兵的人，只求達成目的，不靠兵力來逞強。「果而已」是指達成目的就好，不想別的。對照前面篇章，難免產生疑問，不是說不要有目的嗎？這裡爲何要說達成目的呢？理由在於此處的「果」是在特定條件之下不得不做，必須設這個目的。比如如果不打仗就會被侵略，這就是結果，目的是爲了保家衛國。所以後文也提出很多限制。

「果而勿矜，果而勿伐，果而勿驕，果而不得已，果而勿強」，意即達成目的卻不自負，達成目的卻不誇耀，達成目的卻不驕傲，達成目的是因爲出於不得已，達成目的卻不逞強。

如何理解「勿矜、勿伐、勿驕、不得已、勿強」呢？一般人都是這樣，達成目的就會自負，達成目的就會誇耀，達成目的就會驕傲，達成目的不是不得已的，達成目的就要逞強。老子的智慧正在於此，他可以逆向思考，讓我們明白，一般人這樣做，那麼他就要反其道而行，避開災難，不去造成連環性的因果報應。

比如以前受過委屈，現在得意了，又開始驕傲，這時就要再受委屈，之後才又學乖。然而，人生能有幾次循環？不明白這個道理，就會一直處在那個循環狀態中，永遠受制於人。道家的智慧是希望人有自由，跟莊子所謂的「逍遙」一樣，要「重內而輕外」，到最後「有內無外」，完全不受外界的影響。

以上連續五個達成目的，告誡我們做事不要過度要求，達成目的後不要有情緒的反應，達成目的後不要得意。

物壯則老，盛極而衰

「物壯則老，是謂不道，不道早已」，意即事物壯大了之後，就要回歸衰老，這就叫做不合乎「道」。不合乎「道」，很快就會消失。

「物壯則老」有兩種情況：第一個是自然產生的，如生老病死是人生之路。第二個是人世間爭強好勝時的表現，難免盛極而衰。這兩者都有客觀的事實做爲根據。所謂「不道」，就是不合乎「道」，有評價之意。關鍵在於是否有意或刻意去爭勝，如果在成功之後念念不忘，到處炫耀，反而容易引起別人的反感。別人已經知道你贏了，就要謙虛一點，否則就會不合乎「道」，不合乎「道」就會「早已」——很快就會消失。

我這一生最愉快、也最痛苦的時期，就是中學六年，那時眞是鶴立雞群，一方面因爲讀書的成績實在太好了，另一方面因爲口吃而有自卑感，這兩者平衡起來實在是不容易。口吃讓人自卑，而別人又常常故意叫我說話，上課或開班會時，同學一問問題，我就開始口吃，大家就會發笑。但是我的成績是第一名，同學心裡會想，反正剛才笑過他了，他考第一名有什麼關係呢？他有他的困難，這樣大家可以保持平衡。我中學六年都是第一名，同學們也不會討厭我，因爲他們知道我有嚴重的缺點，不會覺得比不上我而感到難過。

本章的背景是國與國之間的勢力消長，老子置身於春秋戰國時代，當時戰爭頻仍，訴諸武力與戰爭其實是下下之策。「其事好還」的例證古今皆有，比如侵略了別國，別國必然會起來革命抗爭。眞正的大國該以武力保存本國現狀，以便繼續生存。達成目的就夠了，千萬不可逞強，果而「勿矜、勿伐、勿驕、不得已、勿強」，這五句話皆爲戒惕。

第三十一章 夫兵者，不祥之器

夫兵者，不祥之器，物或惡之，故有道者不處。君子居則貴左，用兵則貴右。兵者不祥之器，非君子之器，不得已而用之，恬淡爲上。勝而不美，而美之者，是樂殺人。夫樂殺人者，則不可得志於天下矣。吉事尚左，凶事尚右。偏將軍居左，上將軍居右，言以喪禮處之。殺人之眾，以悲哀蒞之，戰勝以喪禮處之。

武力是不吉利的東西，人們都厭惡它，所以悟「道」的人不接納它。君子平時重視左方，使用武力時就重視右方。武力是不吉利的東西，不是君子的工具，如果不得已要使用它，最好淡然處之。

勝利了不要得意，如果得意，就是喜歡殺人。喜歡殺人的人，就不可能在天下得到成功。

吉慶的事以左方爲上，凶喪的事以右方爲上。副將軍站在左邊，上將軍站在右邊。這是說，作戰要依喪禮來處置。

殺人眾多，要以悲哀的心情來看待，戰勝要依喪禮來處置。

老子在本章中繼續他的反戰思想，談的還是戰爭。老子兩次提到以「喪禮處之」，表明戰爭即喪事，即使打勝仗照樣是用喪事來處理，意義非常深遠，因爲打仗沒有眞正的贏家。

武力不是解決之道

「夫兵者，不祥之器。物或惡之，故有道者不處」，意即武力是不吉利的東西，人們都厭惡它，所以悟「道」的人不接納它。「物」是指人們。

「君子居則貴左，用兵則貴右」，意即君子平時重視左方，使用武力時就重視右方。「貴左」、「貴右」之說大概源於古人「左陽右陰」的想法，左代表陽，右代表陰，陽代表生，陰代表殺。比如一年四季，春夏代表生，萬物生長；秋冬代表殺，萬物凋零。古時候有句話叫「秋後算賬」，死刑犯在秋天時就要處決。萬物到了秋天慢慢收縮，樹葉開始飄落，生命開始凋零，都是配合季節，以此說明所謂的生與殺。因此戰勝是凶事，以及主持戰爭的「上將軍」都要居右，因爲右主殺。這種說法涉及古代禮儀，不宜深究。由此可見老子的反戰思想多麼深刻。

「兵者不祥之器，非君子之器，不得已而用之，恬淡爲上」，意即武力是不吉利的東西，不是君子的工具，如果不得已要使用它，最好淡然處之。像越戰，美軍死了五萬八千多人，最後造就了季辛吉和胡志明得到諾貝爾和平獎，這不是荒謬之至嗎？美國人不替自己保護家園，卻去越南打仗，死傷慘重，令人費解。所以爲什麼美國很多人反戰，因爲覺得這樣做很荒謬。

「勝而不美，而美之者，是樂殺人。夫樂殺人者，則不可得志於天下矣」，意即勝利了不要得意，如果得意，就是喜歡殺人。喜歡殺人的人，就不可能在天下得到成功。所以軍人出身者就不要碰政治，帶兵打仗那一套在文官系統裡面是行不通的。

作戰依喪禮處置，殺人以哀心看待

「吉事尚左，凶事尚右。偏將軍居左，上將軍居右，言以喪禮處之。殺人之衆，以悲哀蒞之，戰勝以喪禮處之」，意即吉慶的事以左方爲上，凶喪的事以右方爲上。副將軍站在左邊，上將軍站在右邊。這是說，作戰要依喪禮來處置。殺人眾多，要以悲哀的心情來看待，戰勝要依喪禮來處置。

吉慶的事以左方爲上，因爲左方代表陽、生；凶殺的事以右方爲上，因爲右方代表陰、殺。上將軍站在右邊，因爲上將軍要發號施令，要進攻，要打仗；副將軍大概要負責收拾殘局，看看還有什麼生還之人，所以必須站在左邊。作戰依喪禮處置，殺人以哀心看待，戰勝則以喪禮處置，這種說法完全是反戰的。但是，這個反戰思想絕不是投降主義，而是老子非常具體的處世態度。

找到人生的脈絡，生命不會落空

我們讀到老子的書時，會有一種感覺，他的確是抵達了一種化境，把人間的各種遭遇都已經瞭解透澈了。古代的人不像現在，每個人都自覺有一個自我，要自行去體驗生命的種種過程；古代只有少數人能有這樣的體驗，大多數百姓只是忙著生活，來不及想太多問題。日出而作，日入而息，「帝力於我何有哉？」多數人只能把家顧好，讓小孩順利成長；小孩成長之後，代代相傳。那樣的人生，無法讓一個人的體驗清楚展現出來；反過來說，現代人也很難想像古人的生活，至少在我看來，會覺得可惜。就好像很多人都曾經活過，但從來沒有想過自己是誰？應該如何去生活？或者應該如何去體驗這一生的遭遇？

現在我們閱讀儒家或道家的典籍時，要知道在以前這是只有極少數人可以享受的智慧果實。今天每個人都可以自由閱讀，以此而言，這是一種幸福。開始學習時當然會發生困難，因爲思想和語言文字一定有時空的特性，尤其是文言文跟白話文的差距很大，但這不會構成障礙，因爲人的生命還是一樣生老病死、喜怒哀樂、恩怨情仇、悲歡離合，古今無異。

由這種背景來瞭解，心情就會比較正面。打開書本就是一個天地，覺得自己的生命可以從不同的角度來觀照。表面上跟別人一樣，逛街、購物、喝咖啡、聊天，但是心裡十分清楚，自己爲什麼要這樣做，爲什麼要選擇這樣的生活方式；自己也知道這樣做只是一個過程，前面是什麼，後面是什麼，有一個清楚的脈絡。人如果有一個脈絡的話，就不必擔心生命的落空，但是要找到這樣的脈絡，則是一大挑戰。

對有些人而言，需要靠宗教的啓發來提供脈絡，比如舉行各種儀式，讓生命可以連接起來。而哲學與宗教的區別，就在於哲學要人靠自己的努力站起來，這需要很大的勇氣。所以歷代的哲學家，無論是中國也好，西方也好，他們所承受的壓力極大。但這種承受是値得的，因爲哲學會讓人感覺生命具有一種獨立的尊嚴。信仰宗教也很好，但是兩者抱持的是不同的態度。哲學是很真誠地探索生命的根源，是一種終極的關懷，想知道自己從哪裡來，往哪裡去，而能有一種真誠而愉快的態度，我們所希望的是做到這一點。

第三十二章　道常無名

道常無名，樸。雖小，天下莫能臣。侯王若能守之，萬物將自賓。天地相合，以降甘露，民莫之令而自均。始制有名，名亦既有，夫亦將知止，知止可以不殆。譬道之在天下，猶川谷之於江海。

「道」永遠是無名的，處於眞樸的狀態。雖然細微，天下沒有人能夠收服它。侯王如果能守住它，萬物將會自動歸附。天地之間陰陽之氣相合，就降下甘露；人民不需要靠君王的命令，就自動均衡。

萬物開始出現，就有了名稱；名稱既已產生，就會知道適可而止，知道適可而止，就可以避免危險。

以「道」在天下的情況來說，就像江海爲河川所歸。

極小之物具有無敵的力量

「道常無名，樸」，意即「道」永遠是無名的，處於眞樸的狀態。「樸」的原意是沒有經過雕刻的原木，當它尚未被雕刻、被製作時，才充滿無限的可能性。「樸」這種可能性十分精微。在此處當作比喩，是指眞樸的狀態。眞樸的狀態本身就是圓滿無缺的，不需要刻意雕琢；一經雕刻之後就成形，成形之後就固定了，固定之後肯定即是否定。

肯定即是否定，這是西方哲學的說法。就像木材做成桌子，就不能做椅子；做成椅子，就不能做窗戶；做成窗戶，就不能做門。當它是木材時，可以做所有的東西，一旦做成某樣東西，就否定了其他的可能性，所以說肯定即是否定，肯定也就是一種限定。

「雖小，天下莫能臣」，意即雖然細微，天下沒有人能夠收服它。何謂小？無名未形，沒有名字，還沒有形狀，可以用細微之小來描述。由「小」就要想到「至大無外，至小無內」，這八個字是最標準的說法。「至大無外」，意即最大的東西是沒有東西在它的外面；「至小無內」，意即最小的東西是裡面沒有可以再分成更小的部分。就像我們現在知道原子不是最小的，裡面還包含有質子、中子、電子等，細不可分。不能再切割的就是沒有內，裡面如果還有空間可以再切割，就可以繼續再分。「樸」雖小，卻無法再做任何的切割。所以「天下莫能臣」，因爲它根本沒有成形，怎麼去收服它？

「侯王若能守之，萬物將自賓」，意即侯王如果能守住它，萬物將會自動歸附。像侯王這樣的政治領袖，守住的是「樸」或者最小的狀態、眞樸的狀態，每一個人和他相處，並追隨他，如同回到「道」一樣，感覺很自然。

美國前總統老布希曾說，他從總統職位退下來之後才發現，原來許多人的高爾夫球都打得比他好，可是他當總統時，打球卻從來沒輸過，因爲與總統打高爾夫球的人都心知肚明，打球時一定要禮讓，才能博得歡心。這說明與有權力的人在一起可以分到好處，但是這些位高權重的人，一旦下台後其實也是平凡人，我們又何必一定要把他看得很了不起呢？

順其自然，適可而止

「天地相合，以降甘露，民莫之令而自均」，意即天地之間陰陽之氣相合，就降下甘露，人民不需要靠君王的命令，就自動均衡。萬物本來就有自己的規則，不必插手去管，它自動會保持均衡。

比如人造雨，再怎麼努力都是事倍功半，即使因此下了雨，所費的成本難以想像。有一篇報導說，未來地球最大的危機是水資源的問題，大概二、三十年之後人類喝的飲用水就會出問題，因爲海水沒辦法變成淡水。即使科技發達，海水可以變成淡水，但需要的科技設備和付出的代價將遠超過得到的，非常划不來，成本也超過去找其他淡水的水源。

「始制有名，名亦既有，夫亦將知止，知止可以不殆」，意即萬物開始出現，就有了名稱；名稱既已產生，就會知道適可而止，知道適可而止，就可以避免危險。「制」可譯爲創作，亦即萬物開始出現。「殆」是指危險。

有一種說法是，「有名」可以界定政治上的各種名分。有名的話，就可以各自按照名稱，是什麼名分的就做什麼樣的事，名實相符，社會比較安定。我比較接受的另一種說法是，「有名」不是指政治上的各種名分，而是指宇宙萬物的名稱。比如花就是花，不要期許它變成果；果就是果，不要希望它變成花；草就是草，不要認爲草沒用，沒有花漂亮。動物也是一樣，對任何動物都是按照其名來理解，如此界定才不會有困難。任何事都按照它本身的名稱來加以界定，不要希望它有什麼額外的效果。

有一次看「探索頻道」（Discovery），節目裡介紹了犀牛。犀牛角是名貴的中藥，能治退燒，犀牛因此被大量獵殺。難道退燒沒有其他方法嗎？中國以前有許多犀牛，《孟子》裡面提到，當初天下野獸遍布時，好的帝王爲了照顧百姓，驅逐四種猛獸——虎、豹、犀、象。以前中國的中原地帶都是這四種動物，對百姓的生命是一大威脅，驅走這四種猛獸之後，百姓才能安居樂業。古時候老祖宗製作中藥取虎骨、犀牛角，其理由恐怕是順便消滅這些猛獸，但演變到現在，就變成野生動物的浩劫了。想想看，捕殺一頭大犀牛，就爲了牠那麼一點點角，取角後整個身體全不要；就與魚翅一樣，把鯊魚的魚翅割下來後，再把整條鯊魚丟回大海，眞是於心何忍。

我這一段話的目的是說，每樣生物都有它的名稱，它的名稱就代表它自己，只有人類會跨過這個範圍，希望這個東西能有別的名稱與作用，就連天上的星星都被人類定名了，恐怕連星星自己也覺得奇怪。由此可見，老子的話很有道理。

「譬道之在天下，猶川谷之於江海」，意即以「道」在天下的情況來說，就像江海爲河川所歸。江海地勢較低，百川自然就會來歸。「道」在天下，只要順其自然，一切就會回歸於「道」，江河湖海對於川谷不用下命令，它們就自動歸向了，而「民莫之令而自均」，百姓不需要命令，自己就會保持一種均衡和諧的狀態。

本章最重要的當然是「無名」、「有名」這兩個詞，這兩個詞可以參照我們在第一章所說的「無名」、「有名」，亦即做爲一個固定的詞來說是合理的。

「天地相合」表示萬物自己如此運作，推及人間也會自己保持均衡。當然這種情況在人類現代社會已經不太可能了。如何讓人間自己如此、順其自然？現在無從說起。民主的社會就是讓人自由發展，然而我們有沒有給弱者、給少數人一些選擇的空間呢？透過老子思想這麼一說就清楚了，沒什麼複雜之處，老子本來就不喜歡故作神祕。

第三十三章　知人者智，自知者明

知人者智，自知者明。
勝人者有力，自勝者強。
知足者富。強行者有志。
不失其所者久。死而不亡者壽。

瞭解別人的是聰明，瞭解自己的是啓明。
勝過別人的是有力，勝過自己的是堅強。
知道滿足的是富有，堅持力行的是有志。
不離開根據地的才會持久，死了而不會消失的才算長壽。

返觀自照

「知人者智，自知者明」，意即瞭解別人的是聰明，瞭解自己的是啓明。「知人」是指懂得人情世故，與人來往時瞭解別人。知道別人喜歡喝什麼咖啡、聽什麼音樂，這並不難，真的關心一個人，很容易瞭解他的習性。而「瞭解自己的是啓明」這才是關鍵，因爲瞭解自己比較困難。關於「明」，我們一再強調這個字，「知常」（十六章）、「不自見」（二十二章）、「見小」（五十二章）都是指啓明而言，它不是一般的聰明才智，而是化解執著之後，走向悟「道」境界的啓明。老子的「知」，除了強調區分與避難之外，目標就是這個「啓明」。

要回到自己身上，必須靜下來，要「致虛極，守靜篤」，虛靜之後才能瞭解自己，因爲一般來說，當局者迷，看自己的時候，要排除已有的成見。一個人心中的自己，跟別人所看到的自己，常常有差距。比如覺得自己很善良，但是別人不見得這麼認爲；當我們看別人不順眼時，別人可能正好也看我們不順眼。

西方有句話說得好：「彼得說保羅有什麼毛病，正好是彼得說自己有什麼毛病。」自己有什麼毛病，就特別容易看到別人也有這種毛病；或者要排除自己的某種毛病，就會特別注意到別人身上的這種毛病。反之，如果自己沒有這個毛病，往往也看不出別人有，因爲根本不認爲那是個毛病。

山賊易逮，心賊難除

「勝人者有力，自勝者強」，意即勝過別人的是有力，勝過自己的是堅強。人高體壯勝得過別人，這是有力，然而勝得過自己才是堅強，這是內在的堅強。

我們常說「女子雖弱，爲母則強」，女人一旦做了母親，全部注意力就放在小孩身上了，把錢全省給小孩，爲了照顧小孩，可以徹夜不眠。有誰累了能不睡呢？但幾乎每個人都有這樣的經驗：小時候生病了，母親不眠不休地照顧著。這些作爲並沒有事先約定好，而是自然就會有能力勝過自己的欲望，能夠這樣才叫做「強」，可以把它當作自己的修養。

一個人想做什麼就做什麼，這是一種自由；但是，當想做什麼時偏偏不這麼做，這更是一種自由。自由不只有一種，不是爲所欲爲而已，眞正的自由是：想做什麼偏不做，代表自我控制力掌握得很好，這樣才能去做我「應該」做的，而不是我「喜歡」做的。這是很大的挑戰，也才是眞正所謂成熟人格的表現。

有個例子很值得一提，有一年我應邀當評審選拔全球傑出華人青少年，所有評審項目中，品德、道德最難判斷。有一個叫做丁小龍的小朋友，才十一歲，五歲的時候家裡發生變故，之後就開始照顧生病的媽媽，不但要燒飯、洗衣服，還要帶弟弟妹妹，這樣的生活持續了六年。村子裡大家都知道他是個孝子，很多人捐錢給他，但是他把錢拿去幫助班上更窮的同學。評審委員問他：「你每天照顧媽媽和弟弟妹妹，還要燒飯、洗衣服，你喜歡做這些事嗎？」這個小孩子果然了不起，他也沒有多想，立刻就回答：「我也不知道自己喜不喜歡做，只知道這是我該做的。」他一講完，十個評審委員裡馬上有六個人擦眼淚。他照顧家人，無怨無悔，無所謂喜不喜歡，只認爲這是他應該做的，這就是「自勝者強」。該做的就要壓制自己的欲望，勝過自己，這才是堅強。

以上所敘述的「強」和「明」都是針對自己來說，西諺有云：「自己的敵人就是自己。」要能克服自己很不容易，就連明朝的哲學家王陽明也說：「去山中之賊易，去心中之賊難。」以前的人要涵養自身、培育品德，每天早上起來都要忖思自己的過失，有什麼錯誤趕快改善。其實也沒有別的祕訣，就是一旦自私的念頭出現了，要立刻消解掉。

做自己的主人

「知足者富」，意即知道滿足的是富有。西方有句俗話：「要讓自己變成有錢人，最好的方法就是降低欲望。」降低欲望就是要知足，然後就會變得富有。有沒有錢是相對的，跟有錢人相比就變貧窮；跟窮困的人相比，就變成有錢了。何必一定要跟有錢人比，只問自己夠不夠用就行了，此謂「知足者富」。

「強行者有志」，意即堅持力行的是有志。人活在世界上，一定要有志向，志向是指尚未做到的事情，要全力以赴。「強」有兩個意思，其一是勤，就是很努力地去做；其二是勉強，勉強自己去做。沒有一個人的成功或收穫，不是經過自我勉強而得來的。如果沒有自我勉強，人就會顯示惰性，站著不如坐著，坐著不如躺著。

我時常拿「強行者有志」這句話自我勉勵。當我想要鬆懈時，就跟自己說「強行者有志」，勉強自己繼續做下去。很多朋友碰到我都說：你怎麼還出這麼多書？但是我心裡想，過去寫的書對現在的我來說，都已經完成了，重要的不是過去，而是我將來還有很多書要寫，這是一件幸福的事，但是在這個過程裡一定要靠勉強自己。如果什麼都不做，時間照樣過去。所以，對我來說，在學習的路上就是「強行者有志」。

《世說新語》裡面有一則故事：裴遐在周馥家作客，飲宴時有人談天，有人下棋。正當裴遐與人下圍棋時，周馥手下一位將軍來勸酒，裴遐一面下棋一面喝酒，這位將軍生氣了，就把他拉倒在地，裴遐起身回座，神色自若。王衍聽說這件事，就問他：「當時怎麼能夠面不改色呢？」裴遐說：「只是暗地裡忍耐罷了。」這就是修養與忍耐。淝水之戰時，謝安是總指揮，他派謝石與謝玄帶兵迎戰苻堅的大軍。決戰之日，謝安與人在家裡下圍棋，不久謝玄派人送信來，他看完信默不作聲，繼續下棋。

客人問他戰事勝負，他說：「小孩子們大敗敵軍。」他壓抑住自己興奮之情，實在是很高的修養。人間的任何修養都是「勉強」而來。「勉強」二字如果用得好，人生沒有太大的困難，「勉強」定下來，久了之後好像成爲習慣，也就無須勉強，這就是修養的結果。

死而不亡，精神長存

「不失其所者久」，意即不離開根據地的才會持久。「所」是指本性與稟賦而言，亦即只有守住德才會持久。

我們知道四處奔波很辛苦，比如經常換工作或者經常遷移，或者出國開會東奔西跑。所以，不要輕易離開自己的位置，做任何事情都要量力而行，不要造成不安定的感覺。

「死而不亡者壽」，意即死了而不會消失的才算長壽。「死而不亡」有兩個意思，第一是精神長存，足供後人景仰效法。第二個是回歸「道」體，亦即永不消逝。人若未能悟「道」，則「身死如燈滅」，因爲眞正恆存的只有「道」，我們的生命再怎麼樣長存也都只是個名字，名字有什麼用呢？

同時，「死而不亡」是古代的一種觀念，認爲人死之後並沒有消失，所以才有祭拜祖先之舉。祭祀祖先時，當然相信祖先「死而不亡」。死是身體和生命的結束，但死後靈魂還沒有消失，因此才需要祭祀。祖先死後，塵歸塵，土歸土，什麼都沒有了，所以祭拜的只是祖先的靈魂。精神太抽象了，而靈魂是一種力量的存在，對於這種力量我們應該肯定。

心理上的感覺跟實際的遭遇，有時候聯在一起，我並不否認這種可能。人有腦波、有意願，心靈會發生心電波是可能的，但這些並非人生的正路。儒家主張人性向善，很清楚地說明人性向善是一種內在的力量，只要眞誠就可以展現出來。因此，人生一路走下去，「眞誠」二字即可。我依此建立自己的立場，必要時可以「殺身成仁，死得其所」，這才是個人人格的尊嚴所在。

如果忽略了這個立場，以致活在世界上最後只有一個目的，就是保平安而已。比如買房子時不要買到凶宅，出門坐車時不要坐到凶車，做什麼事都只爲了保平安。結果在生命的歷程中，根本沒有任何力量，完全要靠符咒，靠人算命排八字、看風水，活得緊張兮兮的，一旦出了錯，以爲又少算了什麼，這樣的人生是不堪設想的。「死而不亡者壽」提醒我們：人沒有不死，但是要知道人的哪一部分是不亡的。每個人都可以死而不亡，因爲有「道」做爲歸宿，這是道家的基本原則。我們常會在意身體有什麼變化，但是如果經由有形的生命回歸最後的根源——「道」，即可化解不必要的執著，因爲我們的精神會隨著「道」而不斷成長。比如自知、自強，然後知足、強行、不失其所，這一路下來到最後就「死而不亡」了，因爲生命回到了原來的基礎。

綜上所述，我們明白一個道理：「自勝者強」，眞正的強者是可以自我作主的。以此而論，世間未必人人有力，但人人皆可以成爲強者，即使是老人照樣可以是強者，因爲他「自勝」。「強行者」是指「勤而行之」的人，就是堅持力行，也可以說是「勉強」而行，修養並非天生或自然形成的，而是從「勉強」而來。像美國的籃球巨星喬丹，年輕時每天練習投籃，規定自己一定要投中五百個才能停下來休息。從運動、下棋方面，再進一步到德行修養上，一個人能夠忍耐，能夠「唾面自乾」，才是自己的主人。

第三十四章　大道氾兮，其可左右

大道氾兮，其可左右。
萬物恃之以生而不辭，
功成而不有。
衣養萬物而不爲主。
常無欲，可名於小；
萬物歸焉而不爲主，可名爲大。
以其終不自爲大，故能成其大。

大道像氾濫的河水啊，周流在左右。
萬物靠它生存而它不干涉；
成就一切而不居功。
養育萬物而不加以主宰。

它永遠保持無欲狀態，可以說是小；
萬物都來歸附，它也不加以主宰，可以說是大。
由於它從不自以爲大，所以能夠成就它的大。

「道」遍及各處

「大道氾兮，其可左右」，意即大道像氾濫的河水啊，周流在左右。這裡把「大道」比喻成河水的氾濫，爲什麼說它在左邊還是右邊呢？這是爲了表現它的內存性，內存性就是「道」的遍在一切。沒有任何東西可以離開「道」，它能夠像河水氾濫淹沒一切，分不清是左還是右，因爲到處都是河水。以此來比喻「道」，確實生動。

「泛」字描寫「道」像洪水流遍各處，分不清在左在右，這正是「周行而不殆」（二十五章）的生動引申。普遍循環運行在一切地方，但它本身不會有任何消失的危機。

「萬物恃之以生而不辭，功成而不有」，意即萬物靠它生存而它不干涉；成就一切而不居功。「道」對萬物「不辭」、「不有」、「不爲主」，就是不干涉、不居功、不主宰。因爲「道」除了具備內存性還有超越性，所以既不能也不必介入萬物的具體實況，這一段話很清楚地說出了「道」的兩方面作用。

因不成就自己，故遍行無礙

「衣養萬物而不爲主。常無欲，可名於小」，意即養育萬物而不加以主宰。它永遠保持無欲狀態，可以說是小。「常無欲」三個字，專家認爲是衍文。但帛書甲、乙本皆有「恆無欲也」，所以我採用帛書乙本的說法，「常無欲」三個字可以用，沒有問題，它跟第一章的「無欲」可以呼應。

既然「無內」，怎麼可能會有欲望，所以說「常無欲」。何以名之爲「小」呢？因爲「無欲」有如「至小無內」，沒有欲望就沒有任何可以區分的空間。沒有任何欲望，當然是至小無內。有欲望的話，還有空間可以容納別的東西進來，正所謂欲壑難塡。再者，何以名之爲「大」？因爲萬物歸附它，而它卻若無其事，好像有無限大的容量。

「萬物歸焉而不爲主，可名爲大」，意即萬物都來歸附，它也不加以主宰，可以說是大。既然萬物都來歸附，還有比它更大的嗎？很明顯，它已經包含萬物在內了。

「以其終不自爲大，故能成其大」，意即由於它從不自以爲大，所以能夠成就它的大。這句話說得實在太好了。現在社會上稍有本事的人，像某些領導人，稍有一點功績，就自認爲了不起，而大家卻認爲他再了不起也不過是代表某一個階層，某一個黨派而已，很少有一個政治領袖在現在這個時代，還能夠讓大家肯定他超出黨派的立場，擁有了不起的風範。這是很可惜的事。

第三十五章　執大象，天下往

執大象，天下往。
往而不害，安平太。
樂與餌，過客止。
道之出口，淡乎其無味，
視之不足見，聽之不足聞，用之不足既。

守住最大的形象，天下人都來歸附。
都來歸附而不互相傷害，就安樂太平到極點。
樂聲與美食，會讓過客留步。
「道」如果說出口來，卻淡得沒有味道。
看它卻看不見，聽它卻聽不到，用它卻用不完。

著眼於天下，就能無所不容

「執大象，天下往」，意即守住最大的形象，天下人都來歸附。「大象」是指最大的形象，而非指動物的大象。老子多次以「象」來形容「道」的狀態，如「無物之象」（十四章）、「其中有象」（二十一章）、「大象無形」（四十一章）等。平常說某人形象不錯，看到的只是「好像」什麼樣子。眞正的形象、內涵是什麼，則不一定知道。在此，「大象」是用來描述「道」的形象，因爲「道」最大，這是「道」被人觀察到的一面。守住最大的形象，天下人都來歸附，最大的形象當然是指「道」而言。

「往而不害，安平太」，意即都來歸附而不互相傷害，就安樂太平到極點。安樂、太平到極點，這種情況實在難以想像。一八五一年的太平天國，就是從道教的《太平經》引申出來的，《太平經》則是從老子的思想推展出來的，希望天下太平。

看似平淡往往最雋永

「樂與餌，過客止」，意即樂聲與美食，會讓過客留步。一個是耳朵去聽，一個是口腹之欲，都可以讓人滿足。

「道之出口，淡乎其無味」，意即「道」如果說出口來，卻淡得沒有味道。能讓人留步，表示還有某種欲望，這個欲望的對象如果消失了，就會離開了。

「道」不一樣，「道」是最平常，最恆久的。所以說出口來，淡得沒有味道，因爲到處都有「道」。有人問莊子「道」在哪裡？他回答：「在螻蟻、在稊稗、在瓦甓、在屎溺」。把「道」想成在宮殿、在天上，反而不是「道」了，因爲「道」非常平常，無所不在。

「視之不足見，聽之不足聞，用之不足既」，意即看它卻看不見，聽它卻聽不到，用它卻用不完。這三句話是看不見，聽不到，並且用不完。重要的是最後的「用之不足既」，「既」是指結束、用完的意思。

與「樂與餌」相比，「道」是淡而無味的，最平常的即是「道」。我們有時候在經過一陣熱鬧的活動後，復歸於平淡時不免覺得奇怪：這些熱鬧的事好像沒有什麼必要性。過了之後才發現，還是平平淡淡的生活最值得回味。世間的禮樂教化代表「樂」，物質享受代表「餌」，不但有時而窮，並且經常帶來後遺症。

問題出在什麼地方呢？平淡的生活過久了，總希望有點什麼高潮迭起的事來熱鬧一下，這可以理解。人生需要保持均衡，每隔一段時間大家聚會一次，過後是平靜，再聚會，然後再平靜。如此一來，眞正要把握的是什麼呢？是這種像節奏般不斷地一次又一次的輪迴嗎？或者說這次休息，大家平靜一段時間是爲了下一次的熱鬧，而熱鬧是爲了以後再平靜，這樣就變成互相循環，找不到明確的目的。

我年輕時就曾有這種感覺，好朋友們總希望每兩、三個星期至少聚會一次，聚會時很開心，聚會後就覺得很悵然。俗話說得好：天下沒有不散的筵席。道家不反對從政，而是主張人的心靈不要被它所困，把從政當作吃飯、穿衣一樣平常。這就是修養，需要用心練習。

第三十六章　將欲歙之，必固張之

將欲歙之，必固張之；
將欲弱之，必固強之；
將欲廢之，必固舉之；
將欲取之，必固與之。
是謂微明。
柔弱勝剛強。
魚不可脫於淵，國之利器不可以示人。

將要收斂它，必須暫且擴張它；
將要削弱它，必須暫且強化它；
將要廢棄它，必須暫且抬舉它；

將要奪取它，必須暫且給與它。

這叫做微妙的啓明。

柔弱勝過剛強。

魚不可以離開深淵，國家的有利武器不可以向人炫耀。

勢盛則衰，物極必反

「將欲歙之，必固張之」，意即將要收斂它，必須暫且擴張它。

「將欲弱之，必固強之」，意即將要削弱它，必須暫且強化它。比如要削弱敵國就必須讓它先強盛，讓其擴充軍備，到最後經濟就會出問題，以致無力維持。

「將欲廢之，必固舉之」，意即將要廢棄它，必須暫且抬舉它。

《厚黑學》就是從這裡引申出來的，但在此處的意思不是厚黑學，只是說人間本來就是這樣的道理——物極必反。比如軍隊很強盛，有可能演變爲驕兵必敗。淝水之戰，苻堅爲什麼會敗？他號稱「百萬大軍，投鞭足以斷流」，把馬鞭丟到河裡面，都可以把河流阻斷，最後還是被謝安打敗了。《三國演義》中的曹操，也是幾十萬大軍，碰到諸葛亮一樣潰不成軍。這是一個自然的趨勢，或者說是人間的常態發展，明白這個道理，就可以看到全面，然後知道如何促使對手走向不利的極端。

「將欲取之，必固與之」，意即將要奪取它，必須暫且給與它。我教女兒就用過這一招，屢試不爽。女兒的星座與我相同，喜歡的東西也差不多。比如她喜歡一個杯子，當她看一眼我就知道她想要，於是我說：「這杯子不太好看，我不要，給你好了。」她就會回答說：「你不要，爲什麼我就要呢？」我說：「你眞的不要嗎？」她說：「眞的不要。」我說：「好，那我要了。」我如果一開始就直接要，她一定會跟著要，到時候只好讓給她了。她小時候我經常跟她玩這種遊戲，她始終覺得莫名其妙，爲什麼每次她不要我也不要，最後我又要了，她還小，想不清楚其中的道理。這就是老子的思想，明白的話，對人情世故那種微妙的變化，都可以掌握得很好。

「是謂微明」，意即這叫做微妙的啓明。微妙的啓明，意即事先就知道徵兆。一開始就知道徵兆，一看到徵兆就知道它後來可能怎麼發展，然後事先在它要發展的地方等待，或者說不喜歡它有那個發展，就設法事先避開；或是希望它往那兒發展，就順勢而行，讓它抵達那個結果，再自然停下來。

柔弱才能勝過剛強

「柔弱勝剛強」，意即柔弱勝過剛強。本章關鍵的一句就是「柔弱勝剛強」。剛強表面上很厲害，但事實上很容易摧折。

前面四句話的四個「將欲」，然後出現「歙之」、「弱之」、「廢之」、「取之」四種方式。不管哪一種方式，要先從反面著手，因爲很多事情合乎鐘擺理論。鐘擺擺向這一端，等一下就到那一端去。如果要達到一個結果，直接進行會有阻礙，會有反作用，那就要明白如何才能達成滿意的結果——讓它自己過來。

說到「柔弱勝剛強」，讓我想起年輕時看的電影，片名已記不清楚了，男主角很有名，是切爾登・希斯頓，他在片中飾演將軍，固守一座城。有次被箭射中了背部，回來後部下替他療傷，因爲他非常強壯，在拔箭的那一刻，疼痛難當，幾個壯漢根本按不住他。不得已只好找他的愛人出來，讓愛人輕輕按著他的手。這個時候他就會爲了愛人而控制自己，強忍住痛楚，不敢再恣意妄動，以免傷及所愛，結果箭也順利拔了出來。

再怎麼大的力量都勝不過自己控制自己，此謂「柔弱勝剛強」。如果是別人壓制的力量，反抗起來反而變成更強的力量，會造成傷害；而心愛的人在面前把手按住，就一點聲音都沒有，不但箭拔出來，傷也治好了。這一幕令我印象很深，當時還不懂得《老子》，只覺得感情的力量這麼偉大，可以讓一個人由內在發出力量來控制自己。

以反面做為切入點的智慧

「魚不可脫於淵，國之利器不可以示人」，意即魚不可以離開深淵，國家的有利武器不可以向人炫耀。魚離開深淵就有危險，會被釣走；有利武器向人炫耀的話，就會被搶走。就如家裡有一個寶貝，不向別人炫耀覺得很難過，但一向別人炫耀，很可能被偷走，或爲自己招來滅門之禍。

綜上所述，本章前面四句話看起來有些像權謀，事實上這些更可能是長期觀察世間現象的心得描述，是從物極必反、勢盛則衰的角度，或者從超越時空的眼光來看的。柔弱與剛強不是像鐘擺的兩端輪流上陣的嗎？奈何世人只見其一。因此，能從柔弱一面去理解的，稱爲「微妙的啓明」。「柔弱勝剛強」可以算是啓明，因爲世人從表面上只看到剛強勝柔弱，而不知柔弱之可以長久，安全無虞。其實與此類似的觀點，在後面章節還會提到，如「哀兵必勝」，這個「哀」不是悲哀，而是有慈愛的心，慈愛的心是柔弱、溫柔的，而不是剛強的。

「魚不可脫於淵」——魚比喻統治者，淵比喻使魚得活之水，意即處於柔弱的自然狀態。「國之利器」是上述「微明」所代表的智慧。爲何「不可以示人」呢？因爲一般人缺乏「微明」，很容易把它當成權謀的工具。像「將欲歙之，必固張之；將欲弱之，必固強之；將欲廢之，必固舉之；將欲取之，必固與之」這四句話，就告訴我們，不能直接明白對別人講，否則別人會認爲你很陰險。要取必先與，先給人一樣東西，然後再把它拿走，一般人會覺得這樣很陰險。

第三十七章 道常無爲而無不爲

道常無爲而無不爲。
侯王若能守之，萬物將自化。
化而欲作，吾將鎭之以無名之樸。
無名之樸，夫亦將不欲。
不欲以靜，天下將自定。

「道」總是無所作爲，但是又沒有東西不是出於它的作爲。
侯王如果能持守它，萬物將會自行化生。
萬物化生而有人想要有所作爲時，我就用無名的眞樸狀態來安定他。
無名的眞樸狀態，也就是要使人不起欲望。
不起欲望而趨於靜止，天下將會自己穩定。

「道」作用的標準

「道常無爲而不爲」，意即「道」總是無所作爲，但是又沒有東西不是出於它的作爲。這是老子非常明確的立場，沒有「道」就沒有一切，「道」是先天地生，可以爲萬物之母。「侯王若能守之，萬物將自化」，意即侯王如果能持守它，萬物將會自行化生。這就表示侯王也要「無爲」，萬物自化等於是「無不爲」。

「無爲而無不爲」一語是對「道」的作用之標準描述。「道」是無爲的，因爲它不存在任何目的，無爲並不是什麼都沒做，而是無心而爲，無心就是沒有任何目的。「道」也沒有任何潛能要實現。有潛能要實現的話，「道」本身就不完美了。「道」又是無不爲的，任何事物或狀態，如果違背「道」的規律根本無法存在。任何東西只要存在，一定是從「道」而來的，所以「道」變成無不爲。

換言之，「無爲」源自「道」的超越性，而「無不爲」則源自「道」的內存性。這就涉及哲學裡結構的特性，掌握這些概念後，老子的思想就可以撐得開來，並不複雜。超越性就是無爲，根本沒有任何目的要做什麼事。超越，就不受影響。內存性就是指沒有一樣東西不是來自「道」的，「道」在一切事物中，從「大道氾兮」就可以知道內存性。同時具備這兩種性質才是「道」，否則，若說「道」只是超越性，就與萬物脫節而不夠完整了；但光講內存性，宇宙萬物在變化之中，「道」也跟著在變化，變到最後，「道」也不知什麼叫「道」了。

以無名的真樸狀態安定萬物

「化而欲作，吾將鎮之以無名之樸」，意即萬物化生而有人想要有所作爲時，我就用無名的眞樸狀態來安定他。「無名之樸」提醒萬物原本無名，都來自於「道」，所以不要去做區分，因爲有名才會區分，才會偏好什麼樣的名。

「化而欲作」的「欲」字應該是動詞，是「想要」的意思。而主詞省略的是「有人」，亦即做爲「鎮」的受詞「之」。如此才可以說「吾將鎮之」。一切變化出現之後，有人想要有所作爲，就用無名去安定、鎮撫他。理由很簡單，萬物中只有人可以產生特定的「欲」，想要有所作爲，也只有這樣的人，才需要「鎮之以無名之樸」。宇宙萬物只有人可能會有這樣的欲望，比如一隻貓想變成一隻飛鳥，明明是蘋果樹，卻想生出鳳梨，都是不可能的。貓或狗，怎麼可能有欲望想變成另外的樣子呢？動物不可能超出自然運作的範圍，只有人的欲望才可能超出他自然的範圍。

「無名之樸，夫亦將不欲」，意即無名的眞樸狀態，也就是要使人不起欲望。

「不欲以靜，天下將自定」，意即不起欲望而趨於靜止，天下將會自己穩定。

萬物皆屬「有名」，如果向上追溯，則將抵達「無名」，亦即第一章所謂的「名稱未定之前」。回歸於無名，將會消解一切欲望，讓自己靜止下來，讓萬物順其自然，天下也就自動安定了。《老子》上半部〈道經〉以「道常無爲而無不爲」告終。接著，請再看下半部〈德經〉如何繼續發揮道家的智慧。

◎老子下篇

德經

下篇緒論

最近看了一些新聞，心中感覺頗有壓力。中年人的自殺比率提高，有的還是社會上的知名人士。其中兩名自殺者我還認識，一位是某縣教育局的副局長，半年前我去該縣演講時由他負責接待，有過一面之緣，顯然我的演講不夠好，未能帶給他活下去的勇氣；另外一位是高雄中山大學副教授，讀大學的時候我們一起參加過合唱團，三十年前就認識了。

生命的過程中，一定有高潮與低潮。面對低潮時，如何重新振作起來？我們很難從別人的角度來思考這個問題。生命是一條河流，一路奔騰而下，不能只看到某一段是汙濁還是清澈，就此判定生命的全貌，因為這一路下來的過程太複雜了。我們學習的目的，就是給自己增加一點回溯根源的能力。

朱熹說：「問渠哪得清如許，為有源頭活水來。」為什麼河水這麼清澈呢？因為它有活水源頭。《莊子．徐無鬼》也提到類似的觀念，原文的意思是：風吹過河面，太陽晒在河上，河水應該會慢慢地乾涸，然而為什麼不會乾呢？因為它有源頭，上游的水不斷流下來。反之，如果切斷源頭，經風一吹、太陽一晒，河水很快就乾涸了。源頭即經典，是真正有內涵的智慧。學習老子的思想之後，聽到「道」就不會感覺陌生和艱澀了。

「道」是一個勉強使用的詞，表達宇宙萬物的最初來源與最後根據，也是最根本的力量。人的生命到了最後，會不會消失於無形呢？如果人死後什麼都沒有，自殺就可能成為一種選擇。

最近我看到一項調查，指出學習英語的「雙峰現象」：城市學生分數特別好，鄉村學生就比較差，形成了明顯的落差。自殺也有一種「雙峰現象」，最先進的國家和最落後的戰亂地區，自殺率都特別高。後者我們還可以理解，因為戰亂，人們離鄉背井、妻離子散。他們既無能為力重建殘破家園，在這樣落後又連年戰亂的地方，社會也沒有什麼法治觀念，人命根本不值錢，所以容易輕生。但是，為什麼先進國家也有很多人不想活呢？因為他們深切地感覺到什麼是「重複而乏味」。比如每逢週末就去狂歡，第一次當然很開心，但不斷重複後，光是想到就覺得乏味，最後仍舊是精疲力竭。如同古希臘神話的悲劇人物薛西佛斯（Sisyphus）的故事一樣，他星期一開始推石頭上山，到了週末石頭滾下來，然後下星期重新再來一次，不論怎麼努力都沒有任何進展，一切依舊。

如果外在沒有改善，內在更不會有轉機，除非能夠開發出新的理解能力，這也是我們之所以要學習的目的。因此，我們要充分利用古聖先賢的聰明才智所留下的精華，但前提是必須具備一種能力，我們就是要設法培養這樣的能力。學習《老子》、《莊子》或儒家的經典也一樣，一旦有了接上源頭的感覺，就不必擔心人生一路發展下去到底結局如何，是必然滅亡，還是有如夢幻一般？瞭解先哲的思想，就可以提供人生許多參考。

接下來解讀《老子》下篇，亦即《老子》第三十八至第八十一章。上篇稱作〈道篇〉，有三大主軸。其一，「道」是什麼，這是最難理解的。其二，天下大亂的原因在於：人的「知」帶來各種欲望，亦即區分之「知」。有欲望就有爭奪，各種「盜賊」紛紛出現，所以要設法避開災難。其三，要達到啓明境界的話，就要從「道」來看一切——一切終將歸於平淡。

年輕時容易被外界迷惑，弄得天昏地暗，如同南宋詩人蔣捷在〈虞美人．聽雨〉寫的：「少年聽雨歌樓上，紅燭昏羅帳」；到了中年，心境已是不同：「壯年聽雨客舟中，江闊雲低斷雁叫西風」，我二十多年前在美國讀書時，曾體驗過其中意境：「客舟」就好像是在外面奔波勞累，有如客人在江上一樣；江闊雲低，壓得人喘不過氣來，離群的雁鳴叫幾聲，彷佛召喚著西風。西風一來就感覺到生命的蒼涼，如晏殊在〈蝶戀花〉的描寫：「昨夜西風凋碧樹，獨上高樓，望盡天涯路」，這是古時候很多文人的心得。到了老年時，嘗遍各種滋味：「而今聽雨僧廬下，鬢已星星也」，從少年、中年老年，到晚年時：「悲歡離合總無情，一任階前點滴到天明」，人生也該謝幕離場了。

面對古人的感慨，今人只有接受、欣賞，並以此為警惕。這些古代詩人都絕頂聰明，才華之高當時難有人可與之抗衡。即使如此，他們也需要通過道家的智慧來體驗人生。他們所描寫的情境，需要親身經歷的時候才會明白，現在我們要設法做到不經歷也能明白。人間許多事情不一定要靠經歷，這正是學習的目的之一。靠著學習覺悟，才不致使老子泉下有憾。

在《老子》下篇中，亦即所謂〈德經〉部分，「聖人」一詞出現的比例更高了，好像意在描寫這位悟「道」的統治者如何施展他的心得，用以匡助現實處境。我們也可以由之學會老子思想的具體應用方法。

第三十八章　上德不德，是以有德

上德不德，是以有德；下德不失德，是以無德。
上德無爲而無以爲；
上仁爲之而無以爲；
上義爲之而有以爲。
上禮爲之而莫之應，則攘臂而扔之。
故失道而後德，失德而後仁，失仁而後義，失義而後禮。
夫禮者，忠信之薄，而亂之首。
前識者，道之華，而愚之始。
是以大丈夫處其厚，不居其薄；處其實，不居其華。故去彼取此。

推崇稟賦的人不刻意修德，所以保存了稟賦；貶抑稟賦的人不忽略修德，所以失去了稟賦。

推崇稟賦的人無所作爲，並且不存任何目的。

推崇行仁的人有所作爲，但是不存任何目的。

推崇行義的人有所作爲，並且存著特定目的。

推崇行禮的人有所作爲而得不到回應，就舉起手臂，強迫別人順從。

所以，失去了道，才要講求稟賦；失去了稟賦，才要講求仁；失去了仁，才要講求義；失去了義，才要講求禮。

禮的出現，使忠信淪於澆薄，也是大亂的禍首。

從前的有識之士，把握「道」的浮華外表，其實正是愚昧的開始。

因此，大丈夫立身淳厚而不居於澆薄；存心實在而不陷於浮華。所以要捨棄後者而採取前者。

刻意修德，是問題所在

本章開頭的幾句話在不同版本裡略有出入，現在這個版本是根據許多專家的研究而定的，因爲這樣最合邏輯。

「上德、下德」裡的「德」是指稟賦或本性；「上」、「下」不是形容詞，若做形容詞，就指上等與下等，但是人的稟賦怎麼分上、下等呢？如果「上德」是上等的德，「下德」就是下等的德，如此一來就有上等的稟賦和下等的稟賦，顯然與「德乃天生稟賦」不符。所以不應該將「上」、「下」視爲形容詞，而應視爲動詞，「上」代表推崇，「下」代表貶抑。

「上德不德，是以有德；下德不失德，是以無德」，意即推崇稟賦的人不刻意修德，所以保存了稟賦；貶抑稟賦的人不忽略修德，所以失去了稟賦。凡是主張需要刻意修德的人，都是預設人的稟賦不好、不夠理想。由此看來，道家反而比較接近人性本善的立場。

有些學者認爲儒家主張人性本善，我不能接受，因爲儒家強調教育，強調教育就表示人的本性不太理想，需要好好教導。道家反對教育，反而有可能主張人性本善，這也是某些日本學者的意見。儒家如果講人性本善，很多論述便顯得格格不入。比方說，既然強調教育，而人性本善，還需要教什麼呢？教做壞事嗎？如果要教人行善，就表示本來的善不夠善。

老子認爲推崇稟賦的人不刻意修德，只要好好的保存稟賦，即是「有德」。貶抑稟賦的人認爲稟賦不好，所以才不忽略修德。如果把「德」當作稟賦，「上」、「下」

當動詞，上是推崇，下爲貶抑，整句話的意思就清楚了。

「上德無爲而無以爲」，意即推崇稟賦的人無所作爲，並且不存任何目的。「無以爲」就是不存任何目的，「無爲而無以爲」即無所作爲也不存任何目的。

「上仁爲之而無以爲」，意即推崇行仁的人有所作爲，但是不存任何目的。

「上義爲之而有以爲」，意即推崇行義的人有所作爲，並且存著特定目的。「行義」在老子看來有其特定目的，但至少做的是好事。

「上禮爲之而莫之應」，意即推崇行禮的人有所作爲而得不到回應。你對別人很有禮貌，人家照樣罵你；你跟人家下跪，人家照樣不理你。有禮的人得不到回應，怎麼辦呢？「攘臂而扔之」，意即舉起手臂，強迫別人順從。因爲儒家強調「禮」，而禮就是問題所在。講「道」的話，什麼都不用做；講「德」的話，就是「上德」，無所作爲，並且沒有特定目的；退而求其次是「上仁」，有所作爲，但是沒有特定目的；再下來是「上義」，有所作爲，並且有特定目的；一層一層到「禮」就麻煩了，不但有所作爲，還得不到回應，只有舉起手臂，強迫別人順從。

「禮」是大亂的禍首

「故失道而後德，失德而後仁，失仁而後義，失義而後禮」，意即所以，失去了道，才要講求稟賦；失去了稟賦，才要講求仁；失去了仁，才要講求義；失去了義，才要講求禮。此即「去彼取此」，去除那個、選擇這個。此外，由「失道而後德」一語，可知此一每下愈況的過程，與人的選擇有關。人生本來就是選擇的過程，人與其他生物的差別，就在於有選擇的能力。以禮樂來推行的時候，這個世界上只能勉強維持秩序，稍微不注意，就會出現各種後遺症。「禮」眞是最後一步了，再下去的話，就會變成野蠻世界。

「夫禮者，忠信之薄，而亂之首」，意即禮的出現，使忠信淪於澆薄，也是大亂的禍首。「忠」是眞誠、負責，「信」是守信、守約、說話算話。如果人人眞誠，說話算話，根本就不需要禮。一旦用禮來約束，禮往下發展就是法治。比如與人簽約，會有約定的內容，一有約定的內容，就會引發各種問題，像是簽約之後不能履行。

禮出現後，人們有了基本的禮儀，然而禮常淪爲表面形式而已。比如人與人相處，表面上禮節都做到了，內心卻沒有眞摯的情感，這樣就是不忠不信。「忠信之薄」，也就是刻薄、不夠厚道。台灣現在的政治人物最明顯的問題也在此，原本應該爲百姓的表率，卻是逮住別人的缺點就窮追猛打，希望別人出醜，只要誰說錯了一句話、做錯了一個動作，就開心得不得了，實在不夠厚道。

厚道只是做人的本分，人生在世，就應該忠信、厚道。然而因爲有禮，很多人行事不問後果，表面上冠冕堂皇卻缺乏眞心，導致天下開始大亂。老子批評「禮」還算含蓄，莊子簡直視「禮」爲洪水猛獸，認爲講究「禮樂」，將來就會有人吃人的現象。爲何守規矩、有禮貌，將來就會人吃人？關鍵在於「虛僞」二字，一談起禮儀就開始安排名分，講究如何表現，反而忽略眞誠的情感而變得虛僞。虛僞一旦出現，到最後就會顯露出動物的原始本性。

存心實在，而不陷於浮華

「前識者，道之華，而愚之始」，意即從前的有識之士，把握「道」的浮華外表，其實正是愚昧的開始。「前識者」，即有識之士、先知，所識的正是「禮」，亦即以爲禮可以安定人間，結果卻是「愚之始」。一般有識之士好像很聰明、很能幹，其實他所把握的只是浮華的外表罷了。

《韓非子》有一則故事說：有個人練了一些法術，會占卜、算卦，能看到很多別人看不到的事情，他應該算是很聰明了。有一天他坐在家中，幾個弟子站在旁邊，門外有頭牛在叫。弟子一聽就說，是頭黑牛，牛腳是白色的。老師說：是黑牛沒錯，不過牠頭上的角才是白色的。師生兩人見解不同，於是就派書僮去外面看，結果是一頭黑牛，角上綁著白布。這個人和他的弟子修練十幾年，有這種功力，聽到外面的牛一叫，就知道牛是黑色的，但聽到牛叫，叫書僮去外面看看就知道是黑是白，又何必練這種功夫呢？這就是說，不要爲了一些無謂的事物傷腦筋，此即「道之華，而愚之始」。

「是以大丈夫處其厚，不居其薄；處其實，不居其華。故去彼取此」，意即因此，大丈夫立身淳厚而不居於澆薄；存心實在而不陷於浮華。所以要捨棄後者而採取前者。看到別人出醜，幸災樂禍，就是澆薄的心態；如果看到別人鬧笑話，感同身受，如同自己出醜一樣，這才是「不居其薄」。

守住內在本性就夠了

本章依專家之見，刪掉了王弼本裡「上德無爲而無以爲」之下的「下德爲之而有以爲」，是因爲談了「上德」就不必再談「下德」。「上德」之後接著是「上仁、上義、上禮」。如果「上德」之後有「下德」，接著才有「上仁」，如此一來，「下德」與「上仁」有什麼關係就很難分辨，這一句多出來反而不合邏輯，違反了道、德、仁、義、禮的順序。經過傳抄、傳刻，難免會出紕漏，對這個版本，要依孟子說的「盡信書不如無書」，把它暫且刪掉，更重要的是帛書《老子》甲、乙本都沒有這句話，還是刪掉比較好。

本章開始進入「德篇」。「上德不德，是以有德」，一路下來就是道、德、仁、義、禮的順序。到「禮」的時候，社會才建構起來，就像儒家所說的制禮作樂，但這樣一來反而產生了後遺症，因此，老子的想法是要回溯到根源，掌握「道」與「德」。「德」是指稟賦，等於保存好自己的稟賦。所以守住內在本性就夠了，外在的一切安排得愈多，困擾反而愈大。

第三十九章 昔之得一者

昔之得一者：天得一以清；地得一以寧；神得一以靈；谷得一以盈；萬物得一以生，侯王得一以爲天下貞。

其致之也，謂：天無以清，將恐裂；地無以寧，將恐廢；神無以靈，將恐歇；谷無以盈，將恐竭；萬物無以生，將恐滅；侯王無以貴高，將恐蹶。

故貴以賤爲本，高以下爲基。是以侯王自稱孤、寡、不穀。此非以賤爲本邪？非乎？

故至譽無譽。

不欲琭琭如玉，珞珞如石。

從前取得整合的，如下所述：天取得整合才會清明，地取得整合才會安寧，神取得整合才會靈驗，河谷取得整合才會滿盈，萬物取得整合才會生長，侯王取得整合才會成爲天下的首領。

由此推衍，可以認爲：天一直清明下去，恐怕就會破裂；地一直安寧下去，恐怕就會崩塌；神一直靈驗下去，恐怕就會耗盡；河谷一直滿盈下去，恐怕就會枯竭；萬物一直生長下去，恐怕就會絕滅；侯王一直保持高貴姿態，恐怕就會失敗。

所以尊貴要以卑賤爲根本，高處要以低處爲基礎。因此，侯王自稱「孤家」、「寡人」、「僕下」，這不是把卑賤當作根本嗎？不是這樣嗎？

所以，最高的稱譽是沒有稱譽。

因此，不要華麗如美玉，或粗糙如硬石。

整合，才能發揮適當的作用

「昔之得一者：天得一以清，地得一以寧，神得一以靈，谷得一以盈。萬物得一以生，侯王得一以爲天下貞」，意即從前取得整合的，如下所述：天取得整合才會清明，地取得整合才會安寧，神取得整合才會靈驗，河谷取得整合才會滿盈，萬物取得整合才會生長，侯王取得整合才會成爲天下的首領。從最後一句往前看就很容易懂了，侯王取得整合，才可以成爲天下首領，要不然國家分裂，如何成爲天下的首領？在此，「一」做整合講，因爲後面講了六個東西：天、地、神、谷、萬物和侯王。如果單純當作「一」來解釋，那麼是誰得到呢？

每樣東西都得到「一」的話，自己就會整合起來。像天，應該晴朗清明，否則風雲變化，會給人類帶來困擾。像地，應該安穩，地動山搖的話，人怎麼生活呢？像秦始皇統一各國，才成爲天下的首領。看到「天下」一詞，首先想到的就是人間，天下是人類居住的地方，當然也包括萬物在內，但是「天」、「地」已包含了萬物，所以天下應是特別指人間而言。

那麼，何謂「神取得整合才會靈驗」呢？古人相信，除了天地之外，還有一個神靈的領域，像老子、莊子都曾提到鬼神。神如果不能整合的話，看到因卻不知道果，這個神管這裡，那個神管那裡，呈現分裂狀態，如此就沒有辦法靈驗。

河谷也須取得整合才可以滿盈，假如這座河谷有斷層，河水怎能流得遠呢？萬物取得整合才可以生長，如果萬物分裂，春、夏、秋、冬就無法順利運行。只有整合起來，才能安排運行的順序。

「侯王得一以爲天下貞」，意思是，侯王要成爲人間的首領，先要取得整合。

這一段的關鍵，是要強調整合才可能發揮適當作用，一旦分裂，作用就不見了。「昔之得一者」，只是針對理想的情況來說，如果天下大亂，就表示侯王不能得「一」。「昔」指古代夏、商、周三個階段，當時天下是統一的。

世間一切週而復始，始有平衡

「其致之也，謂：天無以清，將恐裂；地無以寧，將恐廢；神無以靈，將恐歇；谷無以盈，將恐竭；萬物無以生，將恐滅；侯王無以貴高，將恐蹶」，意即由此推衍，可以認為：天一直清明下去，恐怕就會破裂；地一直安寧下去，恐怕就會崩塌；神一直靈驗下去，恐怕就會耗盡；河谷一直滿盈下去，恐怕就會枯竭；萬物一直生長下去，恐怕就會絕滅；侯王一直保持高貴姿態，恐怕就會失敗。

這裡同樣提到了天、地、神、谷、萬物、侯王，但是這六者並不等於「道」。不等於「道」，它們就必須保持均衡，要保持均衡，就必須不斷地朝正反、反正發展。換句話說，有正就會有反、有反才會有正，在老子看來，這是一個循環，不能一直處於一種狀態。只有「道」是「獨立而不改，周行而不殆」，其他萬物再如何偉大，包括天、地、神、谷都是有好有壞，至少在我們看來，有東就有西，有正就有反。

「天無以清，將恐裂」，「以」即停止，因為天不是「道」，只有「道」可以永遠保持一種狀態。「清」一段時間就變混濁了，混濁了之後再變清，如果天一直清明下去，恐怕就會破裂。

「地無以寧，將恐廢」，地一直安寧嗎？地不等於「道」，不可能一直安寧。所以要時而安寧、時而不安寧，再回歸安寧。

「神無以靈，將恐歇」，很多傳言中靈驗的廟，最後還是無法有求必應。

「谷無以盈，將恐竭」，如果水一直流，天下的水都將在一條河道流光了，但只有海洋的水不會枯竭。

同樣的，「萬物無以生，將恐滅」，萬物有死才有生，如「化作春泥更護花」，落花凋零，新的花朵才可以長出來；如果一直繁榮茂盛，到最後就會沒有養料、沒有資源。

至於「侯王無以貴高，將恐蹶」，比如競選時的候選人，總會去抱抱流鼻涕的小孩；到了魚市，碰到魚販，不管他們手上的魚腥味有多重，也要放下身段，表現親民的一面，上前與他們握手，這樣才可以往下紮根，然後再往上攀升。如果政治人物有終生任職的保障，他就不會理睬百姓了。

老子的智慧由此展開，他告訴我們要先掌握「道」，只有「道」是永遠不變的，其他的一切都在變化之中。掌握了變化的規則，就可以永遠立於不敗之地。天下大勢分久必合、合久必分，掌握此一原則，就不至於迷惑。

尊貴與卑賤並非對立之兩面

「故貴以賤爲本，高以下爲基」，意即所以尊貴要以卑賤爲根本，高處要以低處爲基礎。這兩句話證明我們前面的解釋是對的，尊貴要與卑賤、高處要與低處配合，而不能一直處在好的一面。

「是以侯王自稱孤、寡、不穀」，意即因此侯王自稱爲「孤家」、「寡人」、「僕下」。「不穀」很多人譯成「不善」，亦即侯王自稱不善，這個翻譯我不敢苟同。因爲「孤」是孤家，「寡」是寡人，以此表示他一個人要負很大的責任；做爲領袖，壓力當然很大。如果「不穀」譯成「不善」，當作「壞人」解，實在不太合理，因爲沒有哪位帝王會承認自己不善。章炳麟認爲「不穀」的合音是「僕」，表示侯王以「僕下」謙稱，此解優於「不善」的解釋。侯王不敢說自己是高高在上的領袖，而自稱僕下，意指他像僕人一樣，是替百姓服務的，可見古時候就有這種觀念，這是我爲何選擇章炳麟解釋的理由。

「此非以賤爲本邪？非乎」，意即這不是把卑賤當作根本嗎？不是這樣嗎？把卑賤當作根本，「僕下」才有卑賤的意思。「不善」何來卑賤？把「不穀」解爲不善，容易陷入特定的價值判斷中，在《老子》書中沒必要分辨善與不善，因爲老子對善與不善的看法是：「善人者，不善人之師；不善人者，善人之資。」所以翻譯時要考慮到各個方面，並且符合老子的精神，再做合理的解釋。

「故至譽無譽」，意即所以，最高的稱譽是沒有稱譽。「至譽無譽」四個字，老子、莊子都很喜歡用。如果有辦法找到話去稱讚一個人，就不是最高的讚譽。孔子在《論語．泰伯》說：「大哉，堯之爲君也，唯天爲大，唯堯則之，民無德而稱焉」，百姓找不到任何話來稱讚堯，可見他是眞的偉大。如果讚美堯很聰明、慈愛、做了很多好事等，只要能找到說法的，就不是最高的稱譽。

「是故不欲琭琭如玉，珞珞如石」，意即因此，不要華麗如美玉，或粗糙如硬石。做任何事不要走極端，「如玉是爲貴，如石則爲賤，兩者皆非所欲」。人生在世，不要讓自己變成華麗如美玉的人，因爲這樣很容易招來別人的嫉妒與批評；也不要粗糙如硬石，顯得缺乏彈性、沒辦法改善。

順勢而行，才是人生關鍵

「天無以清」中的「以」作「已」解，也就是「天之清，無已時」，意即「沒有停止的時候」。河上公注「谷無以盈，將恐竭」認爲，「言谷當有盈、縮、虛、實，不可但欲盈滿無已時，將恐枯竭不爲谷」。「盈」就是滿，「縮」就是變小，「虛」就是空的，「實」就是實在的。我們不能光是希望盈滿「無已時」；如此理解，不但與上文相對而構成眞相的另一面，並且不會顯得同語重複。也有學者把「天無以清，將恐裂」解爲「天不能保持清明，恐怕就會破裂」云云，如此解來實爲贅語，但現在許多人採用這種翻譯，顯然是曲解了老子的原意。一般人以爲整合很好，其實不然，整合只是一面，一直整合下去無法出現另一面，生命就無法繼續發展，這才是老子的眞正想法。

本章是很精采的一章，內容豐富，從正面到反面，最後到處世的態度，強調了相對、相反、相成。貴賤、高低都不要排斥，排斥任何一方或者堅持選擇任何一方，都會帶來困難。如果能順其勢而行，可以兩端調和、均衡。比如我在高位待久了，就要降低姿態，我在低位待久了，則可以往上發展，如此才可以掌握人生的關鍵。

第四十章 反者道之動

反者道之動；
弱者道之用。
天下萬物生於有，有生於無。

「道」的活動，表現在返回上。
「道」的效用，表現在柔弱上。
天下萬物源自於有，有再源自於無。

沒有讀過《老子》的人，也可能很熟悉這句話：「反者道之動；弱者道之用。」「反」是返回，「弱」是柔弱，提醒人不應該過於主觀，如果逆天而行、自以為是，終必無處安身。

「道」的活動在返回

「反者道之動」，意即「道」的活動，表現在返回上。

先解析「反」這個字。

其一，「反」是返回，包括返回到對立面，以及返回到根源。因為事物是從對立面發展而來，所以回到對立面，然後再返回到根源。比如人的生老病死有如一個循環；人的心情，也時常在好與不好的兩端來回擺盪。

其二，對立面都是返回的。由特定時段或特定角度看來，一物一事皆在返回其對立的一端，如物極必反、否極泰來。鐘擺就是很好的例子，總是從此端盪到彼端，不斷地重複；春夏秋冬四季的運行，則顯示由重複而循環的外貌。一切的重複與循環，由全盤的時段及角度看來，其實是在返回根源，亦即都是源之於「道」，又返回於「道」。因為除了「道」之外，原本並無一物一事存在。所有的一切自然都回歸於「道」。

換言之，我們所觀察的萬物變化，只不過是「道」的返回活動，沒有其他目的可言。天下本無事，「道」要造生萬物出來，再回到根源，這無理可說，只因爲這樣可以顯示「道」的「大日逝、逝日遠、遠日反」。「道」是一個整體，它的力量就是要展現出來，我們無法追問爲什麼「道」要生出萬物，因爲問的時候萬物已經存在了，「道」不需要解釋或交代。人類只能去理解這一切，從而認清做爲人在世間要扮演的角色。

除了人之外，其他萬物都照規則來。人類是唯一可以不照規則的生物，更進一步地說，人類可以不照規則的自由思考與選擇，甚至可以違背本性的稟賦。宇宙萬物當中，只有人類才有應該、不應該的問題。樹應該長得如何、花應該開得如何、什麼花結什麼果、什麼樹長什麼葉子，都有自然的規則安排，它們不能選擇。但是人類不一樣，有選擇的自由，人的「應該」就構成了選擇上的問題，如道、德、仁、義、禮。

「道」的效用在柔弱

「弱者道之用」，意即「道」的效用，表現在柔弱上。

《老子》下篇多次提到「柔弱勝剛強」。「弱」是柔弱，也有順從、接受、被動、無爲之意。對父母來說，小孩是柔弱的，聽話、順從、接受、被動、無爲，大人吩咐什麼，小孩就做什麼。等小孩長大升上中學之後就不一樣了，對很多事情有自己的主見，也不再對父母的命令一味順從，這都是生命的必經過程。

既然一切都在返回根源——「道」，那麼，從「道」看來，人類除了柔弱、順從之外，還有別的選擇嗎？人注定要返回根源，不願如此，就必須倒行逆施，結果肯定不好。像有些人想盡辦法瘦身、美容、保持青春；有些人明明年紀很大，還拚命染髮，也不見得好看，這些行爲其實是無望的掙扎，旁觀者看了都覺得辛苦。順其自然，接受自己本來的樣子不也很好嗎？除了柔弱之外，沒有別的選擇，這就是「道之用」。

弱者並非消極無奈，而是順著返回的趨勢所展現的「無目的」的樣態。換言之，「弱」看似「無目的」，其實卻是配合一切既定條件所採取的唯一路線。柔弱順從各種趨勢，是爲「不得已」。這一點在《莊子》裡就發揮得很好，「當各種條件成熟的時候，就自然而然地順著它走」，這不只是柔弱，還需要智慧，清楚看透趨勢後就順應它。

以「有」為「德」的說法有待商榷

「天下萬物生於有，有生於無」，意即天下萬物源自於有，有再源自於無。「有」

和「無」是兩個概念，還是兩種狀態？這在理解時是很大的問題，值得深究。

首先，在追溯萬物的源頭時，顯然分爲三個層次——萬物、有、無。許多專家認爲，「有」是指「德」，「無」是指「道」，依據的是《老子》第五十一章裡的「道生之，德畜之」，「道生之」是第一步，「德蓄之」意即對萬物加以蓄養。「生」指明一個來源，「道」生出來，然後「德」去撫養它，這說明了「道」、「德」要合作。由此觀之，「天下萬物生於有，有生於無」，等於天下萬物生於「德」，「德」又生於「道」。但是《老子》書中「德」與「道」的出現頻率很高，老子爲何還要使用更抽象的概念——「有」與「無」來使人困惑呢？爲何不直接說「天下萬物生於德，德生於道」？

再者，以「有」爲「德」，無異於主張存在著一個與「萬物」分離，至少在概念上是獨立的「德」。「德」是萬物本性稟賦的呈現，這個呈現可以做爲「道」和「萬物」之間的媒介，如此一來，以「有」爲「德」就無法理解了，這是一個很大的問題。如果以「有」爲「德」，「無」生「有」，「有」生萬物，那麼萬物和「德」是什麼關係？而老子的基本思想是把「德」當作「萬物得之於道者」，因此「德」與萬物不能分開，離開了萬物，不可能還有「德」。如此加以對比的話，以「有」爲「德」，以「無」爲「道」的這種觀點在邏輯上就說不通了，會變成「無生德、德生萬物」，那麼，「德」和萬物之間究竟怎麼回事？「德」是萬物得之於「道」者，不能離開萬物。因此，這樣的說法顯然不妥。

「無」不是真正的虛無

以「無」爲「道」的話，必須隨即說明此「無」並非眞正的虛無。比如王弼注《老子》第一章時，一方面斷句爲「無名，天地之始」（本書的「天地」已經更改爲「萬物」）；另一方面他在注解中說「凡有皆始於無」，「有」都是從「無」來的；然後說「故未形無名之時，則爲萬物之始」，由此可見「無」並不抽象，只是代表尚未成形、還沒有名字的時候，亦即代表「萬物之始」；「及其有形有名之時，則長之育之，亭之毒之，爲其母也」。可見王弼是以「未形無名」來解釋「無」，而以「有形有名」解釋「有」，他的注接著還說：「言道以無形無名，始成萬物。」

這是王弼的理解，「無」意即無形無名，並不是抽象的名詞，只是描寫無名無形的狀態。換言之，以「有」指稱「有形有名」，並以「無」指稱「無形無名」，依此可以解釋爲：「天下萬物源自於有形（有名）者，有形（有名）者再源自於無形（無名）者」。形與名之有無，是針對人的感官與理智能力而言，形是針對感官，名是針對理智。這是人在思考天下萬物怎麼來的時候，所能掌握的兩種觀點。

觀察萬物或是判斷某物之前，必須先肯定「有物」存在；在追溯「有物」的根源時，又必須承認它呈現出「混成」狀態——「有物混成，先天地生」（第二十五章）。所以就「有物」而言，可以說是「有」；就「混成」而言，可以說是「無」，關鍵就在這裡，「無」在變成有名、有形之前，是「混成」——混沌一片。「無」是針對「無形亦必然無名」的「混成」而言；「有」是針對「有形因而亦可能有名」而言（兩者是邏輯上的先後關係），接著才有天地與萬物。這樣一來觀念就很清楚了，「天下萬物生於有」，是生於有形有名。「有生於無」，「有形有名」生於「無形無名」，而非「以有爲德，以無爲道」。

由可能性產生了實現性

「有」與「無」是相反相成的概念，人所能經驗與思想的只是「有」，但是「有」常在變化生滅之中，使人隨著「有之消失」產生了「無」的體認。舊的「有」消失之後，固然是「無」；新的「有」出現之前，也應該是「無」。「無」代表「無形（亦無名）」的領域，爲「有形（亦有名）」的領域提供了基礎。換句話說，我們現在眼睛所及的一切有形有名的萬物，基礎都在於「無形無名」。

我用西方哲學的觀念來解釋，脈絡會比較清楚：「無」代表「可能性」的領域，

「有」代表「實現性」的領域，亦即從可能性產生了實現性，就是從無到有。比如想要製作一種特殊的桌子、椅子或者手錶，眞的做出來了，就是從可能性變成實現性。不過，如此抽象的思想，未必是老子的用意所在。

本章的「有」是指「有形有名」，「無」是指「無形無名」；而非以「有」爲「德」，以「無」爲「道」。天下萬物生於「有」，「有」生於無，或者「無」生出萬物，乍聽起來感覺既玄奧又神祕，但是老子根本沒必要故弄玄虛。「有」就是有形有名，有形針對感官，有名針對理智。人的能力就是要從感官、從理智上去掌握一個事物。

第四十一章 上士聞道，勤而行之

上士聞道，勤而行之；中士聞道，若存若亡；下士聞道，大笑之。不笑不足以爲道。

故建言有之：明道若昧；進道若退；夷道若纇；上德若谷；大白若辱；廣德若不足；建德若偷；質眞若渝；大方無隅；大器晚成；大音希聲；大象無形；道隱無名。

夫唯道，善貸且成。

上等資質的人一聽說「道」，就努力去實踐；中等資質的人一聽說「道」，半信半疑；下等資質的人一聽說「道」，就哈哈大笑；不被這種人嘲笑，就不足以稱爲「道」。

所以，古代立言的人說過：明顯的「道」好像暗昧；前進的「道」好像後退；平坦的「道」好像崎嶇；最高的德猶如山谷；最純的白有如含垢；廣大的德好像不足；健行的德好像怠惰；質樸的德好像會變；最大的方正沒有稜角；最大的器物很晚完成；最大的聲音幾乎沒有聲響，最大的形象沒有任何形跡；「道」幽隱但是沒有名稱可說。

只有「道」，善於輔助萬物並且一一完成。

以「聞道」區分上士、中士、下士

「上士聞道，勤而行之；中士聞道，若存若亡；下士聞道，大笑之。不笑不足以爲道」，意即上等資質的人一聽說「道」，就努力去實踐；中等資質的人一聽說「道」，半信半疑（多數人都屬於中等資質）；下等資質的人一聽說「道」，就哈哈大笑；不被這種人嘲笑，就不足以稱爲「道」。

本章所稱的上士、中士、下士，並非軍隊士兵的專稱，而是根據「聞道」之後的表現來判斷。上士聞道，心領神會，立即付諸行動，改變人生態度；中士聞道，半信半疑，時記時忘，虛耗了許多時光；下士聞道，認爲有違他所見的世俗法則，不禁大加嘲笑。隨後所舉的是老子「建言有之」的例證，乍看之下，確實難以理解。

三種「道」

「故建言有之」，意即所以，古代立言的人說過。「建言」就是立言。「明道若昧」，意即明顯的「道」好像暗昧。「明」跟「昧」剛好相反。平常心就是「道」，亦即明顯的「道」好像沒有特別突出之處，特別凸顯出來的，就不是明顯的「道」。人有時候如果站在明顯的正面，反而不容易長期維持；站在比較中間的地方，不易受到別人的批判，可以維持很久。「明道若昧」和「知其白，守其辱；知其雄，守其雌」的道理是一樣的。

「進道若退」，意即前進的「道」好像後退。何以如此？試想：爲什麼人愈有學問會愈謙虛？爲什麼成熟的麥穗總是低頭呢？原因即在此。有些人則不然，稍有一點成就，就趾高氣揚。許多年輕人留學回國到大學應聘時，個個眼高於頂，自以爲學問淵博。反觀當了十幾年教授的人依然謙虛，因爲他們瞭解什麼是「學然後知不足」。

「夷道若纇」，意即平坦的「道」好像崎嶇的。「纇」是指絲的節，「絲有節則不平」，於是就譯爲「崎嶇」。這句話指的是，別人看來很崎嶇不平的道路，卻能走得踏實。以讀書爲例，別人覺得「很崎嶇」，自己卻不以爲意，反而興致勃勃，總能抽出時間和保持好的心情來讀書。

老子看得十分透澈，事情的表與裡往往是不一樣的。

依人的本性而表現的四種「德」

「上德若谷」，意即最高的德猶如山谷，此即虛懷若谷。

「大白若辱」，意即最純的白有如含垢。「辱」是指黑垢，亦即黑色的汙垢，與「知其白，守其辱」中的「辱」字意思一樣。

「大白若辱」，眞正純潔的人，在別人看起來好像有些汙垢一樣。眞正純潔的人非常謙虛，不會故意炫耀自己，所以在別人的眼裡似乎有所不足。

「廣德若不足」，意即廣大的德好像不足。

「建德若偷」，意即健行的德好像怠惰。「偷」是怠惰，不照規則，能混就混。

「質眞若渝」，意即質樸的德好像會變。「渝」即是改變。

「質眞若渝」的原因何在？因爲有彈性，反而容易維持長久。比如兩個人做朋友，要是沒有彈性的話，循著單一模式相處，就很難持久，到最後雙方都會覺得壓力很大。有彈性就不一樣了，感情的本質依然還在，有時間就多聚，沒有時間就少聚，甚至幾年不見也無所謂，再見面的時候還是一樣親熱。

「大方無隅」，意即最大的方正沒有稜角。

唯有「道」能輔助萬物，並且一一完成

「大器晚成」，意即最大的器物很晚完成。「大器晚成」的成語就由此而來。

「大音希聲，大象無形」，意即最大的聲音幾乎沒有聲響，最大的形象沒有任何形跡。

「道隱無名」，意即「道」幽隱但是沒有名稱可說。「道隱無名」一語可以呼應第一章的「無名」，以及第二十五章的「吾不知其名」。《莊子・寓言》說：「大白若辱，盛德若不足。」也是由本章而來。

「夫唯道，善貸且成」，意即只有「道」，善於輔助萬物並且一一完成。「貸」是指輔助。

綜上所述，「明道、進道、夷道」三語中的「道」，有道路之意。人生無異於行路，但是「若昧、若退、若類」（這幾個字有押韻，《老子》書中很多字句都留有韻味），表面上看起來好像是相反的狀況，猶如西諺所云：誠實看似愚笨，其實卻是最好的策略。

「上德、廣德、建德、質德」四語中的「德」，有德行之意，更準確的說法是：依人的本性、稟賦而表現的德行，亦即德行並非是要特別去做善事，而是要按照人的稟賦行事，不刻意去行仁、行義、行禮，製造別的作爲。比如在鄉下與人相處，因爲大

家都沒讀過什麼書，於是都憑著本性來往，這種純樸民風，也就是所謂的德行。換言之，在此「德」與「仁義」之類的善行無關。

第四十二章 道生一

道生一，一生二，二生三，三生萬物。
萬物負陰而抱陽，沖氣以爲和。
人之所惡，唯孤、寡、不穀，而王公以爲稱。
故物或損之而益，或益之而損。
人之所教，我亦教之。
「強梁者不得其死」，吾將以爲教父。

「道」展現爲統一的整體，統一的整體展現爲陰陽二氣，陰陽二氣交流形成陰、陽、和三氣，這三氣再產生萬物。萬物都是背靠陰而面向陽，由陰陽激盪而成的和諧體。

人們所厭惡的，就是淪爲「孤家」、「寡人」、「僕下」，但是王公卻以此來稱呼自己。

所以一切事物，有時是受損反而獲益，有時是獲益反而受損。

別人教導我的，我也用來教導別人。

「強悍的人沒有辦法得到善終」，我將以此做為施教的開始。

「道」展現為統一的整體

《老子》一書中，有六章專門談「道」，分別爲：第一、四、十四、二十一、二十五和四十二章。完全明白這六章，不僅能夠掌握道家思想的核心，還能懂得人類智慧的最高境界。

自古以來，何謂「一、二、三」，沒有人能說得清楚。有些人認爲「一、二、三」代表從簡單到複雜，所以生出萬物來，這種解釋好像有點太容易了。莊子是把它放在言語裡來看，《莊子．齊物論》的解釋是：「一與言爲二，二與一爲三。」一樣東西出現，言語也隨著出現，名與言語有關。因爲宇宙萬物是一個整體，所以「道」當然是一，但在說「道」的時候，就已經不再是「一」，而變成了「二」。一個是不可言說的「道」本身（「有一」）；一個是說出本來不能說的「道」（「說『有一』」），這樣不就是「二」了嗎？人類就是要說話，然而一說出口來，被說的就與本來所要說的不完全一樣，那就形成「二」了。

以上是莊子的說法。接下來，我們要提出比較合理的解釋。「道生一、一生二、二生三，三生萬物」，意即「道」展現爲統一的整體，統一的整體展現爲陰陽二氣，陰陽二氣交流形成陰、陽、和三氣，這三氣再產生萬物。前面的三個「生」字，是指展現、形成，「三生萬物」的「生」字才是產生的意思。《易經．繫辭傳》裡提到的「太極生兩儀，兩儀生四象，四象生八卦」，此處的「生」字也是展現的意思，「展現」是指從此到彼的一個過程，就好像本來是沒有的，現在展現出來了。「道」本來就是一個整體，只有它存在，「獨立而不改」；其他的東西都不存在，它們需要從「道」獲得「德」，才能存在。所以「道生一」，「道」展現爲一個整體，沒有和它相對的「二」。

陰、陽、和三氣形成「三」

「一生二」，統一的整體，展現爲陰陽二氣。陰陽二氣互相交流，形成陰、陽、和三氣。莊子也曾講到陰陽二氣的變化。

「二生三」，一定包括了陰、陽，以及陰陽交互作用，在交流互動中形成了陰、陽、和三氣，再由此產生萬物。萬物出現的時候，陰性多一點的，就叫做雌性，陽性多一點的，就叫做雄性。比如一座山，山代表陽的話，山谷就變是陰，宇宙萬物皆分雌雄。

我們可以利用陰、陽的原理來解釋所有的現象，但它們並非是純粹的陰或純粹的陽。俗話說：「孤陰不生，獨陽不長。」只有一個陰，沒有辦法生；只有一個陽，也沒有辦法長。這是宇宙變化的道理，陰、陽、和三氣，「三」才產生了萬物。

萬物皆是和諧體

「萬物負陰而抱陽，沖氣以爲和」，意即萬物都是背靠陰而面向陽，由陰陽激盪而成的和諧體。「負陰而抱陽」，說明陰陽二氣都具有某種作用，萬物對於陰陽也必定有某種依賴。

「和」，是指和諧體。任何一樣東西的存在，都是進入某種和諧的狀態。樹木即使老了，也是老的和諧體；即使乾枯，也顯示了枯樹的和諧體。我們較常注意到小孩的和諧，卻疏於注意到老人的和諧。老人面對年紀日長、身體衰老的狀態而接受它，也可以表現得很祥和，亦即老人也是一種和諧體。每一種動、植物存在，並出現在我們面前，也都是一個和諧體；小草枯萎時，也是和諧體。龔自珍說得好：「落花不是無情物，化作春泥更護花。」一朵花枯萎之後，化做春泥，進而保護下一朵花。當它化成春泥的時候，也是一個和諧體。因此，宇宙萬物只要存在，一定有某種理由使其保持當時的狀態，亦即某種和諧的狀態。

「道」的萬物生成論

本章前半段向來被視爲老子的萬物生成論。萬物生成論是哲學上的專有名稱，就是所謂的宇宙生成論。比如探討宇宙如何形成、星雲的變化或是星體大爆炸，都屬於宇宙生成論。宇宙本體論與此不同，它所探討的是宇宙最後的基礎，宇宙生成論則是探討其發展的過程。

萬物生成論的最大問題，應該是：從「道」這個源頭如何產生萬物？「道」一方面具有超越性，一方面還具有內存性，兩者如何協調？至少表面看起來不能。「道」創造世界之後（此處的「創造」是廣義的意思），這個「道」還需要世界嗎？若說「道」不需要世界，又爲何生出世界來呢？這是很複雜的問題。

如果「道」需要世界，似乎表示「道」本身不太圓滿，因此需要世界來展現它的能力。那麼「道」與世界的關係如何？這是個需要回答卻又難以回答的問題，孔子、孟子就不會去追問天是怎麼創造世界與人類的。老子和莊子不同，他們不逃避這個問題，想盡辦法要依他們的理解對這些根源的問題提出說明。

莊子如何解釋「萬物的出現」呢?我們可以參考《莊子・齊物論》:「一與言爲二,二與一爲三」,意即「合爲一體」與「說『合爲一體』」這句話,加起來就是「二」(一是指「道」,它是唯一的整體),既然有「二」和前面的一合起來,就變成了「三」,這種說法讓人費解。看來,「道」本身是不能說的,「道,可道,非常道」。「道」本身如何我們不清楚,卻勉強說「道」,一「說『道』」,就與「道」不一樣了;「二」跟最原始的「道」不一樣,兩者相加,就變成了「三」。意即最原始的「道」,一被言說就已經有「二」,這個「二」再與「最原始」相加起來,就變成了「三」。

「自此以往,巧歷不能得」,意即從這裡往下發展,再如何計算也算不清楚了。「巧歷不能得」意即有高明的計算本事,也沒辦法算清楚到底有多少東西叫做萬物。莊子這句話的關鍵,在於人的認知及判斷形成語言表述的世界,使原始的「一」被分別爲「二」。依此類推,這個「二」加上未分之前不可言說之「一」,又形成了「三」。這樣一來,莊子就將萬物生成論轉移到人的認識作用上了。

對人的認識來說,「一」不能說,說「一」就變成「二」了,但是卻不能不說,如果不說人要如何思想呢?非表達不可,但表達出來就已經不是原來的樣子。由此可以推及老子的「名,可名,非常名。」從此觀之,老莊雖屬同一系統,爲什麼歷代許多學者卻不願意用《莊子》去解《老子》,原因就在於莊子把它轉移到語言表述的作用上，忽略了老子「宇宙生成」或「萬物生成」本來的意思。

萬物出現的三種解釋

關於萬物如何出現，以下有三種解釋。

第一，以「無」、「有」來解釋，亦即：以「無」爲道，以「有」爲一，再以「無」與「有」爲二，「無」與「有」相生而出現三。

這種解釋法很多人喜歡，頗有形上學的意味，但是未必代表老子的思想。這種說法基本的構想是：道是「無」，一是「有」。既然如此，那麼「二」是什麼呢？「二」是「無」加「有」；「三」就是「無」與「有」，再加上「道」。

我們前面已經分析過，事實上「道」是「無」的這種說法是不能成立的。「無」代表可能性，「有」代表實現性，「一」表示實現出來的。一般講「有」的時候，如果「一」等於「有」，這個「有」，不管是有名還是有形，都離萬物太遠，因此還須經過「二」、經過「三」，然後才到萬物。所以這一派的解釋比較玄，有形上學的味道。形而上的「無」與「有」如何眞正生成形而下的萬物？形而下，是指有具體的形可以掌握，亦即有形展現，透過形展現出來可以讓人觀察的；形而上是超越有形可見之上，亦即無法用感官掌握的。用「無」與「有」來解釋的話，其後「萬物負陰而抱陽，沖氣以爲和」，根本就不相干了。

第二，以「天、地」來解釋，是指把「天、地」當作「二」，形成道、天地、萬物三個層次。

如果「二」是指天地，天與地分開爲二，由「道」到天地再到萬物。那麼「一」與「三」該怎麼辦？如果「二」代表天與地的話，「一」與「三」又代表什麼？這是需要特別質疑的地方。因爲這種觀點由上往下，分別列出「道」、「天地」、「萬物」三個層次，等於是「天地生萬物」。

那麼，天地何以生萬物？因爲天地提供萬物生存發展的條件與環境，這一點我們贊成。天是天，地是地，天地之間可以讓萬物生出來。就好像「天地不仁，以萬物爲芻狗；聖人不仁，以百姓爲芻狗」，如果說天地生萬物，難道可以說聖人生百姓嗎？聖人與百姓同樣都是人，只不過聖人屬於統治者。天地與萬物不一樣，因爲天地有如統治者。天地與萬物本來是同質的，只不過天地較大，處於主導萬物的位置，亦即「天地之間，其猶橐籥乎，虛而不屈，動而欲出」。天地不斷地運作，萬物不斷地出生，絕不會哪一天萬物忽然停止演變。

由上可知，不是天地生出萬物。天地就如同風箱一樣，本身沒有東西，但可以讓萬物出生，萬物出生以後有它自己的存在條件。因此，不太適合把天地當作「二」，那就會變成天地生萬物。我們先不追究「一」與「三」何解，只要想想：天地如何能夠生出萬物？天地代表萬物存在的「領域」，提供萬物存在的「條件」。有時亦可因其包含萬物的姿態而被稱爲「自然界」，所以老子所謂的天地之道、天之道，都是指自然界的規則而言。但我們充其量只能說「天地使萬物得以如此產生」，而不能說「天地產生萬物」。不是這樣的天地，萬物也可能有別的產生方式，比如現在的科學知識遠超過古代，我們都知道在別的星球裡也有萬物的存在，只是與地球萬物的產生形態不同。像每個星球各自擁有不同的條件，所以產生了不同的萬物。如果「天地生萬物」只是比喻之意，我並不反對。

第三，以陰陽來解釋，亦即陰陽代表「二」，是由統一的「道」所展現的二元力量，兩者相反相成，在交流互動時出現「和」，並且一起形成了「三」。只有如此理解，才可以接著說：「萬物負陰而抱陽，沖氣以爲和。」此說並非毫無問題，比如「道」與陰陽的關係如何，就無法解釋清楚。「道」不能用名稱來說，一個整體的「道」如何與爲何分出陰陽，也很難說得清楚。

再者，陰陽是力量，是形態，還是元素？一般人會認爲元素最容易解釋。元素構成宇宙萬物，而宇宙萬物是具體的存在。動物、植物、礦物都是具體的東西，具體的東西，肯定來自具體的元素。如此一來，元素和「道」是什麼關係？「道」怎麼跟元素有關係呢？從形而上到形而下，老子根本沒有交代中間的連接問題。若說陰陽是形態，就只是兩種不太一樣的狀態，但其實都是一個「道」。

那麼，力量之說呢？前文提過，陽是一種主動的力量，陰是一種受動的力量。太極圖是圓的，陰中有陽，陽中有陰，這樣它才可以不斷活動與演變。或者，直接說陰陽是氣，那麼「氣」與「道」是什麼關係？從萬物的角度來看，「氣化論」可以說得通。莊子也有此主張，陰與陽生出一切，這就是氣化論，亦即「一、二、三」所代表的是「元氣、陰陽二氣、陰陽和三氣」，這是比較合理的解釋。元氣的「元」是指原始，元氣是指尙未分爲陰陽狀態的原始之氣。

由此可以肯定「道」的內存性，但是如何保障「道」的超越性呢？如果由「一、二、三」生出了萬物，「道」豈不是與萬物混在一起？又該如何保障「道」的「獨立而不改，周行而不殆」？本章的重點在於萬物如何生成，側重「道」的內存性，「道」與「氣」的關係仍然有待深究。

道家的整個問題就在這裡，什麼是氣？用氣來解釋萬物的變化，「氣聚則生，氣散則死」，可以說得通。但是「道」與「氣」究竟是什麼關係，永遠是個疑問。道本來是超越的、形而上的，不需要變成具體的氣就能在這兒變化，但是人的生命就活在具體的世界中，這是一個可以思考的題材。說穿了，老子也只能這樣講，他眞是聰明，讓大家猶如猜謎一樣。

因此，「一、二、三」代表什麼，我認爲比較合理的解釋是：「道生一」，「道」展現爲一個統一的整體——元氣；「一生二」，統一的整體展現爲陰陽二氣；「二生三」，陰陽二氣交流形成陰、陽、和三氣；陰、陽、和三氣再產生萬物；萬物都是背靠陰而面向陽，由陰陽激盪而成的和諧體。

居高處者愈謙虛

後半段和前半段沒有什麼關聯，但還是放在同一章討論。

「人之所惡，唯孤、寡、不穀，而王公以爲稱。故物或損之而益，或益之而損」，意即人們所厭惡的，就是淪爲「孤家」、「寡人」、「僕下」，但是王公卻以此來稱呼自己。所以一切事物，有時是受損反而獲益，有時是獲益反而受損。愈能放低身段的公僕，其實地位就愈高，地位愈高，就愈要說些謙虛的話。

「人之所教，我亦教之。『強梁者不得其死』，吾將以爲教父」，意即別人教導我的，我也用來教導別人。「強悍的人沒有辦法得到善終」，我將以此做爲施教的開始。「教父」是指教人的第一課，施教的開始，「父」在此是開始之意。強悍的人沒辦法得到善終，因爲「柔弱勝剛強」之故。以前許多軍閥割據各地，個個凶悍，下場都很悽慘。

自從「教父」系列的電影上市以來，大家都把「教父」當成黑道老大的代號。事實上，「教父」一詞原是天主教的術語，是指小嬰兒受洗時，特地請託同教中德高望重的長者擔任教父，以便將來成爲孩子的心靈導師。由於美國黑手黨中，有一批是由義大利西西里島來的，該地多爲天主教徒，所以把這種宗教術語用在現實生活中，形成明顯的反諷。有趣的是，老子首先教人「強梁者不得其死」，這句話恰好可以用來描寫電影「教父」的主要情節。

第四十三章 天下之至柔

天下之至柔，馳騁天下之至堅。
無有入無間，
吾是以知無爲之有益。
不言之教，
無爲之益，
天下希及之。

天下最柔弱的東西，駕馭了天下最堅強的東西。
無形的力量穿透了沒有間隙的東西。
我因此懂得了無所作爲是有益的。
不發一語的教導，
無所作爲的好處，

天下很少人能夠做得到。

至柔馭至堅

「天下之至柔，馳騁天下之至堅」，意即天下最柔弱的東西，駕馭了天下最堅強的東西。這句話乍聽之下像反話，但其實有正面的含義。王弼的注以「氣」與「水」做爲「至柔」的例子：「氣無所不入，水無所不經。」柔者無定形，無定質，能夠適應與掌握整個局面；而堅者方正明確，只能處於被動。

柔與堅需就人的處事態度來看，才有深意。「柔」不一定有用，比如打架的時候，請弱不禁風的女子去對付高頭大馬的匪徒，就不能夠「柔弱勝剛強」，對付匪徒必須靠著警察的「以剛克剛」才行。「以柔克剛」須在穩定的環境與長期的合作這兩個條件下，才會發生。比如人相處久了，才會瞭解哪些人比較友善，而愈是友善的人，當然就愈受歡迎。

「無有入無間」，意即無形的力量穿透了沒有間隙的東西。「無有」是指無形的力量，「無間」是指沒有任何間隙的東西。「無有入無間」可以用王道的《老子億》來理解：「天地之氣，本無形也，而能貫乎金石；日月之光，本無質也，而能透乎蔀屋。」金石裡包含天地之氣，像人類喜歡的寶石、水晶、翡翠、琥珀等等，裡面都包含天地之氣。「蔀屋」是指窮人住的陰暗房子，大多用茅草、木頭搭蓋，有日有月的時候，光都會透進來。

為無為，則無往不利

「吾是以知無爲之有益。不言之教，無爲之益，天下希及之」，意即我因此懂得了無所作爲是有益的。不發一語的教導，無所作爲的好處，天下很少人能夠做得到。爲無爲之事，行不言之教，不必說話，也不用行動，讓一切自行變化。因爲一旦發言就必存著目的，亦即要達成某種與現狀不同的情況。以「不言」配合「無爲」，看似「至柔」與「無有」，其實卻無往而不利。

《尙書．洪範》談到「三德」時，有「正直、剛克、柔克」三種方式。正直是基本原則；但是遇到剛強的人，就要以剛克剛；遇到柔弱的人，則須以柔待之。《老子》的立場是：柔弱者順其自然，不費心機與力氣，反而是最平常、最持久的辦法。如果一定要表現堅強，或者有所作爲、教導別人，那麼難免造成反彈，最後的結果也未必理想。這兩種說法各有適用場合，可以對照省思。

第四十四章　名與身孰親

名與身孰親？身與貨孰多？得與亡孰病？
甚愛必大費，多藏必厚亡。
故知足不辱，知止不殆，可以長久。

名聲與身體，哪一個更親近？身體與錢財，哪一個更貴重？獲得與喪失，哪一個更有害？

過分愛惜必定造成極大的耗費；儲存豐富必定招致慘重的損失。

所以，知道滿足，就不會受到羞辱；知道停止，就不會碰到危險，這樣就可以保持長久。

人的身體比名、貨都親

「名與身孰親」，意即名聲與身體，哪一個更親近？答案當然是身體，身體健康總是好事。名乃身外之物，一旦譽滿天下，謗亦隨之；幾天沒登上報紙、電視等媒體，幾乎就沒人會記得了。

「身與貨孰多」，意即身體與錢財，哪一個更貴重？很多人認爲當然是錢財，但如果失去生命，錢又有什麼用呢？這是很簡單的道理。

獲得與喪失之間

「得與亡孰病」，意即獲得與喪失，哪一個更有害？獲得與喪失是針對名與利來說的。很多人或許會認爲「喪失」比較有害，覺得失去名與利十分可惜，然而如果眞有機會獲得，可能會變成流言蜚語的主角。只要看看有名有利的人常被罵得最凶，就知道這個道理了。而社會上的大多數人，只考量自己的立場，總是爲自己辯護，並把不同立場的人批評得很不堪。

然而，人是很有限的，莊子的見解就很有道理，他在〈齊物論〉指出：兩個人吵架時，究竟要勸誰？如果反對兩個人的意見，那麼爲何要勸？如果贊成兩個人的意見，不就自相矛盾嗎？人雖貴爲萬物之靈，但有時說出來的話，立場卻一路偏到底。

就拿目前的台灣現狀來說，世界上有六十多億人口，其中有兩千三百萬人生活在台灣島上，該是怎樣的一種親密關係，然而，許多人依然互相謾罵、攻訐，令人費解。

甚愛造成耗費，多藏招致損失

「甚愛必大費」，意即過分愛惜必定造成極大的耗費。無論對人或物，人一旦執著所愛，就會不顧一切的付出。比如喜歡一幅畫，它就變成心目中的珍品，無論花掉多少錢都願意買下；喜歡一個人，不惜金屋藏嬌，散盡千金也不在乎；或者像某些古代帝王爲了美人，而失去大好江山。總之，愛得太過，就會造成很大的耗費，破產亡國在所不惜。等到後來出現變化，才會發覺自己怎麼那麼糊塗，連一點錢也不願花了。

「多藏必厚亡」，意即儲存豐富必定招致慘重的損失。因爲天災人禍，將使儲存財物愈多者，陷入愈大的危機。比如把所有的錢與寶物都藏在一間屋子裡，一旦碰上火災，馬上化爲烏有。如果什麼都沒藏，就不會遭到損失。老子這句話講得十分深刻。

「甚愛必大費，多藏必厚亡」，實在說得好，人生不也常常陷在「大費」和「厚亡」的困境中嗎？一旦求「甚」、求「多」，就會過度，過度就違反常理，接著一定會出現後遺症。

知足知止，安全自在

「故知足不辱，知止不殆，可以長久」，意即所以，知道滿足，就不會受到羞辱；知道停止，就不會碰到危險，這樣就可以保持長久。

「知足不辱」，比如有人邀請我做演講，我如果爭取增加演講費用，別人一定會批評我眞的値那麼多錢嗎？這就是不知足招來的羞辱。

「知止不殆」，這裡的「知」是指「避難之知」，可以參考第十六章。「殆」是指危險，知道停止，就不會碰到危險。所以，老子希望人可以維持自然的壽命，保持長久，以免過分勞神而會耗盡心力。

總之，爲了追求「名」、「貨」而勞累或傷害身體，可謂得不償失，因爲人的身體是無法替代的。其次，「得與亡」是兼指名、貨而言，出名得利，常常帶來後遺症；無名無利，反而可以清靜生活。這不只是「鐘鼎山林，各有天性」的問題，並且還考慮到人生長遠的苦與樂。

人若能區分內外，進而重內輕外，做到「知足」與「知止」，自然可以安全自在。

第四十五章 大成若缺

大成若缺，其用不弊。
大盈若沖，其用不窮。
大直若屈，大巧若拙，大辯若訥。
躁勝寒，靜勝熱。
清靜爲天下正。

最大的圓滿好像有缺陷，但是它的作用不會衰竭。
最大的充實好像很空虛，但是它的作用不會窮盡。
最大的正直好像是枉屈，最大的靈巧好像是笨拙，最大的辯才好像是木訥。
疾走可以克制寒冷，安靜可以化解炎熱。
平淡無爲是天下的正途。

最大的圓滿與充實，是不斷地上進

「大成若缺，其用不弊」，意即最大的圓滿好像有缺陷，但是它的作用不會衰竭。

「大盈若沖，其用不窮」，意即最大的充實好像很空虛，但是它的作用不會窮盡。

這兩句話一個講圓滿，一個講充實，其作用一直存在，但是看似有缺陷、很空虛。最大的圓滿，不會認爲自己圓滿，所以感覺好像有缺陷，實則它始終處於不斷改善之中。最大的充實，好像很空虛，所以可以一直處於充實之中。由此可見，最大的圓滿和充實，並非處於一種完成的狀態，而是不斷上進，展現無比的力量。

看似笨拙，實則靈巧

「大直若屈，大巧若拙，大辯若訥」，意即最大的正直好像是枉屈；最大的靈巧好像是笨拙，最大的辯才好像是木訥。這比較容易理解，一個人看似愚笨，其實是最靈巧的。很多人只注意到表面的靈巧，忽略了靈巧可能會引起他人的防備。反之，常常吃虧而不太計較的人，沒有人會把他當成對手，當其他人都在捉對廝殺，弄得兩敗俱傷時，只有他安然無恙，取得優勢。由此可以引申到孔子對甯武子的稱讚，亦即「邦有道則知，邦無道則愚。其知可及也，其愚不可及也。」（《論語．公冶長》）這正是「大智若愚」的表現。

「大直若屈」，最大的正直，好像是枉屈。一個人非常正直，是很正面的一種價值，然而他表現得好像冤枉委屈，對事情的判斷比較婉轉，不會直來直往，立即提出結論。古代戲劇裡的包青天，我覺得就太剛直了。

眞正的正直看起來委婉，身段非常柔軟，讓人覺得好像委屈求全，不是那麼正直，這叫「藏拙」。藏拙是指把自己笨拙的地方藏起來，它同時也是謙虛的說法——「寧拙勿巧」，寧可笨拙也不要討巧。就拿翻譯來說，翻譯的時候寧可稍微笨拙一點，也不要討巧，以免偏離原來的意思。西方有句名言：「翻譯就是欺騙。」經過翻譯，意思當然不可能完全一樣。我解讀《老子》，也是在做翻譯，但是我的「欺騙」與老子還是比較接近的，有些人就「欺騙」得太離譜了，主要的原因還是在於沒有充分理解老子「道」的基本觀念。

許多研究老子的學者，對其他研究做得非常透澈，舉了很多例子和歷史故事來佐證說明，但是對基本的「道」卻沒有研究清楚。比如《韓非子》裡的〈解老〉、〈喻老〉，可以算是早期研究老子的代表作了，所以司馬遷在《史記．老子韓非列傳》中把韓非子與老子並列。事實上韓非子根本就不懂老子的「道」，但是他自有一套解釋的模式，把「道家」變成「法家」。莊子屬於道家，然而《莊子》裡描述的「道」，讓人看了就頭昏。很多人讀書時錯過這個重點，十分可惜。

最大的辯才是木訥

「大辯若訥」，一個人說話聽起來笨拙，其實具有最大的辯才，這點我可以分享自身的經驗。我小時候有口吃的毛病，每當我說話時，別人就會特別注意，因爲他們覺得我說話這麼辛苦，卻還是努力地說，一定很有見解。同樣的道理，個性木訥的人，也比較容易讓人注意到他在說什麼。又比如演講的時候，有些人口才一流，說起話來滔滔不絕，但當他說完之後，我們卻記不得任何內容。有些人說話時結結巴巴，光聽就覺得累，可是他講的每一句話，我們反而記得很清楚。

瞭解「大辯若訥」個中三昧的眞正高手是孔子，他和同鄉的親友相處時，說起話來總是溫溫呑呑，好像很木訥。其實「剛毅木訥近仁」，亦即孔子十分眞誠，他不需要在這些看他長大的同鄉親友面前刻意展現自己的辯才；一旦上了廟堂，孔子馬上變得能言善道，不僅懂得禮儀，說話也很有分寸，因此經常奉派處理外交事務，友邦使臣來訪，常由孔子負責接待。

從上面的例子可知，說話必須注意場合，懂得順應環境的需要，該說的時候才說，不可仗著自己口齒便給，到任何地方都想駁倒其他人。學習孔子在鄉里和廟堂各有不同的說話方式，在此處有所發揮，在彼處就要收斂，這也是處世的態度。如此不但可以保持自身的平衡，也不必一天到晚劍拔弩張，與任何人說話時都想勝過對方。

眞正的說話高手，不見得口若懸河，因爲眞正精采的往往是留白處。比如好的中國傳統畫作，簡單幾筆，就勾勒出無窮的意境。說話也一樣，用最少的言語，或是話說到一半，忽然停頓下來，產生「山雨欲來風滿樓」的張力，反而讓人印象深刻。

清靜才是康莊大道

「躁勝寒，靜勝熱，清靜爲天下正」，意即疾走可以克制寒冷，安靜可以化解炎熱，平淡無爲是天下的正途。俗語說：「心靜自然涼。」此話就合乎老子的意思。「清靜爲天下正」提醒我們：不管如何努力做一件事，都要稍微想想：有這麼嚴重嗎？每天辛勤打拚，搞得自己疲累不堪，早上醒來時卻發現：太陽依舊上升，地球照樣運轉，做不做這些事根本沒什麼差別，甚至有沒有活在世界上都沒什麼差別。

有許多人自以爲重要，深怕自己一不在，天下就會大亂，其實那是杞人憂天，他們在或不在，別人根本沒什麼感覺，就連知名學者也難免有此執著。比如梁漱溟有一次乘船，遇到很大的風浪，別人勸他不要冒險渡江，他回說：「不用擔心，我如果死了，中華文化怎麼辦呢？」這眞是個笑話，即使他死了，中華文化照樣還是有人研究。所以，人千萬不要有狂妄的使命感。從長遠的眼光看來，沒有人是少不了的。耶穌出現之後，世界是否變好了？也許對有些人很好，對另一些人則不然，因爲人會有各自的立場，從一開始思考時就已選擇定了。學「道」的目的，就是期許我們提升到「道」的層面，意即眞正的智慧。

「躁勝寒，靜勝熱」還有另外一種解釋，有些學者專家考證，「躁」是指爐火（燥），「靜」是指清水，靜和清相通，全句意即爐火可以禦寒，清水可以勝熱，這些都是對事實所做的客觀描述。但是，若由人所採取的態度或作爲來理解，以「躁」、「靜」爲急躁和安靜，更符合老子「以適當方式達成合宜目的」的用意所在。

「清靜」是指平淡無爲，其實很有味道，比如船過水無痕，就是平淡無爲；比如有些人殷切期待著自己生日的到來，連周遭的人都能感覺到這股熱烈的壓力或氣氛。但到了生日當天，一天還是只有二十四個小時，無論喜不喜歡，太陽依然會下山，無法因爲他的生日就多留片刻。所以人不要過分苛求，要保持清靜，才是天下人的康莊大道。

綜上所述，眞正的「成、盈、直、巧、辯」在展現時，都是反面的情況，這是因爲明白「物極必反」的道理，所以預先自我設限，以免盛極而衰；如果盛若未極，則可「不弊、不窮」，永遠不要抵達那個極端與滿足點，因而不會窮困，如此則可一直保持旺盛的活力。

第四十六章 天下有道

天下有道，卻走馬以糞。
天下無道，戎馬生於郊。
禍莫大於不知足；
咎莫大於欲得。
故知足之足，常足矣。

國家政治上軌道，馬匹被送回農村耕田；
國家政治不上軌道，戰馬就在郊野出生。
最大的禍患，就是不知滿足；
最大的過錯，就是想要獲得。
因此，知道滿足的這種滿足，就能永遠滿足了。

「有道」和「無道」的對應法

「天下有道，卻走馬以糞」，意即國家政治上軌道，馬匹被送回農村耕田。「糞」是指耕田，「卻」是送回去，「卻走馬以糞」的意思是：退回那些走動的馬匹，讓牠們去耕田。

「天下無道，戎馬生於郊」，意即國家政治不上軌道，戰馬就在郊野出生。如果長期處於戰亂，馬匹不太可能回到農村休息，小馬因此生在郊野之中。

天下「有道」與「無道」，指的是政治及社會是否上軌道。萬物之中，只有人類可以對「道」加以選擇，只是選擇的結果往往不盡理想，這是因爲缺乏智慧。其餘萬物則沒有「有道」與「無道」的問題，比如我們不可能要一朵花變成不是花，也不可能要貓去做老虎。

知足常樂

「禍莫大於不知足。咎莫大於欲得」，意即最大的禍患，就是不知滿足；最大的過錯，就是想要獲得。一旦有了想獲得的心，就容易與別人發生爭鬥。

「故知足之足，常足矣」，意即因此，知道滿足的這種滿足，就能永遠滿足了，也就是人們常說的「知足常樂」。試想：現在的環境雖不是最好，至少我們還活著，可以溫飽，能夠與三五好友相聚說話，就應該滿意了。

說實在的，人生的滿足眞的是在當下。以我自己爲例，當我父母親還在世的時候，一到週末，他們就會來電要我有空就回家，我雖然會盡量抽空回去陪伴他們，有時候也會以忙碌爲藉口而不回去。直到父母親都過世後，到了週末，即使我很想回家，卻再也沒有地方可去了。所謂「樹欲靜而風不止，子欲養而親不待」，直到現在，才對這句話感覺深刻。

這就是「知足之足」的道理。人生要活在當下，好好把握現有的一切，如果總要等到失去之後再來後悔，這樣的人生豈不是太累了？

第四十七章 不出戶，知天下

不出户，知天下；
不窺牖，見天道。
其出彌遠，其知彌少。
是以聖人不行而知，不見而明，不爲而成。

不出大門，可以知道天下事理；
不望窗外，可以看見自然規律。
走出户外愈遠，領悟道理愈少。
因此聖人不必經歷就知道，不必親見就明白，不必去做就成功。

不出門而知天下事理

「不出戶，知天下」，意即不出大門，可以知道天下事理。這點在今天不是難事，打開報紙、電視就可以知道。但在沒有報紙、電視的時代，如何不出大門而知道天下事理呢？答案很簡單，人與人相處的困難從家庭開始，家庭裡的人際關係是最複雜的。以前的大家庭，常見三、四代同堂，如何與眾多親人相處和諧，是一大挑戰。

這句話是針對人間而言，因此，若是留意自己與家人相處的情況，推到天下去看也是大同小異，因為可以由近觀遠，不必到外頭，就能知道人間應該如何相處。甚至可以說：真正瞭解自己，就會瞭解人類，然後知道天下事理。

「不窺牖，見天道」，意即不望窗外，可以看見自然規律。這句話是針對自然界而言。

現代人要如此瞭解宇宙規律並不容易，因為日常用品大多是科技產品。古時候的人則不然，即使待在屋子裡，他們也有一些自然物可供觀察，像是用木頭做成的桌椅，上面都會有年輪，一看就可以推估原樹的年齡與成長過程；從年輪的疏密，看出哪一邊是向陽面……。宇宙的自然規律可以反映在一棵樹上面，換句話說，把一棵樹研究透澈，可以知道幾百年前發生的事，包括曾發生的水災、旱災，以及人為的自然汙染，只不過沒有那麼精密的儀器與時間去做長期的研究而已。所以說「一粒細沙看世界」，絕不是詩人的幻想，而是事實。

人的「知」，以向內自省為原則

「其出彌遠，其知彌少」，意即走出戶外愈遠，領悟道理愈少。「出」是指向外追逐，走馬看花，反而無法領悟。比如如果想瞭解萊茵河，親眼去看，甚至泛舟河上，花的時間不說，也不見得可以看見全貌，反而不如在家看電視就足夠了，電視上還可以從空中、水面、水底做全方位的拍攝與解說。

我要去一個地方之前，一定會先研究它的歷史與詳細介紹，等全部弄懂了之後再去。這樣一來雖然少了驚奇和美感，但是如果沒有準備，去了也只是蜻蜓點水、浮光掠影而已。換句話說，人的「知」以向內自省爲前提，若是沒有「自知」，其他一切實在是可有可無。

聖人的「三不」

「是以聖人不行而知，不見而明，不爲而成」，意即因此聖人不必經歷就知道，不必親見就明白，不必去做就成功。他不用有所作爲，就可以讓一切自行展現，這才是根本的辦法。與其向外追逐，不如向內覺悟自己，需要努力的是對內的修養。

人的生命確實奇妙，即使看得再多，走遍全世界，到最後依舊覺得茫然。這是爲什麼？因爲漂亮的地方太多，但都不是自己的家鄉，反而易生悵然之感。如果充分瞭解自己，就會知道到處都是人類的家鄉，天下是天下人的天下，又何必一定要執著於個人生長的地方？

由全章可知，「不出戶，知天下；不窺牖，見天道」裡，「天下」是指人間，「天道」是指自然界，一個人能夠以靜制動，在屋裡就可以瞭解天下，如果深入觀察，就可以想像自然界的運作規則。聖人的「不行、不見、不爲」，都是正確的方法，足以達成合宜的目的：「知、明、成」。

第四十八章 爲學日益

爲學日益，
爲道日損。
損之又損，以致於無爲。
無爲而無不爲。
取天下常以無事，及其有事，不足以取天下。

探求知識，每天要增加一些；
探求「道」，每天要減少一些。
減少之後還要減少，一直到無所作爲的地步。
無所作爲卻什麼都可以做成。
治理天下總是無所事事，等到有事要做，就不配治理天下了。

本章所說並不複雜，尤其是「爲學日益，爲道日損」，是老子著名的句子。

為學與為道的方法不同

「爲學日益」，意即探求知識，每天要增加一些。每天念書二、三十分鐘，長期下來必可瞭解更多的事情。

探求知識，除了用功與恆心之外別無他法。有時讀書太急切，一段時間拚命用功，進步反而有限。我們所學的東西需要經過時間來消化，腦袋也需要反芻，一下子擠進太多東西，反而沒辦法好好吸收。或者「一暴十寒」，念一天書，其他十天都在玩耍，也會弄壞讀書的胃口。

知識浩如煙海，學者如果能夠日起有功，至少可以出類拔萃。《莊子．養生主》說得好：「吾生也有涯，而知也無涯，以有涯隨無涯，殆已。」人的生命有限，而知識無限，以有限的生命去追求無限的知識，當然是非常危險的事。

「爲道日損」，意即探求「道」，每天要減少一些。「道」是究竟眞實，不但不在書本中，也不在人的感官所面對的經驗世界中，因此，探求「道」必須去除可多可少的相對知識、積非成是的世俗偏見，以及個人特有的各種欲望。

「損之又損，以致於無爲」，意即減少之後還要減少，一直到無知、無欲，以及無所作爲的地步。「損」，是指行動的欲望與要求都慢慢去掉了。

治理天下以無為為原則

「無爲而無不爲」，意即無所作爲卻什麼都可以做成，所以不必擔心。在探求「道」時，表面看來好像是在減少，而實際上抵達某一地步之後就會發現，無所作爲，反而什麼都可以做成。

「取天下常以無事」，意即治理天下總是無所事事。「取」字並非指得到，而是指治理；「取天下」就是治理天下，已經擁有這個位置，接下來怎麼治理天下呢？

「及其有事，不足以取天下」，意即等到有事要做，就不配治理天下了。有事要做的話，就會辛苦勞累，結果也未必會讓人人滿意。因此，人只要有修養，做什麼事都沒有問題；反之，人要是沒修養，做什麼事都有問題，所以人生主要取決於自己。

「無爲而無不爲」在《老子》裡面出現兩次，第一次是第三十七章「道常無爲而無不爲」。就「道」來說，這是描述既成事實，因爲宇宙存在之前，只有一個「道」，這個「道」無所作爲，但所有一切無不出於它的作爲。

本章的「無爲而無不爲」專就人而言，是描述一切可能的事實，因此譯爲「無所作爲卻又什麼都可以做成」。所以人要學習「道」，成爲「聖人」的角色。接著所謂的

「取天下……」云云，則顯示「爲道者」，亦即努力悟「道」的統治者（聖人），可以以無事取天下。《莊子・知北遊》裡有一段話：「爲道者日損，損之又損之，以致於無爲，無爲而無不爲也。」顯然是從《老子》取經的。

解讀老子難有定論

著名的學者錢穆先生很有學問，他曾寫了一篇長文想證明《莊子》的時代在《老子》之前，文中並列出了七、八條理由，這幾條理由不見得沒有問題，否則早就成爲定論了。但是我們沒辦法同他爭論，因爲人難免會有成見。

就如我們現在解讀《老子》，這些年來在台灣研究《老子》最知名的學者，是我台大的同事陳鼓應教授，寫過許多關於《老子》的書，對《老子》、《莊子》的翻譯及評介也做了不少，但他也不敢宣稱他的說法就是定論。他這幾年在哲學界最用心的主張是提出「道家主幹說」。中華文化有一個主幹，就好像人體的脊椎一樣，以前大家都認爲這個主幹是儒家，因爲儒家負責教育，透過「四書」、「五經」，建立起整個社會的中心思想。任何一個統治者上台後，都要宣揚儒家，修整孔廟，讓人民感覺到儒家的思想很好，是社會的中流砥柱。

但陳鼓應教授卻主張「道家主幹說」。他說，表面上似乎是以儒家爲主幹，實則是靠著道家。他從《論語》中的三句話說明孔子也學道家：其一，〈述而〉：「述而不作，信而好古，竊比於我老彭。」「老」就是指老子，孔子把自己比擬爲老子，這代表他很崇拜老子；其二，〈憲問〉：「以德報怨，如之何？」「以德報怨」正是老子的話（原文是「報怨以德」）。其三，〈衛靈公〉：「無爲而治者其舜也歟！夫何爲哉？恭己正南面而已矣。」「無爲而治」也是老子的思想，差別在於孔子強調的是「恭己正南面」，意即端坐在面向南方的王位上，前提是做到修德與盡職的責任，知人善任，分層負責，而非眞正無所事事。這是孔子特別參考老子思想之處。不過，整部《論語》有五百多句話，只有三句證明孔子學道家，顯然也是偏頗之見。因此，我們在討論這些觀點時，有時候不免辯論起來。

由此可見，在學術界要提出一個概念、一種觀點，讓別人重視並且討論，殊爲不易，有時窮究一輩子都未必能夠做到，這也無可奈何。一般人都從看舊書開始，先接受舊的想法，或者由年長者去教年輕人，這是一種承先啓後的方法。但在我看來，這種方法可能缺乏生命力，不容易提出創見。

我研究哲學三十餘年，直接接觸《老子》，經由《老子》而明白了什麼是「道」，一談及「道」就會強調「道」是「究竟眞實」。這四個字如果一時看不懂，就設法先瞭解什麼是「相對眞實」？我們所見的一切都是相對眞實，包括人類的生老病死、整個大自然的變化。變化之中的這一切，將來都會消失，有什麼是永遠不消失的呢？那就是「究竟眞實」，亦即絕對的眞實。

由此可知，學習哲學最大的成效是：人的思想能夠達到「在變化的萬物之中找到背後不變的基礎」的程度。比如信仰宗教，無論是佛教徒或基督教徒，都相信眼前的一切總會過去，只有神佛永遠存在，也就是所謂的「絕對眞實」。掌握住這種思考的模式後，面對許多問題就能一眼看透，於是，我們的行爲也會隨之改變，不容易再受他人的影響，或整天跟著起鬨，產生各種欲望、成見與煩惱了。眞想達到這種境界，還須做到「損之又損」，莊子也是這樣看老子的，所以他特別引述這句話。

第四十九章　聖人常無心

聖人常無心，以百姓心爲心。
善者，吾善之；不善者，吾亦善之；德善。
信者，吾信之；不信者，吾亦信之；德信。
聖人在天下，歙歙焉，爲天下渾其心，百姓皆注其耳目，聖人皆孩之。

聖人總是沒有意念，而是以百姓的意念做爲自己的意念。
善良的人，我善待他；不善良的人，我也善待他；這樣可使人人行善。
守信的人，我信任他；不守信的人，我也信任他；這樣可使人人守信。
聖人立身於天下，要謹愼收斂啊，使天下人的意念歸於渾然一體，百姓都努力在聽在看，聖人把他們都當成純眞的孩童。

聖人以百姓的意念為意念

本章提到聖人對人的態度，讀起來感覺非常溫暖。

「聖人常無心，以百姓心爲心」，意即聖人總是沒有意念，而是以百姓的意念做爲自己的意念。不能說「聖人永遠沒有意念」，「永遠」這個詞太重了。「常」譯成「總是」，代表某種態度。聖人是統治者，當然要愛民如己，注意到百姓的需求。

「聖人常無心」一語，包括王弼在內的很多版本，都作「無常心」。現在據《老子》帛書乙本「恆無心」改爲「常無心」，因爲帛書乙本通行於漢文帝劉恆之時，因避其諱，改「恆」爲「常」。

如果照原文作「無常心」，意即沒有固定的意念，與「無心」的意思相近。如此一來，「常心」將淪爲貶義詞，顯然「常心」不好，聖人才不要它。但是，「常」字在《老子》的書中沒有貶義，像第一章：「道，可道，非常道；名，可名，非常名」，「常」即永恆，是好的意思。《莊子・德充符》也提到「常心」一詞：「以其知得其心，以其心得其常心。」意即經由智力去把握那主導自我的心，再經由主導自我的心，去把握普遍相通的常心。「常心」在此是指普遍相通的心，是每個人都有的意念，亦即共識。因此，我們把它改成「常無心」，以免造成困擾。既然《莊子》裡面「常心」是好的意思，而且帛書乙本很清楚地說「恆無心」，因此沒有必要堅持舊本。

聖人以「善」對待善與不善

「善者，吾善之，不善者，吾亦善之，德善」，意即善良的人，我善待他；不善良的人，我也善待他，這樣可使人人行善。對善良的人好，很合理；不善良的人也要對他好，原因何在呢？

第一，沒有人認爲自己不善良；第二，再怎麼不善良的人，也希望別人善待他，這才是「以百姓心爲心」。「百姓」是指每一個人，善良的百姓，當然希望聖人能夠善待他們；不善良的人，比如關在監獄的罪犯，可能也有很多委屈，同樣也希望別人善待他。如此一來，可以使人人行善，很具正面的效果，這也是聖人的高明之處。

「德善」，原文的「德」是指道德的德，《老子》裡面的「德」與「得」相通，道德的「德」就是獲得的「得」，「德善」可使人人行善，讓原本不善者受到感動而改變，這遠比懲罰的效果還要好。

小偷被關進監獄，如果不好好的教導他，放出來之後很有可能變成大盜，變得更厲害了，以前偷車要花十分鐘，從監獄出來縮短成五分鐘，再出來一次變成兩分鐘，最後甚至可以表演給別人觀賞。這麼一來，他到監獄反而像進修、上研究所一般，不是很可惜嗎？

記得有一次我到監獄演講，一踏進演講場地，就發現這些受刑人個個都如凶神惡煞，他們一定很討厭聽人說教，搞不好還會想：「我都已經被關了，還跑來教訓我，到底想怎麼樣？」於是我採取了比較柔性的方法，亦即善待他們，對那些犯人說：「你們在這裡服刑，一定有人在思念你們，關心你們。今天你們爲什麼會在這裡？也許你是被冤枉的，也許你有滿腹的委屈，但人生哪有眞正的公平呢？」他們聽了以後，臉色也變得柔和起來，覺得這個社會還是有人在關心他們，把他們當人看待。

聖人以「信」對待信與不信

「信者，吾信之；不信者，吾亦信之；德信」，意即守信的人，我信任他；不守信的人，我也信任他，這樣可使人人守信。「守信」，是指說出來的話一定做到。當我們看到別人不守信用、借錢不還、說話不算話，不免感到氣憤，然而替他想想，他又何嘗願意如此呢？很可能有不得已的苦衷。所以，要繼續相信他，給他機會，他將來才願意守信。

聖人使天下意念歸於一體

「聖人在天下，歙歙焉」，意即聖人立身於天下，要謹愼收斂啊。「歙」是指合起來。謹愼收斂不放肆、不主觀、不要帶有成見，先去瞭解每個人的情況，尊重每個人的選擇。沒有人天生就想做壞事，道家基本上認爲人性本來是善良的、自然的、自己如此的，從這方面來看，就可以瞭解聖人的態度。

「爲天下渾其心」，意即使天下人的意念歸於渾然一體。「渾然一體」是指大家屬於一個生命，都是來自「道」。這個觀點爲什麼很偉大呢？因爲從「道」來看，宇宙萬物是一個整體；從「人」來看才會加以區分，分別爲不同的層次。其實，整個歷史的發展不過是泡沫而已，又何必爭得你死我活呢？我們處在同一個時空的條件裡，所做所爲卻背離了人性的原則，光在得失利害裡打轉，只爲了比別人多得到一些利益、多占一點好處，彼此之間互相計較，已經不成其爲眞正的人了。

聖人視百姓為純真小孩

「百姓皆注其耳目，聖人皆孩之」，意即百姓都努力在聽在看，聖人把他們都當成純眞的孩童。眞正的政治領袖年紀未必要很大，但是他必須有長者的心胸。在老子看來，年紀大不見得就代表肚量、修養都達到長者的風範，許多人老了之後還是毫無修養。相反的，年紀輕輕已具備某種修養是可能的，像古時候一些較爲賢明的皇帝，年紀並不大。

「聖人皆孩之」一語，有學者認爲「孩」字借爲「閡」，即「閉」之意，意即聖人要閉塞百姓耳目之聰明，進而認爲這是老子的愚民政策。但是，如此解釋何以呼應本章開頭所說的「以百姓心爲心」呢？其實，聖人並非是去束縛或約束百姓，反而是要讓他們能自由發展，不希望有什麼特定的價值觀，以免造成不必要的困擾。所以，認爲「孩」是「閡」的說法，顯然不合邏輯。

聖人對天下人無差別心

本章的聖人對「善者」、「不善者」和「信者」、「不信者」均採取無差別的態度。《聖經》裡有一句話，可以充分詮釋「無差別」：「叫日頭照好人，也照歹人；上天降雨給義人，也給不義的人。」如果講到報應的話，報應還是有，但並非我們期待的那種，眞能有求必應，世界上就沒有壞人了。因此，「無差別」就顯得很重要。聖人要做到完全沒有差別心，無論面對任何情況，都能夠接受與欣賞。其用意就在於化解相對的價值觀，並以統治者的寬容來啓發人民的善與信。

人往往受制於自己的觀念，有什麼樣的觀念就有什麼樣的行爲表現，以爲自己的才是對的，忽略了別人會有不一樣的觀念，或者認定別人的一定是錯的。在此，「德」字雖可通「得」，但仍可就其「稟賦」之意來引申，進而理解爲：稟賦展現出善——德善，以及稟賦展現出信——德信，這是進一步的解釋。

第五十章 出生入死

出生入死。

生之徒，十有三；死之徒，十有三；人之生生，動之於死地，亦十有三。

夫何故？以其生生之厚。

蓋聞善攝生者，陸行不遇兕虎，入軍不被甲兵；兕無所投其角，虎無所用其爪，兵無所容其刃。

夫何故？以其無死地。

人是從生命出發，走入死亡的。

屬於長壽的，占十分之三；屬於短命的，占十分之三；想要照顧生命，卻往往走向死亡的，也占十分之三。

這是什麼緣故？是因爲照顧生命太過度了。

聽說善於養護生命的人，在路上行走不會遇到犀牛與老虎，在戰爭中不會被兵器所傷。犀牛用不上牠的角，老虎用不上牠的爪，兵器用不上它的刃。

這是什麼緣故？因爲他沒有致命的要害。

以珍惜每個剎那來面對必死的人生

「出生入死」，意即人是從生命出發，走入死亡的。「出生入死」，現在大多用來形容一個人在戰場上很勇敢，不避艱險，將生死置之度外。從字面來看，這四個字是指每一個人從出生走入死亡的過程。

當代德國哲學家海德格有一句名言：「人是走向死亡的存有者」。這句話發人深省，人如果想到生命會結束，隨時都拿死亡做爲考量，這一生就不可能過得馬馬虎虎，而會改以嚴肅的態度面對這個必死的人生。人活在世上其實很苦，經常不願意表達自己眞正的想法，心裡總想著「以後還有時間」，也因此造成許多未竟的遺憾。

當我們抱有「人注定會死，也不知死亡何時到來」的想法，對每一剎那自然珍惜，不再過一天算一天，認眞做每件事。演變到後來，海德格的哲學變成力求「眞誠」，不過這裡的「眞誠」與儒家提到的不太一樣。

海德格的「眞誠」強調人屬於自己，因此在做選擇時要問：這個選擇是爲自己，還是爲別人而做的？我可以對此負責嗎？由「眞誠」到「負責」，海德格要人做眞正的自己，而不再虛僞。至於儒家的「眞誠」，則與良知有關。

照顧生命，不宜過度

「生之徒，十有三；死之徒，十有三」，意即屬於長壽的，占十分之三；屬於短命的，占十分之三。這是較粗糙的說法，古時候並沒有統計學做全面的研究，不過憑常識或經驗也知道，十分之三是合理的。

「人之生生，動之於死地，亦十有三」，意即想要照顧生命，卻往往走向死亡的，也占十分之三。許多人爲了想長命百歲而使用各種保養品、補品，原本想要照顧生命，結果卻適得其反，走向死亡。現代人的養生觀念正有此隱憂，而老子的建議是順其自然。這些自尋死路的人也是「十有三」。

「十有三」，是指世人有的長壽，有的短命，也有的自尋死路，這三種人大致各占三成，加起來占了十分之九。另外的十分之一，應該是指所謂的「善攝生者」，這樣的人還有十分之一，老子顯然並不悲觀。現在看來，恐怕根本沒有十分之一這麼多。

「夫何故？以其生生之厚」，意即這是什麼緣故？是因爲照顧生命太過度了。人類只要多活動就可以保持健康，如果活動少，再怎麼努力保養也沒有用，身體依舊會出狀況。現代人最容易有心血管方面的疾病，顯然也是缺乏運動的結果。

善於養護生命的人，沒有致命的要害

「蓋聞善攝生者」，意即聽說善於養護生命的人。古代很重視養生，因爲人只有一個身體，有再好的修養和學問，不好好保養還是一樣活不久。少活幾年總是不能彌補的損失，所以道家希望人能夠壽滿天年——過完自然年份而死。由於不知道死亡何時出現，更不知道什麼叫做「自然的年份」（亦即自然而然應該活幾年），這些都讓人可以去想像各種最好的情況。

「陸行不遇兕虎，入軍不被甲兵」，意即在路上行走不會遇到犀牛與老虎，在戰爭中不會被兵器所傷。中國古代的中原有很多犀牛、老虎，《孟子》裡就記載著，周武王革命之後，爲了照顧百姓而驅逐虎、豹、犀、象四種猛獸。

「兕無所投其角，虎無所用其爪，兵無所容其刃」，意即犀牛用不上牠的角，老虎用不上牠的爪，兵器用不上它的刃。

「夫何故？以其無死地」，意即這是什麼緣故？因爲他沒有致命的要害。這些話都是比喻，把犀牛、老虎、兵器當作世俗的各種爭鬥、危險。「以其無死地」，是因為他沒有任何過度的欲望，所以不會受到「兕虎」、「兵刃」（比喻世路崎嶇、人情險詐）所害。

試想，爲什麼會被人所害呢？也許因爲有被別人加害的可能性。舉競選爲例，如果不參選或作秀的話，媒體和狗仔隊怎麼會對你有興趣？同理，沒有仇人，又何必擔心有誰來報復呢？不與人爭，正如老子一再提醒：「夫唯不爭，故天下莫能與之爭」。如果不知不覺建立了一些名聲時，要把有名聲當作沒有名聲一樣。

我在外地上課時，曾經巧遇由台灣師範大學體育系教授與台大教授組成的體育教學訪問團。我並不認識這些教授，但是他們都跑來和我打招呼，同我握手。因爲他們都聽說我是個好人，至少沒有害過人，沒有跟別人明爭暗鬥過，只是認眞的寫作，長期下來形成了自己的風格。

其實不必刻意去追求什麼，就很容易自得其樂，快樂的祕訣也在此。我幾十年來讀書、寫作、做研究，從來沒有妨礙別人；如果不肯如此安於現狀，汲汲於名利，到處去開會，跟其他人討論、辯論，甚至吵架，非得要勝過別人不可，結果一定不同於今日。

我的名聲不惡的原因，就是不去與人爭逐，這正是受了道家的影響。爭到的東西，即使成功也等於失敗，因爲得罪了別人。今天得意洋洋，卻不知道別人何時會在背後惡整你。愈成功的人，就有愈多人希望看到他失敗，這也驗證了老子在第三十章所說的：「其事好還」。

第五十一章　道生之

道生之，德畜之，物形之，器成之。是以萬物莫不尊道而貴德。道之尊，德之貴，夫莫之命而常自然。故道生之，德畜之；長之育之；亭之毒之；養之覆之。生而不有，爲而不恃，長而不宰。是謂玄德。

由「道」來產生，由「德」來充實，由物質來賦形，由具象來完成。因此萬物無不尊崇「道」而重視德。

「道」受到尊崇，「德」受到重視，這是沒有任何命令而向來自己如此的。所以由「道」來產生，由「德」來充實，進而來成長來培育，來安定來成熟，來滋養來照顧萬物；

產生萬物而不據爲己有，作育萬物而不仗恃己力，引導萬物而不加以控制，這就是神奇的德。

由「道」產生，由具象完成

「道生之，德畜之，物形之，器成之」，意即由「道」來產生，由「德」來充實，由物質來賦形，由具象來完成。「畜」字作「充實」解，「德」意同獲得的「得」。

小孩一生下來就具備「德」，此「德」慢慢隨著生命的成長而成長，亦即生命不斷在充實之中。然後由物質來「賦形」——亦即按客觀事物的本來面貌描繪、刻劃其具體形象——最後由具象來完成。這四個步驟有邏輯上的先後，而沒有時間上的先後。

時間的先後與邏輯的先後要區分清楚。舉例來說，每天早上都是鬧鐘「先」響，「之後」我才起床，這是時間的先後；但是我起床是為了要進行一天的工作，設定鬧鐘只是用來叫醒我而已，並不是邏輯上的「因為」鬧鐘響，「所以」我起床。

「道生之，德畜之，物形之，器成之」則是邏輯上的先後，不要誤以為是時間上的先後，否則等於是說「道」已經產生一段時間了，「德」卻還沒充實。事實上不可能有這種情況出現，萬物沒有半成品。西諺有云：「自然界不會跳躍」，所有事情的發展都在因果聯繫的網中，沒有「偶然」。比如一個連泥土也沒有的地方，忽然長出花來，可以推知那一定是塑膠花。

神奇的「德」

「是以萬物莫不尊道而貴德」，意即因此萬物無不尊崇「道」而重視「德」。萬物崇道重德，是因爲「自己如此」的力量永遠存在。

「道之尊，德之貴，夫莫之命而常自然」，意即「道」受到尊崇，「德」受到重視，這是沒有任何命令而向來自己如此的。宇宙萬物只要存在，就是在「尊道而貴德」，無法選擇要或不要。只要存在，就表示道的力量在支撐；只要存在，就表示萬物的稟賦（德）一直在運作，這就是「夫莫之命而常自然」，亦即沒有任何命令，而是向來自己如此。

「故道生之，德畜之，長之育之，亭之毒之，養之覆之。生而不有，爲而不恃，長而不宰。是謂玄德」，意即所以由「道」來產生，由「德」來充實，進而來成長來培育，來安定來成熟，來滋養來照顧萬物；產生萬物而不據爲己有，作育萬物而不仗恃己力，引導萬物而不加以控制，這就是神奇的德。「亭」、「毒」兩字，分別譯成安定、成熟。

綜上所述，可知「道生之」，是指「道」所生者爲萬物。「德畜之」，「德」是一物得之於道者，指其本性或稟賦而言，意即充實其存在條件。「物形之」，是指由形以見物，有物才有形；有一物之形，則不能有他物之形。「器成之」，「器」是指具體的萬物，也是我們感覺及思考的對象，亦即最後的具體條件是由具象來完成它，因爲任何一樣東西呈現出來時，都是具象。

「道」受到尊，「德」受到貴，正好反映了萬物接受存在與肯定存在的客觀事實，「自然」是指自己如此，非由外力。

本章以「器成之」取代「勢成之」，是根據帛書甲本、乙本而改。可與第二十八章的「樸散則爲器」一語做對照。把「器」當作具體的物象較爲合理，換成「勢」字較難理解，會以爲是講趨勢，或某種力量的表現，這是與王弼的版本不同之處。

第五十二章　天下有始

天下有始，以爲天下母。
既得其母，以知其子；
既知其子，復守其母，沒身不殆。
塞其兑，閉其門，終生不勤。
開其兑，濟其事，終生不救。
見小曰明，守柔曰強。
用其光，復歸其明，無遺身殃；
是爲襲常。

天下萬物有一個起源，就以它做爲天下萬物的母體。
把握了做爲母體的，可以由此認識它的孩子；

認識了做爲孩子的，再回去持守著母體，那麼至死都不會陷於危險。
塞住感官的出口，關上欲望的門徑，終生都沒有病痛。
打開感官的出口，滿足欲望的目標，終生都不可救治。
能夠察見細微，稱爲啓明；能夠持守柔弱，稱爲堅強。
運用理智的光亮，返回到啓明的境界，不會給自己帶來災害，
這叫做保持恆久的狀態。

有名萬物之母，無名萬物之始

「天下有始，以爲天下母。既得其母，以知其子；既知其子，復守其母，沒身不殆」，意即天下萬物有一個起源，就以它做爲天下萬物的母體（這一句話證明第一章「無名，萬物之始；有名，萬物之母」，都在講同一個萬物，所以，可以用「無名」、「有名」說其「始」與其「母」）；把握了做爲母體的，可以由此認識它的孩子；認識了做爲孩子的，再回去持守著母體，那麼至死都不會陷於危險。

「天下」在此是指天下萬物。「母」與「子」都是比喻，「子」代表萬物，「母」代表「有名」（「有名萬物之母」），「有名」來自「無名」（「無名萬物之始」），再上溯

到「常名」，「常名」再來自於「道」。老子的思想在這些地方可以互相印證。

「既得其母，以知其子」，因爲母體是「有名」，宇宙萬物的出現關鍵在於有名字。人類一發現新事物，就會先取名字。比如小孩出生以後，一定會取名字，這個名字可能被叫一輩子。這說明了名字就是一個「母」；有了「母」，就有被稱做這個名字的主體，亦即「既得其母，以知其子」。

「既知其子，復守其母」，是指對任何一樣個別的萬物，瞭解後就要回到它做爲「有名」的普遍性。一個人，不是一個普通的生物，是屬於「人類」的一份子，既然做爲人，回到他的共名——人類，就有一定的要求與表現，亦即不能做出禽獸的行爲。這就叫做「既知其子，復守其母」，回到它的「有名」的普遍性裡面，讓個體性回歸普遍性；再從普遍性瞭解個體性。

舉個例子，把一種動物稱爲「熊貓」，表示牠屬於貓科；稱之爲「貓熊」，表示牠屬於熊科。從物的名字就知道它大概屬於哪一類，這是「從普遍性去瞭解個體性」。比如我們看到一隻貓，卻覺得這隻貓不像貓，動作和叫聲都像狗一樣，是不是基因錯亂？此一疑問的產生，是因爲先對貓這種動物有了普遍的認識，知道貓的特質，可以把握牠的個體性。叫牠貓之後，就知道這隻貓應該如何表現，這就叫「從個體性回到普遍性」。這是老子思維的一個基本原則。

名實相符，終生不會陷於危險

「沒身不殆」，是指這一生至死都不會陷於危險，前提是做到名實相符。宇宙萬物出現之後就有了名稱，每個名稱都有一定的範圍，對植物、動物，甚至對人的行爲，都有限制。知道有限制，就不會過分；反之，不知有限制，一直想要達到過分的程度或想要做超人，比如尼采（Friedrich Nietzsche），他宣揚超人理想，最後發瘋了。當然，我並不是說想做超人就會發瘋，只是尼采正好發瘋罷了。西方哲學家經常開玩笑說：尼采說上帝死了，上帝說尼采瘋了。尼采眞的瘋了，那麼，上帝死了沒有？瘋人說的話自然不能當眞，所以上帝還在。

塞住感官與打開感官，結果不同

「塞其兌，閉其門，終生不勤」，意即塞住感官的出口，關上欲望的門徑，終生都沒有病痛。「兌」即感官的出口，一般所謂的七竅。「勤」借爲「瘽」字，是指病痛。下文的「終生不救」與之對應。

「開其兌，濟其事，終生不救」，意即打開感官的出口，滿足欲望的目標，終生都不可救治。

「終生不勤」、「終生不救」，這兩句話很令人震撼。感官欲望的活動是最明顯的，人平常都靠著感官在生活，看到、聽到之後就會產生欲望，起心動念，然後陷入困難，再設法去補救。如此一天過一天，一年又一年，每日都重複這個模式，直到最後生命終結，這眞是很可惜的事。人本來就容易建立習慣性的生活模式，不知不覺時間就過去，要回頭也已經來不及了。

持守柔弱才是真堅強

「見小日明，守柔日強」，意即能夠察見細微，稱爲啓明；能夠持守柔弱，稱爲堅強。「守柔」不容易，持守柔弱才是眞正的堅強。

眞正的勇敢是什麼呢？「見小日明，守柔日強」，這是老子一貫的立場。後文還會提到「勇於敢則殺」，所以要勇於「不敢」，公開承認自己不敢，這需要更大的勇氣。人要衝動實在容易，在大街上隨處可見這類的畫面，看不順眼就起爭執、打打殺殺，這些都是動物性的表現，像這種「暴虎憑河，死而無悔」的匹夫之勇，實在是浪費生命。

第二種是側重內在的勇敢。這就比如打仗時表現英勇，是因爲不在乎勝敗，只在乎該不該打仗。

還有一種勇敢，就是孔子說的：「自反而縮，雖千萬人，吾往矣。」意即覺得自己錯的時候，就連面對一個平凡的百姓我都會感到害怕；覺得自己對的時候，雖然有千萬人我都不在乎，這才叫眞正的大勇。以上三種勇敢，請參考《孟子・公孫丑上》。

運用理智光亮，返回啓明境界

「用其光，復歸其明」，意即運用理智的光亮，返回到啓明的境界。「光」是指理智的光，「明」是指智慧的明，叫做啓明。「光」與明不一樣，在《老子》裡面是代表理智的光亮，亦即多方學習，多所瞭解，就好像開著燈，看東西會比較清楚，但這只是指出路線而已，最後還是要返回啓明的境界，所以「明」顯然比「光」更重要。

「無遺身殃，是爲襲常」，意即不會給自己帶來災害，這叫做保持恆久的狀態。

本章可以同第一章有關的部分對照。第一個字是「始」，接著提到「母」，第一章裡「無名，萬物之始；有名，萬物之母」，「始」與「母」是連在一起的，因此不能說「無名，天地之始；有名，萬物之母」。在考慮文本章句時，也就不採用王弼的版本，而改採帛書本、竹簡本的說法，也就是兩句話都用「萬物」一詞，因爲「萬物之始」與「萬物之母」是指同一件事不同的角度。「無名」代表「始」，「有名」代表

「母」，有母才有子，有子必有母，這兩者是連在一起的。

老子的「明」字極爲重要，可以綜合參考，如「知常曰明」（第十六章、五十五章）、「不自見，故明」（第二十二章）、「自見者不明」（第二十四章）、「自知者明」（第三十三章）。我們將「明」理解爲「啓明」，意在肯定那是「知」的最高境界，亦即由悟「道」所得的智慧。

老子的「光」字，側重於理智之光這一方面，所以會說「和其光」（第四章、五十六章），「光而不耀」（第五十八章），以及本章的「用其光」，皆有工具或手段之意，而須另立其他更重要的目的。

綜上所述，「天下有始，以爲天下母」，這句話提醒我們「無名，萬物之始；有名，萬物之母」，「始」代表起源，萬物不是自有的，而是有其來源，叫做「道」。母與子是相對的概念，正如「有名」不能脫離萬物而出現，不能說有一個名稱，但沒有相對應的東西。「有名」和「萬物」不能夠分開。既然如此，我們就須由變化不已的萬物回歸於母體，也就是回歸於「道」，這樣才沒有任何災害。所以「沒身不殆」、「無遺身殃」兩句，都強調怎麼樣才是眞正的安全。

從前面的「沒身不殆」，到後面的「無遺身殃」，可以知道老子的想法：希望我們平安過日子，這一生都長保太平。

第五十三章 使我介然有知

使我介然有知，行於大道，
唯施是畏。
大道甚夷，而人好徑。
朝甚除，田甚蕪，倉甚虛；
服文綵，帶利劍，厭飲食，財貨有餘；
是爲盜夸。
非道也哉！

假設我確實有所認識，就會順著大道走去，
唯一擔心的是誤入歧途。
大道很平坦，可是人君卻喜歡走斜徑。
朝廷很腐敗，田園很荒蕪，倉庫很空虛；

卻還穿著錦繡衣服，佩帶鋒利寶劍，飽餐精美飲食，財貨綽綽有餘，這叫做強盜頭子。

根本不是正途啊！

順著大道，不誤入歧途

本章描述人間的亂象。

「使我介然有知，行於大道，唯施是畏」，意即假設我確實有所認識，就會順著大道走去，唯一擔心的是誤入歧途。「介然」有兩種解釋，其一，一般解釋成「微小」；其二，表示「堅固」。若依「知」與「行」必須配合來看，以作「堅固」（確實）爲宜；若作「微小」解，只有程度上的考量，又與「知」不太合拍，總不能解釋成瞭解得很微小。「唯施是畏」的「施」（音「移」）是指斜行。

人君喜走斜徑非正途

「大道甚夷，而人好徑。朝甚除，田甚蕪，倉甚虛；服文綵，帶利劍，厭飲食，財貨有餘；是謂盜夸。非道也哉」，意即大道很平坦，可是人君卻喜歡走斜徑。朝廷很腐敗，田園很荒蕪，倉庫很空虛，卻還穿著錦繡衣服，佩帶鋒利寶劍，飽餐精美飲食，財貨綽綽有餘，這叫做強盜頭子。根本不是正途啊！「而人好徑」王弼本作「而民好徑」，但是下文所論針對人君而言，不宜作「民」，「徑」有斜而不正之意。

「朝甚除」，「除」借爲「汙」，是指腐敗。「盜夸」一詞，在《韓非・解老》作「盜竽」，所謂「竽爲眾樂之倡，一竽唱而眾樂和。大盜倡而小盜和，故日盜竽。」在此「盜竽」有盜魁之意。而我們經常提到「濫竽充數」的「竽」字，則是指一種樂器。

本章是由反面來說正面，就是指出「我」的做法一定與「人君」的做法不同。這些現象與台灣這幾年的處境很類似，面對失業率愈來愈高、財政日益困難，某些政治人物與企業領袖，依舊錦衣玉食，出入以名車代步，實非正途。

「我」的角色與「聖人」類似，都是要照顧百姓，使百姓活得安全而愉快。但是，「人君」卻像個強盜頭子，作威作福、錦衣玉食。這種情況不合乎「道」的規律，遲早會天下大亂的。

第五十四章 善建者不拔

善建者不拔，善抱者不脫，子孫以祭祀不輟。修之於身，其德乃眞；修之於家，其德乃餘；修之於鄉，其德乃長；修之於邦，其德乃豐；修之於天下，其德乃普。故以身觀身，以家觀家，以鄉觀鄉，以邦觀邦，以天下觀天下。吾何以知天下然哉？以此。

善於建立的不可拔除；善於抱持的不會脫落；子孫依此原則，可以世代享受祭祀。

這種修養用於自身，德行就會眞實；用於家庭，德行就會有餘；用於鄉里，德行就會長久；用於邦國，德行就會豐盛；用於天下，德行就會普遍。

所以，要從我的自身去觀察別人，從我的家庭去觀察別的家庭，從我的鄉里去觀察別的鄉里，從我的邦國去觀察別的邦國，從我的天下去觀察別的天下。

我怎麼知道天下的情況呢？就是用這種方法。

按各自不同身分修德才有效果

「善建者不拔，善抱者不脫，子孫以祭祀不輟」，意即善於建立的不可拔除；善於抱持的不會脫落；子孫依此原則，可以世代享受祭祀。這句話反映出古代的人對於祭祀十分重視，認為家庭就是靠著子孫一代代的祭祀，使香火綿延不絕，這也代表能夠平安過日子，謹守分寸走在正路上。

「修之於身，其德乃眞」，意即這種修養用於自身，德行就會眞實。「身」是指自己，古時候「身」與「自我」相通。德行必待實踐，才會產生效果，所謂「富潤屋、德潤身」是也。

「修之於家，其德乃餘」，意即用於家庭的話，德行就會有餘。這是古代的想法，亦即「積善之家，必有餘慶」（《易傳．坤卦》），是指一個家族的人都行善，一定會有多餘的吉慶，反之則是「積不善之家，必有餘殃」，「殃」意即災難。

「修之於鄉，其德乃長」，意即用於鄉里，德行就會長久。因爲同鄉里的人大都安土重遷，幾十年甚至幾代都住在同樣的地方，一代代長期相處，德行自會綿延。

「修之於邦，其德乃豐」，意即用於邦國的話，德行就會豐盛。這當然是諸侯才有的機會。此處的「邦」字，在帛書乙本改爲「國」，是爲了避劉邦的諱。

「修之於天下，其德乃普」，意即用於天下，德行就會普遍。因爲天下是天下人的天下，德行自然會普遍。

以上是講「修之於誰」，分別修之於「身、家、鄉、邦、天下」；而儒家的說法則爲「修身、齊家、治國、平天下」。老子認爲不同的人按各自的身分去修德，看看是否能夠配合生效，不能配合就會出現問題，換句話說，修德也要求名實相符。

「德」的五種狀況

本章所謂的「善建」、「善抱」皆指正確的「修」而言。所修者可以由自身推及天下，而其效應則在於「德」，由此說明人的世界和其他動物的不同。其他動物一出生就具備了「德」，屬於自然的秉賦，根本不需要「修」。比如一隻貓再怎麼修練也不會變成老虎，只可能養成胖貓而已。所以，只有人的世界才有「修」的問題。

老子提倡修德，實則是要人無爲，按照自己的「德」——天生的稟賦、本性去修，而非另外再去追求什麼，這是個重要的觀念。但真正的「無爲」並非希望大家不要讀書、考試、升學，變成無所作爲，而是必須修德——修之於身、家、鄉、邦、天下，「德」才能「眞」，能「餘」，能「長」，能「豐」，能「普」，如此一來，就不會因向外競爭而造成不良的後果，也不會發生各種複雜的後遺症。

「其德乃眞、其德乃餘、其德乃長、其德乃豐、其德乃普」，「德」有這五種狀況，翻譯時可以翻譯成「德行」，以表示它的可變性。不過「德行」並非針對「善」而言，這正是老子思想的特色所在。道家的「德」字原意爲「得」，就其「得之於己，亦可得之於人」而言，可以說它是指「德行」。

假設一個人所修的是自己的稟賦，而不是去追求外在的各種成就或欲望的滿足，自不會發生與人競爭的問題，這樣的人是一個「眞人」。莊子很喜歡描述眞人、至人、神人，都與這樣的表現有關。眞人、神人、至人都需要修養，愈修自己的「德」，愈能凝聚大家的共同觀點，可以相互欣賞，這是一種共同有利的情況。由此可見，道家的「德」本來是指獲得，並未涉及道德含義。

所以，做一個眞實的人，維持本性，保存稟賦，不向外追求，不與人競爭，自然受人歡迎，反而可以達成更長遠的效果，這就是老子的用意所在。反之，一天到晚光想討好別人，努力地做了很多事，也不見得有效，因爲人的欲望是無窮的，永遠都沒有滿足的時候。

「知天下」的觀察法

「故以身觀身」，意即所以，要從我的自身去觀察別人。第一個「身」是指自己，第二個「身」是指別人。每個人都有自己的身體，也有各自的自我，明白了這一點，就等於肯定「恕道」。「如心」爲恕，亦即人要將心比心。爲什麼「不出戶，知天下」？因爲家庭就等於整個世界的縮影，與家中的兄弟、姊妹、父母、子女相處得好，到社會上也能與人相處得好。

「以家觀家」，意即從我的家庭去觀察別的家庭。有時候看到別人的家庭狀況，會覺得奇怪而不解。但事實上，每個家庭在別人眼中難免都有奇怪之處，只是我們身在其中而不知其怪而已。

「以鄉觀鄉」，意即從我的鄉里去觀察別的鄉里。比如住在高雄市，就從高雄市的角度去看台北市，很快會發現高雄市需要興建一個大眾捷運系統，來改善交通問題。台北市的捷運維持得非常好，通車後，對抒解北市的交通大有裨益。「以鄉觀鄉」，可以由此互相對照，進而截長補短。

「以邦觀邦」，意即從我的邦國去觀察別的邦國。比如從台灣的角度觀察英、美兩國，將會發現兩國的政治形勢大同小異，都有兩黨在激烈競爭。由競爭的激烈程度，可以想像兩國的情勢如何，比較兩國之間的優劣，從中學習，台灣的競爭力才會往上提升。

「以天下觀天下」，意即從我的天下去觀察別的天下。從我這個時代觀察別的時代，可以知道天下的情況。這一章補充說明第四十七章「不出戶，知天下；不窺牖，見天道；其出彌遠，其知彌少」，並與之對照比觀。

「吾何以知天下然哉？以此」，意即我怎麼知道天下的情況呢？就是用這種方法。

綜上所述，「德」做爲本性或稟賦，在「觀」時就可以以己通人，然後「不出戶，知天下」是可能的。並且由今日之天下，可以推知其他時代的天下。

現在是眞正的民主時代，人權受到法律的保障，言論自由，不用避諱。以前看到「邦」字就要改成「國」，「恆」字要改成「常」，都是爲了避皇帝名諱，除了增加解釋的麻煩，還造成念書人很大的困擾。我們有時候難免羨慕古代，覺得那時彷彿黃金時代，其實這只是一廂情願的幻想而已。

只要瞭解自己，就可以瞭解天下人。比如看到某種環境覺得羨慕，就應該知道別人也會羨慕，這就是「以己度人」。經常從全局來檢視自己的處境，生命就會顯得開闊，不再自怨自艾，認爲自己很倒楣，我們皆是芸芸眾生之一，不要過分誇大自己的遭遇。所以，從「道」來看萬物萬象，比較容易化解一般所謂的執著。

第五十五章 含德之厚

含德之厚，比於赤子。毒蟲不螫，猛獸不據，攫鳥不搏。骨弱筋柔而握固，未知牝牡之合而朘作，精之至也。終日號而不嗄，和之至也。

知和曰常，知常曰明。益生曰祥。心使氣曰強。物壯則老，謂之不道，不道早已。

保存稟賦若是深厚，就像初生嬰兒一樣。毒蟲不叮刺他，猛獸不抓咬他，凶禽不撲擊他。他筋骨柔弱，可是拳頭握得很緊；還不懂得男女交合，可是小生殖器自動挺起；這是專注到極點的緣故。他整天號哭，喉嚨卻不會沙啞，這是和諧到極點的緣故。

懂得和諧，叫做恆久；懂得恆久，叫做啓明。貪求生活享受，叫做災殃；意念操縱體力，叫做逞強。

事物壯大了就會衰老，這稱爲不合乎「道」，不合乎「道」很快就會結束。

有些人以本章做爲修練工夫的參考。

保存稟賦如嬰兒，萬物不傷

「含德之厚，比於赤子。毒蟲不螫，猛獸不據，攫鳥不搏」，意即保存稟賦若是深厚，就像初生嬰兒一樣。毒蟲不叮刺他，猛獸不抓咬他，凶禽不撲擊他。

「含德之厚」，「德」是指稟賦和本性，每個人生下來都有他天生的條件，並不涉及德行。「比於赤子」，「赤子」是指很小的孩子，仍然處於人的原始狀態，與物無爭，也不受其害。因爲皮膚都是白裡透紅，尤其是初生嬰兒，因此稱「赤子」。

毒蟲、猛獸、凶禽何以對小孩如此客氣呢？成年人習慣採取攻擊與防禦的心態，而動物是很敏感的，比如風景區的鴿子，本來在人的腳邊跳來跳去，當人想伸手抓牠時，牠立即飛走。這是因爲人心念一動，就產生一股殺氣，自己無法察覺，但是動物不僅對人類的行動或動作敏感，也能馬上察覺出人類的殺氣，而趕緊避開危險。

那麼，如果把小孩子放在森林裡面，動物會不會咬他呢？這很難說，誰都不敢冒險試驗。只能說孩子沒有心機，對其他動物不會造成任何傷害或發動攻擊，所以動物也不會主動傷害他。其實動物不會隨便傷害其他動物，除非是爲了滿足飢餓的需求。

專注到極點，和諧到極點，才能恆久

「骨弱筋柔而握固。未知牝牡之合而朘作，精之至也」，意即他筋骨柔弱，可是拳頭握得很緊；還不懂得男女交合，可是小生殖器自動挺起；這是專注到極點的緣故。這是老子的觀察，也是客觀的事實。小男孩在一、兩歲的時候，會有這樣的反應，雖然整個人才那麼一丁點大，不過六、七公斤，生命力卻凝聚在一起，內斂外盛，然後逐漸長成大人。

「終日號而不嗄，和之至也」，意即他整天號哭，喉嚨卻不會沙啞，這是和諧到極點的緣故。

「精之至」與「和之至」兩者分指「專注」與「和諧」，而不必界定爲「精氣」與「和氣」。

「知和曰常，知常曰明」，意即懂得和諧，叫做恆久；懂得恆久，叫做啓明。

「益生日祥，心使氣日強」，意即貪求生活享受，叫做災殃；意念操縱體力，叫做逞強。

「益生日祥」，「祥」字本來是指吉祥，但它也指「妖祥」——災疫。「心使氣日強」，「心」是指意念，「氣」是指體力而言。「心使氣」，亦即讓欲望帶著自己去有所作爲，這就是在逞強。

以「敝而新成」取代「物壯則老」

「物壯則老，謂之不道，不道早已」，意即事物壯大了就會衰老，這稱爲不合乎「道」，不合乎「道」很快就會結束。「物壯則老」，一朵花開得太滿了，下一步就是凋零。人也是一樣，發展到極點，接下來一定走下坡。社會上發生的每件事都有它的趨勢，一個國家、一個政黨也是如此，壯大了之後就會衰老，這稱爲不合乎「道」。

所以，必須要做到「敝而新成」，經常讓自己處在一種不理想的、有待改善的狀態，如此才能持續上進。人生是一個走向完美的過程，一旦抵達完美，就開始往下走了，這是老子觀察世事後的心得。

第五十六章 知者不言

知者不言，言者不知。

塞其兌，閉其門，挫其銳，解其紛，和其光，同其塵，是謂玄同。

故不可得而親，不可得而疏；不可得而利，不可得而害；不可得而貴，不可得而賤。

故爲天下貴。

瞭解的不談論，談論的不瞭解。

塞住出口，關上門徑，收斂銳氣，排除紛雜，調和光芒，混同塵垢，這就是神奇的同化境界。

所以人們無從與他親近，也無從與他疏遠；不能讓他得利，也不能讓他受害；無法使他高貴，也無法使他卑賤。

因此他受到天下人重視。

瞭解的不談論，談論的不瞭解

「知者不言，言者不知」，意即瞭解的不談論，談論的不瞭解。與人談論時難免各持己見，覺得自己說的才有道理。其實眞正瞭解的心得往往說不清楚，比如禪宗悟「道」，所悟者不可說，一說就變了樣，因爲其對象是「道」；如果對象是杯子、桌子、椅子，就沒有瞭解與否的問題。「知者不言，言者不知」，何以如此？因爲所知與所言的內容是「道」。其後的「是謂玄同」，正好反映了「道」的混成狀態。

「知者不言」也見於《莊子》，先後出現過兩次，可見道家喜歡強調這個概念。我在參加學術會議時發現，提出任何觀點都有人表示反對，討論到最後，沒有人敢說自己全是對的。這種學術討論會往往愈討論愈沒趣味，學者們還可以回去繼續做研究，一般聽眾就如墜入五里霧中，不知眞相究竟爲何。有時候書讀的愈多愈覺得迷惑，連孟子也說「盡信書不如無書」，相信書上所寫的一切，容易忽略日常生活所見，而這其中可以實踐的部分，才是一切知識的來源。歌德說過：「朋友，知識是灰色的，生命的樹是常青的。」打開書本白紙黑字，是灰色的；生命才是常青的，充滿活力。

神奇的同化境界

「塞其兌，閉其門，挫其銳，解其紛，和其光，同其塵」，意即塞住出口，關上門徑，收斂銳氣，排除紛雜，調和光芒，混同塵垢。我們都知道要調和光芒，不要太明亮，太明亮容易對別人造成壓力。「混同塵垢」，亦即與人不要太計較、過於分別彼此，要隨順大家的狀況，一個人太顯眼的話，其他人會很尷尬。

「是謂玄同」，意即這就是神奇的同化境界。「玄」即神奇，「同」就是混同、同化。

「故不可得而親，不可得而疏；不可得而利，不可得而害；不可得而貴，不可得而賤。故爲天下貴」，意即所以人們無從與他親近，也無從與他疏遠；不能讓他得利，也不能讓他受害；無法使他高貴，也無法使他卑賤。因此他受到天下人重視。「親、疏、利、害、貴、賤」這六點剛好兩兩相對：有親就有疏，有利就有害，有貴就有賤。

其一，「不可得而親，不可得而疏」，光看這一句就讓人深思，人們無從與他親近，因爲他好像高高在上、不問世事；也無從與他疏遠，因爲他好像單純平常、與人無異。

其二，「不可得而利，不可得而害」，亦即不受外來的評估所影響。像莊子說的「舉世而譽之而不加勸」，天下人都稱讚他，也不會使他更振作；反之，天下人都批評他，也不會使他更沮喪。由此可以發現，無論如何都不能使他得利，也不能使他受害，因爲他本身圓滿自足，與「道」同在，還有什麼缺乏的呢？

其三，「不可得而貴，不可得而賤」，因爲「道」無所不在，所以他本身的態度沒有貴賤之分，自然而包容一切。

「玄同」之後，有連續六個「不可得」，這是因爲一切皆無分別，亦即「玄同」，都同化於一個「道」中，還有什麼「親、疏、利、害、貴、賤」可以計較的呢？所以，道家化解「分別心」和「計較心」，並不是爲了與人爲善或肯定鄉愿，而是希望大家都因爲覺悟了「道」而不要在乎。從「道」看來，原本就沒有什麼「貴賤、利害、得失」之分，因此不必特別在意。

「道」不是自然主義

我們傳統文化裡的道家思想，亦即老子的思想，兩千多年以來，曾經被正確理解過嗎？細數中國歷史上的人物，只有少數的詩人、作家欣賞老莊思想，但是他們往往將之視爲自然主義的觀點。比如「人生到處知何似，應似飛鴻踏雪泥。泥上偶然留指爪，鴻飛哪復計東西？」這是蘇東坡傳誦千古的的傑作，然而讀來備感凄涼，既寂寞又無奈。這基本上屬於虛無主義的心態，感嘆生命的無常，最後終究要消失。這種感嘆誰不會呢？透澈瞭解道家的人，就知道此「道」不等於大自然，而是「獨立而不改，周行而不殆」，如果只有這種自然主義的思想，而不明白眞正的「道」，最後注定會變成虛無主義，因爲自然界也注定消滅，有開始就有結束。

覺悟真實的「道」，化悲情為喜悅

然而，如果能從這裡轉引出對永恆的「道」的信念，就能夠像莊子一般快樂逍遙了。莊子爲什麼可以快樂逍遙呢？我們可以先從佛教來談。佛教基本上主張出世，認爲世間的一切是由「業」（由前世作爲所決定的執著狀態）所形成，如果「業」沒有消解，就只好繼續輪迴，再進入世間。所以，活在世間的原則是不要執著，要化解對世間萬物的各種執著。如此一來，人就不能享受這個世界，而要設法避開。

但道家的主張不同，比如莊子就非常享受這個世界。《莊子》裡的寓言都是描述他與自然界的結合，莊子一做夢就夢到蝴蝶，看到魚從容出游就覺得快樂，充分展現了悅樂精神，與佛教不一樣。但是，他們在強調透過智慧來覺悟上是類似的。佛教要求覺悟，道家也希望覺悟，只不過佛教的覺悟在於「觀空」，亦即不執著於色相上面，而道家的覺悟在於覺悟眞實的「道」。所以，莊子要「上與造物者遊」，這個造物者就是指「道」，「道」是萬物的來源，同它一起遊玩，生命怎麼會落空呢？「善吾生者，乃所以善吾死也」——能夠讓我好好有這麼一個生命的，也可以好好讓我的生命結束。這樣一來，就把人生的悲情轉化爲喜悅之情，這正是道家高明的地方。

有些人會認爲，道家不是宗教，無法解釋死後會去哪裡。但是，死後去哪裡眞有這麼重要嗎？眞正重要的應該是如何去瞭解眼前的人生。

那麼，道家會不會遷就人間的各種黑暗？也不至於如此，道家是對「善者」、「不善者」都給與機會，做法是：「善者吾善之，不善者吾亦善之，德善」，「信者吾信之，不信者吾亦信之，德信」。如果可以體悟道家思想，隨時都能保持喜悅的感覺——活著眞是快樂，死了也不必難過，不過是回家鄉去了。既然我本來並不存在，過去不存在，將來也不存在，那麼當下的生命爲什麼不好好地活著呢？

「生年不滿百，常懷千歲憂」，這也是詩人的手筆。學了老莊之後，就能體驗因爲瞭解而來的喜悅，亦即不再執著。但這並不代表生命是空的，也不代表將來是一片虛無，好像人生什麼都把握不住。老莊的意思是，人生本來就把握不住，何必以假爲眞，把會變化的當成永遠不變的，妄想抓住財富、抓住感情、抓住名利權位，到最後不免是一場空。除非能抓住「道」，不然其他一切都是空的，只是虛幻的假象。

本章從第一句「知者不言，言者不知」就可以總括後面所說的一切，至於「親、疏、利、害、貴、賤」，是在描寫外在的一切因素對它沒有任何影響。莊子主張「重內輕外」，到最後則是「有內無外」。一個人只要瞭解了「道」，就會有內在的信心，即使不爲天下人所知，依然可以保有快樂。

第五十七章　以正治國

以正治國，以奇用兵，以無事取天下。
吾何以知其然哉？以此。
天下多忌諱，而民彌貧；
民多利器，國家滋昏；
人多伎巧，奇物滋起；法令滋彰，盜賊多有。
故聖人云：我無爲而民自化；我好靜而民自正；我無事而民自富；我無欲而民自樸。

用正規方法治國，用出奇謀略作戰，用無所事事才可取得天下。
我怎麼知道是這樣的？是根據以下的事實。
天下的禁忌多了，人民就愈貧窮；

民間的利器多了，國家就愈混亂；
人們的技巧多了，怪事就愈增加；
法令訂得愈細，盜賊反而變多。
所以聖人說：「我無所作爲，而人民自行發展；我愛好清靜，而人民自己端正；我無所事事，而人民自然富足；我沒有欲望，而人民自求眞樸。」

「以無事」取得天下

「以正治國，以奇用兵，以無事取天下」，意即用正規方法治國，用出奇謀略作戰，用無所事事才可取得天下。用正規方法治國，代表治國一定要用憲法，用出奇謀略作戰是作戰的一種考量。「取」在此是指取得天下。

「吾何以知其然哉？以此」，意即我怎麼知道是這樣的？是根據以下的事實。

忌諱愈多，人民愈窮

「天下多忌諱，而民彌貧」，意即天下的禁忌多了，人民就愈貧窮，這句話至今仍可驗證。比如對住在山邊的百姓說，這座山裡不能去，因爲有山神坐鎭，那麼，百姓該如何靠山吃山來謀生呢？對住在海邊的百姓說，不能去海邊，因爲有海神坐鎮，那麼，靠海吃海的漁民該如何謀生呢？禁忌一多，不但自然界的資源無法充分利用，人自身也無法發揮潛能。中國古代的人認爲女孩子不能讀太多書，實在是奇怪的想法。而伊斯蘭教認爲，如果家裡的錢只夠讓一個小孩去讀書，就讓女兒去，因爲女兒是將來外孫的媽媽。立意雖佳，但宗教的理想顯然與現實社會脫節，在信仰伊斯蘭教的地區，依然有重男輕女的現象。

利器愈多，國家愈亂

「民多利器，國家滋昏」，意即民間的利器多了，國家就愈混亂。「利器」是指投機取巧的手段，亦即大家都懂得鑽法律漏洞的方法，國家當然愈來愈混亂了。以台灣的十大通緝犯爲例，裡頭總有幾個是政治人物或企業家。過去的通緝犯大都長得橫眉豎目，一望即知非善類；現在的通緝犯多半長相斯文、和藹可親，這是因爲「利器」多了，社會也就日益混亂了。

技巧愈多，怪事愈增

「人多伎巧，奇物滋起」，意即人們的技巧多了，怪事就愈增加。「伎」通

「技」。台灣的電視節目裡面，經常出現很多穿著奇裝異服的人，大都是算命、看相、看風水的，這些人年紀並不大，但個個話說得神乎其妙，我一聽就頭昏腦脹，覺得他們是大白天在做夢。但是他們出現在電視節目的比例愈來愈高了，這也代表收視率很高，才會一再被製作單位邀請，這也只能說台灣「怪、力、亂、神」的事愈來愈多。

法令愈細，盜賊愈多

「法令滋彰，盜賊多有」，意即法令訂得愈細，盜賊反而變多。有些時候盜賊是被逼出來的，亦即古代的「官逼民反」；或者因爲法律訂下來之後大家都難免有錯，百姓就會鑽法律的漏洞，盡可能的設法避開法令，但是一不小心就可能變成盜賊了。

聖人的所做所為，皆來自悟「道」

「故聖人云：我無爲而民自化；我好靜而民自正；我無事而民自富；我無欲而民自樸」，意即所以聖人說：「我無所作爲，而人民自行發展；我愛好清靜，而人民自己端正；我無所事事，而人民自然富足；我沒有欲望，而人民自求眞樸。」因爲無爲，什麼都不做，百姓就會自己去發展。在此，「我」是指統治天下的聖人。

「以正治國，以奇用兵」，這兩者搭配使用，可以獲得一定的效益，但是，若要取天下則須「以無事」。忌諱多了，人民動輒得咎，無法發揮智力，自然陷於貧困；利器多了，人民借此牟利，彼此鉤心鬥角，國家難免混亂；技巧多了，人民求新求變，花樣層出不窮，邪僻怪事日增；法令多了，有如天羅地網，無人可以倖免，大盜小賊叢生。這四句話是對稱的。

聖人之「無爲、好靜、無事、無欲」，皆來自悟「道」。從「道」的角度來看，一切「有爲、好動、有事、有欲」，最後都會回歸於虛無，既然如此，何必自尋煩惱呢？刻意去做的事都是勉強，勉強到最後結束了，還是什麼都沒有。

我們經常會有這樣的體驗：早上起來的時候會想，不管昨天過得多麼緊湊或無聊、高興或不快、成功或失敗，早上起來都是嶄新的一天。新的一天有一股平旦之氣、清明之氣，感覺自己心裡很平靜。人生不管再怎麼熱鬧，最後還是要回歸到早上起來的那一剎那——平平靜靜，所有的一切無異於過眼雲煙。

人在睡眠的時候會做夢，那是很特別的世界，直到現在人類還無法完全瞭解。睡覺的時候失去意識，好像把今天的一切都忘記了，進入另外一種生命的狀況。做夢的時候是不是還活著呢？這是很多人探討的問題。做夢時變成另外一個人，發生了許多事都跟眞的一樣，到底哪一邊才是眞的呢？等到夢醒之後，新的一天又開始了。由此可知，人不必自尋煩惱。

達到這種境界並不容易，有些人把這種狀況當作藉口，認爲這輩子隨隨便便過去，責任沒盡完、事情沒做成，也就算了吧！坦白說，設定一個目的，努力奮鬥是過一生；沒有設定目的，每天輕輕鬆鬆也是過一生。哪一個才是對的呢？很難取決，因爲每個人都各有其立場。從這些立場裡，可以判斷出他對「道」抱有什麼樣的態度。

第五十八章 其政悶悶

其政悶悶，其民淳淳；其政察察，其民缺缺。
禍兮，福之所倚；福兮，禍之所伏。
孰知其極？其無正也。正復爲奇，善復爲妖。
人之迷，其日固久。
是以聖人方而不割，廉而不劌，直而不肆，光而不耀。

爲政者粗疏，人民就淳厚；爲政者苛細，人民就狡詐。
災禍啊，幸福緊靠在它旁邊；幸福啊，災禍潛藏在它裡面。
誰知道究竟是怎麼回事？禍福是沒有一定的，正常會再變爲反常，善良會再變爲邪惡。
人們的迷惑，已經很久了。
因此，聖人方正而不會生硬勉強，銳利而不會傷害別人，直率而不會無所顧忌，明亮而沒有耀眼光芒。

為政貴在粗疏

「其政悶悶，其民淳淳」，意即爲政者粗疏，人民就淳厚。「其政」、「其民」二者相對。「粗疏」是指粗枝大葉，不要管得太緊。爲政的人千萬不要以爲自己聰明，因爲「上有政策，下有對策」，政治人物看起來樸拙反而是好事，這樣人民就會比較淳厚。人情最怕澆薄，爲政最怕刻薄，一刻薄就會傷害人心，盡量管得寬鬆一點，不要要求太苛。

「其政察察，其民缺缺」，意即爲政者苛細，人民就狡詐。這句話可以與上一句對照來看。

禍福相倚

「禍兮，福之所倚；福兮，禍之所伏」，意即災禍啊，幸福緊靠在它旁邊；幸福啊，災禍潛藏在它裡面。這兩句話對所有的人都是很好的警惕，所以遇到災禍時不必難過，要想著幸福即將來臨；幸福時也不可大意，災禍很可能已潛藏在底下。西方有句俗話：你可以用劍做任何事，但不能坐在劍上面。亦即擁有一把劍，到任何地方都可以披荊斬棘，卻不能坐在劍上，以免自己受到傷害。

正常與反常經常發生變化

「孰知其極？其無正也。正復爲奇，善復爲妖」，意即誰知道究竟是怎麼回事？禍福是沒有一定的，正常會再變爲反常，善良會再變爲邪惡。「極」是指究竟，「正」是指正常，「奇」是指反常。

禍福沒有一定，因此要學會正確看待事物的變化。古代人類開始時是母系社會，後來演變成父系社會。在母系社會的時候，一般百姓但知有母，不知有父，凡事以母親爲主導；後來顛倒過來，變成父系社會，大家反而覺得奇怪，母親怎麼可能做爲主導呢？所以，「正」與「奇」經常變來變去。

比如在美國，結婚後而一生沒有離過婚的人，幾乎變成反常了。美國人見面聊天時，常會問到離婚幾次，通常結一次婚算正常，結兩次就顯得不太聰明，結三次的話簡直就是太笨了，沒有學到教訓，不知道該如何選擇伴侶。這不是我誇大其辭。

二十多年前我在美國讀書時，住在學校宿舍，同寢室的一位室友是美國人，每個週末都有家人來看他。我對他說：「你眞是幸福，每個星期都有人來探望。」他答說，這星期來的是他母親與繼父，上星期來的是他父親與繼母。我說：「這也不錯啊，有兩個爸爸、媽媽，那麼多人在關心你。」他卻表示，他寧可只有一個爸爸、一個媽媽。他還告訴我，從小學到大學，他班上的同學沒有一個是父母不曾離過婚的，當時美國人的離婚率是百分之五十二，他的同學顯然都來自這個百分比的家庭。我到現在還覺得難以想像，但在美國人來說已經司空見慣了。再過幾年，說不定情況會顛倒過來，比如這幾年美國的離婚率降低不少，原因是結婚的人口變少了，大家都認為沒必要結婚，結了還要再離，實在麻煩極了。這是美國的情況。

「善復為妖」，意即善良會再變為邪惡，就看每個人如何去評判善良的標準。有些人很善良，對大多數人卻會形成某種壓力。善良是指合乎社會的標準，說某人是好人，但好人給別人的壓力更大，有時連子女都受不了，因為自己是正派人士，就規定子女一定要做正派人士，沒有任何選擇的餘地。

聖人明亮而沒有耀眼光芒

「人之迷，其日固久」，意即人們的迷惑，已經很久了。這句話就是老子的苦心所在，老子正是希望為人類解除這樣的迷惑，他的做法是透過聖人，把「道」展示出來。

「是以聖人方而不割，廉而不劌，直而不肆，光而不耀」，意即因此聖人方正而不會生硬勉強，銳利而不會傷害別人，直率而不會無所顧忌，明亮而沒有耀眼光芒。這四句話眞是精采！一般人方正就難免生硬勉強、刻板無趣。做人最怕無趣，我也曾經如此。有一陣子只要看到學生，就會問他們最近有沒有在讀書，問到後來，學生一見到我就趕緊跑開。

一般人銳利就容易傷害別人，聖人銳利但不會傷害別人。這是調和兩個極端的平衡表現，也是所謂的「修養」。換句話說，「修養」就是想說什麼，稍微忍耐一下；想做什麼，稍微收斂一點。「修養」沒有別的，就是「勉強」而已，勉強自己不要隨心所欲。至於「光而不耀」，是指明亮而沒有耀眼光芒，這眞是不容易做到。

孔子就有這種水準：「子溫而厲，威而不猛，恭而安。」（《論語・述而》），一般人溫和就不嚴肅，威嚴就太過凶猛，恭順就會顯得不安，好像無地自容。而孔子則是溫和但是嚴肅；威嚴但並不凶猛；態度恭順，但是心情安定。

老子則是「方正而不會生硬勉強，銳利而不會傷害別人，直率而不會無所顧忌」。一般人如果直率多半就顯得無所顧忌，比如看某些電視的談話節目中，許多人講話非常直率，簡直到了口無遮攔、肆無忌憚的地步；或者是看到立法院委員們吵架的報導，只覺得這些人毫無修養，完全沒有任何自制力。

處於不圓滿，才能繼續成長

禍與福之間的關係十分複雜，《韓非．解老》解釋得很好：「人有禍則心畏恐，心畏恐則行端直，行端直則思慮熟，思慮熟則明事理。」這段話的意思是：人一遇災禍時心裡就會害怕，隨時都有所畏懼，畏懼自己做錯事、想錯事，畏懼自己的行為違背規範，畏懼自己忽略了別人所在意的事情，畏懼鬼神和上天。常常心懷畏懼，行為自然端直——端莊而正直。行為端直則思慮自然比較成熟，也就可以明白事理。

反之，「人有福則富貴至，富貴至則衣食美，衣食美則驕心生，驕心生則行邪僻而動棄理。」亦即有福氣則有富貴，富貴的人在「衣食美」之後，個個都驕由心生了！但是上流與下流的分野，怎麼能夠完全以金錢來衡量呢？事實上，很多人靠不法的手段賺錢，有錢之後搖身一變成為上流人，而這種人正是最下流的！所謂的上流，難道是指衣服有多少，或者衣服是哪種名牌嗎？這完全是把自己物化了，根本談不上屬於人的精神層次。

以上說明了驕傲的心一旦產生出來，行為就會偏向邪僻，做任何事都會背棄常理。這兩個因果系列是由觀察經驗而得，世間少有例外。因此，人要經常保持警覺狀態，「敝而新成」，亦即常常讓自己處在一個不圓滿的狀態中，就會自我要求，繼續成長發展。有了這種心態，才可以全身保眞，「長生久視」，也才不至於陷入困境。

第五十九章　治人事天

治人事天，莫若嗇。
夫唯嗇，是謂早服；
早服謂之重積德；
重積德則無不克；
無不克則莫知其極；
莫知其極，可以有國；
有國之母，可以長久；
是謂深根固柢，長生久視之道。

治理人民，事奉上天，沒有比省約更好的方法。
正因爲省約，可以說早有準備；

早有準備，也就是不斷累積稟賦；
不斷累積稟賦，就沒有不能克服的事；
沒有不能克服的事，就無法知道他的極限；
無法知道他的極限，他才可以統治國家；
掌握了統治國家的根本，才可以長治久安；
這就是深植與穩固根柢，長生久存的原則。

主宰之天與自然之天

「治人事天，莫若嗇」，意即治理人民，事奉上天，沒有比省約（節儉）更好的方法。

馬來西亞憲法第一句話就是：「馬來西亞人民都要信奉上蒼。」美國的憲法也提及上帝。「上蒼」一詞的用意，是要讓我們瞭解更高力量的存在，依此可以反省自己，知道自己的有限與不完美，因而學會謙卑。

人活在世上，若不謙卑就將錯認自己的眞面目，變得狂妄自大。馬來西亞憲法上的「信奉上蒼」一語，注意到人類生命的不足，這一點讓我感動。「上蒼」可以當作伊斯蘭教的「安拉」，可以當作傳統儒家的「天」，可以當作道家的「道」。現在人缺乏對「天」的認識，只局限於對人類的社會的瞭解，演變成了民粹主義。

老子以「道」代替天，但並未完全擺脫古代天的觀念。「治人事天」中的「事天」兩字，值得深究。首先，既能「治人」又須「事天」的，只有統治者一人。統治者「事天」，古代以「天子」稱之，乃是常識。

其次，老子的思想重點在於以「道」代天，意在傳承「天之造生、載行」的角色。古代有造生之天、載行之天，後來演變成「自然之天」，老子的「自然之天」背後，有一個更超越的「道」，我們不可忽略這個超越的依據。

老子給「自然之天」一個超越的依據，說明大自然的天地，照樣不是圓滿的，其背後還是需要有「道」來支撐，但是天之「主宰」並未完全消失。天有五個功能，分別是主宰、造生、載行、啓示、審判。

道家的特色在於用「道」代替天。由於天變成單純的自然界，需要有一個超越的依據，因此把「道」提出來。這並不是說天的主宰功能就完全消失了，統治者仍需「事天」，天是比人更高的層次，統治者要事奉的不是「自然之天」，因爲「自然之天」展現爲固定的規律（如春夏秋冬），「主宰之天」依然表現特定的意志。

由此可知，老子也有思想上的矛盾，因爲這兩者很難合在一起，講「道」的時候，偏重規律性；講「天」的時候，又要「事天」。如果天沒有意志，爲什麼還要「事」它？比如侍奉父母，如果父母完全沒有自己的看法，侍不侍奉又有何差別呢？侍奉了父母，他們也不說子女好，不侍奉也不說子女壞，有如不存在一樣。可見治人事天，要事奉的是天，天仍然具有它的主導性，也因爲如此，才有《老子》第六十七章的「天將救之，以慈衛之」一語。

老子一方面接受古代的天的含義，另一方面希望轉向天做爲自然規則的一面。在此，最好的辦法是省約（嗇），不要多費心思，多做事反而自找麻煩，這是老子的立場，也是他思想中的矛盾之處。不過，哲學家的思想裡有些矛盾的成分是合理的，問題在於他如何去面對這個矛盾，並掌握住解釋的重點。所以，老子思想中的矛盾到《莊子》就看不出來了，《莊子》裡面很明顯肯定了「天就是自然界」，至於天做爲主宰的含義，幾乎淡化到看不到了。而在《老子》裡面的「天將救之，以慈衛之」與「治人事天，莫若嗇」這兩句話，還是可以明顯看出，「天」還有做爲神一般的主宰力量存在。古代帝王之所以稱爲天子，有其根據。

唯有省約，可以治人事天

「夫唯嗇，是謂早服」，意即正因爲省約，可以說早有準備。「服」是指準備。既然省約了，就不用時時刻刻、費心傷神地準備著。

老子在本章一再提出「嗇」字，所謂「莫若嗇」意味著另外還有各種方法，只是沒有比「嗇」更好的而已。「嗇」字也證明了老子壓抑「天之主宰」的角色，而抬高「天之自然」的角色。不必採取祭祀，不使用繁文縟節去麻煩天，這就是省約。省約側重於天的自然意義，而忽略了天的主宰意義。

不斷累積秉賦，能長生久存

「早服謂之重積德；重積德，則無不克；無不克，則莫知其極；莫知其極，可以有國；有國之母，可以長久；是謂深根固柢，長生久視之道」，意即早有準備，也就是不斷累積稟賦；不斷累積稟賦，就沒有不能克服的事；沒有不能克服的事，就無法知道他的極限；無法知道他的極限，他才可以統治國家；掌握了統治國家的根本，才可以長治久安；這就是深植與穩固根柢，長生久存的原則。

「重積德」，是指不斷累積稟賦。人的稟賦並非封閉自足，而須在生命歷程中依循「道」與「德」的啓發，進行動態的開展，亦即不斷在做「深根固柢」的工作。如果不瞭解這句話，學《老子》到最後難免消極無爲，反正什麼事都不要做，只要保持原來的本性、秉賦，就可以不爲而成。這不是老子的想法，如果眞的消極無爲，天下就被不瞭解《老子》的人奪走了。

「深根固柢」的工作，要靠人的「重積德」，表現方法爲「開展即是回歸」，亦即不斷累積稟賦時，像是在向外開展做許多事，其實正是向內耕耘內在的稟賦（回歸）。「有爲即是無爲」（亦即「無爲而不爲」），有所作爲就是無心而爲，兩者看起來矛盾，卻可以合而爲一。

人的生命就具有這樣的特色。無爲就是「無心而爲」，對其他動物來說，一切行動依循本能，根本就是無心，不可能違背「道」，就沒有所謂合不合乎「道」的問題。人類則有可能違背「道」，也就有合不合乎「道」的問題。人是萬物之靈，這個「靈」在於可以選擇要不要合乎「道」。選擇不合乎「道」，將會自取滅亡，至少一生很難過得快樂；選擇合乎「道」，持續地無心而爲，開展就是回歸，有爲就是無爲，亦即向外就是向內，不斷地回到自己的本來狀態，回到和「道」結合的這一面，這是老子最主要的目標。

我們都知道很難達成上述理想，關鍵就是「嗇」，要儉省、儉約、省約，所有的一切才不至於構成困擾。喜歡財富，但不會累積；喜歡名聲，但不會在乎。

人的本性必須做動態開展

綜上所述，可知人的稟賦不是封閉自足的，這句話很重要。因爲談到人的稟賦和本性時，常常有人認爲一個人生下來已經具有這樣的稟賦和本性了，那他這一生不是應該消極無爲，什麼都不做，只要守住它就可以了嗎？其實不然。答案應該是：做爲一個人，本性必須在生命歷程裡面，依循「道」的啓發，進行動態開展。開展就是回歸，有爲就是無爲，向外就是向內。如此一來，才可以和「道」協調一致，讓生命不斷開展，否則就難免會退縮，擔心每一天都是新的一天，並且形成壓力。

那麼，我們在人生的道路上奮鬥，要不要設立目標呢？那就得看每個人各自扮演什麼角色了。如果爲人下屬，老闆設定了目標，當然要努力工作，但是不要給自己太大的壓力；等自己當了老闆，就依循整個社會及經濟形勢的發展去設定目標，不要超出以前的標準太多，避免一開始就想大展鴻圖。這是道家提出的觀點，強調人要「無心而爲」，不刻意追求外在的目標，外在目標難免發生變數，並非自己所能決定的。

第六十章 治大國，若烹小鮮

治大國，若烹小鮮。
以道蒞天下，其鬼不神；
非其鬼不神，其神不傷人；
非其神不傷人，聖人亦不傷人。
夫兩不相傷，故德交歸焉。

治理大國，要像烹調小魚。
用「道」來領導天下人，鬼就失去神妙作用；
不但鬼失去神妙作用，神也不會干擾人；
不但神不會干擾人，聖人也不會干擾人。
神與聖人都不會干擾人，所有的稟賦都可以得到保存了。

治國要像烹調小魚

本章第一句話很有名：「治大國，若烹小鮮。」一九八三年美國總統雷根在新年元旦發表國情咨文時曾提到這句話，使《老子》英譯本在美國再度熱賣了幾萬冊。「治大國，若烹小鮮」，意即治理大國，要像烹調小魚。「若烹小鮮」，河上公的注解是「烹小魚，不去腸，不去鱗，不敢撓，恐其糜也」，小魚如果去腸、去鱗的話，很容易爛掉，「不敢撓」是指不要隨便攪動。這句話的意思，就是要人盡量無為而治。

以「道」領導天下則神鬼不傷

「以道蒞天下，其鬼不神」，意即用道來領導天下人，鬼就失去神妙作用。「非其鬼不神，其神不傷人」，意即不但鬼失去神妙作用，神也不會干擾人。「傷」是指干擾。古代的鬼和神是分開的，鬼和「歸」的音相同，所以說：「鬼者，歸也。」人死之後回歸到本來的樣子，就變成了鬼。神做為比較大的力量，存在於整個自然界，像山神、海神、河神。此外，在人類世界裡比較特別的偉人，也有被封為神的。神不會干擾人，亦即神有神的作用，沒有必要干擾人的日常生活。

「非其神不傷人，聖人亦不傷人」，意即不但神不會干擾人，聖人也不會干擾人。聖人本來就是無所作為，為什麼要去干擾人呢？神、聖人，兩者在此對立。神是靈異世界的主導力量，聖人是人類世界的主導力量。這一類的材料很少，所以很難辨明老子的鬼神觀念。

「夫兩不相傷，故德交歸焉」，意即神與聖人都不會干擾人，所有的稟賦都可以得到保存了。因爲假如他們對人有所干擾，人就會去配合與討好神和聖人，盡力做到他們的要求，這樣就無法保存人的稟賦了。

關於「其鬼不神」，後世有很多說法，其中較有名的是高延第，他說：「有道之君御天下，上下安於性命之情，不邀福，不稔禍，祈禱事絕，妖祥不興，故其鬼不神。」國君有道，百姓各自安定，不特別求福，也不會惹禍，於是也就沒有人去祈禱。一般人祈禱就是有所求，或者表達感恩，就如俗話裡的：「窮算命，富燒香。」一語道盡「燒香拜佛、感謝神恩、菩薩保佑」的用意。

「祈禱事絕，妖祥不興，故其鬼不神」，是指鬼失去神妙的作用，靈異世界就不再干擾人。否則人們到處拜拜、求籤，買一些符咒來貼，就忘記做人應盡的本分，忘記自己是一個自主的生命。因此，即使處在最壞的情況下，也要記得這句話：「我不能改變命運，但我可以改變我對命運的態度。」亦即不需要等待別的條件改變，就可以先改變自己的態度，別人雖以爲苦，我卻覺得快樂。

《莊子》提及「一心定而王天下，其鬼不祟」，意即只要心定，連鬼神都不會作祟。又提到「陰陽和靜，鬼神不擾。」「陰陽」是指大自然的氣，意即陰陽二氣可以平和安靜，鬼神就不會干擾你。人有人的責任，鬼神有鬼神的角色，把人的責任盡好，就可以同鬼神保持距離。這近似孔子的主張：「敬鬼神而遠之。」但是，這句話前面還有四個字：「務民之義」，意即專心做好百姓認爲該做的事。反之，「不問蒼生問鬼神，逢廟就拜」就顯得愚昧之至。可惜許多政治人物並沒有明白老子的話。

由此可見，還是「道」最重要，只要以「道」蒞天下，鬼神又能如何？鬼是以前的祖先，神是山神、河神、海神，也是遠古的帝王封的，鬼、神都是比我們早活的人所變成的，沒有必要討好他們。聖人是無爲而治的統治者，又何必去擔心呢？他們都是從「道」而來，而只有「道」是唯一的、最根源的，只要依循「道」，最後所有的稟賦都可以得到保存。

古人對鬼神仍有某種信仰，認爲鬼神介於人與天（或上帝）之間，可以對人間施以禍福，當時的人相信一個人做錯事，鬼神會來懲罰。老子沿襲了這些觀點，再將重心轉移至「道」。我們不必全以陰陽二氣來解釋鬼神。「道」這個字理解起來十分困難，要瞭解它，就要讓自己的心歸於虛靜。萬物不斷地生長，最後又回到根源去了。由此可見，鬼神代表老子對人間情況的一個明確態度。

第六十一章 大國者下流

大國者下流，天下之牝，天下之交也。
牝常以靜勝牡，以靜爲下。
故大國以下小國，則取小國；
小國以下大國，則取大國。
故或下以取，或下而取。
大國不過欲兼畜人，小國不過欲入事人。
夫兩者各得所欲，大者宜爲下。

大國居於江河的下流，處於天下雌性的位置，爲天下所歸附。
雌性總是以安靜來勝過雄性，因爲安靜才可以處於下位。
所以，大國對小國謙下，就取得小國的信賴；

小國對大國謙下，就取得大國的信任。
所以，有的是靠謙下來取信，有的是因爲謙下而取信。
大國不過是想聚養人，小國不過是想歸附人。
這樣兩者都可以滿足願望，而大國應該處於下位。

領導者要有居「下流」的雅量

「大國者下流，天下之牝，天下之交也」，意即大國居於江河的下流，處於天下雌性的位置，爲天下所歸附。「牝」，雌性也，亦即可以包容天下，並爲天下所歸附。「交」是指河流的交會點，亦即歸附之地。

由「大國者下流」可知，領導者要有雅量。所謂的「下流」，純粹是指河流的下方，現在多是指壞的意思。《論語．子張》裡，子貢也提到「下流」：「君子惡居下流。」意即君子討厭處於河流下方的位置，因爲髒東西都流向下方，子貢還舉商朝的紂王做例子，「天下之惡皆歸焉」。其實紂王沒有那麼壞，但是因爲他變成了一個壞的象徵，就把天下人的惡都歸到他身上。我們現在罵夏桀、商紂好像罵壞蛋一樣，他們在世時雖貴爲天子，一旦落到一個下流的位置，就被罵了幾千年。

老子的想法就不是如此，他認爲做爲政治領袖，就要有雅量承受各種汙穢，接納所有的侮辱，因爲人民有委屈需要出氣，出氣時當然就是找執政的領袖，如果去怪罪在野的其他人，一點用處也沒有。

大國與小國的和平相處之道

「牝常以靜勝牡，以靜爲下」，意即雌性總是以安靜來勝過雄性，因爲安靜才可以處於下位。「牡」，雄性也。從觀察中可知，雌性一般比較安靜，牠是以靜制動的；雄性乃陽剛之氣，飛揚浮躁，具有積極主動的精神。雌性是接受型、安靜型，安靜的話，才可以恆久；反之，雄性的浮動，到最後力量一定會逐漸消解。所以大國對小國要謙下。

「故大國以下小國，則取小國；小國以下大國，則取大國」，意即所以，大國對小國謙下，就取得小國的信賴；小國對大國謙下，就取得大國的信任。整句話關鍵在於「下」字，謙下之意。老子所處的時代是春秋末期，各國連年戰爭，小國難免會被大國消滅，兩者的相處之道，就是謙下。

「故或下以取，或下而取」，意即所以，有的是靠謙下來取信，有的是因爲謙下而取信。「以」是指靠它來做什麼，「而」是指因而。

「下以取」、「下而取」都是手段，也是大、小國和平相處的策略。大國有大國的姿態，小國有小國的命運。大國要擺姿態，小國要接受命運；大國要有大國的風範，小國要有小國的認知，知道國家小就別逞口舌之能，弱小而嘴硬顯得幼稚。

大國宜處於下位

「大國不過欲兼畜人，小國不過欲入事人」，意即大國不過是想聚養人，小國不過是想歸附人。大國國力雖然強大，也需要蓄養許多小國來鞏固自己；小國沒有歸附大國的話，怎麼對付其他大國呢？兩大之間難爲小，做小的很難，兩邊都要照顧到，就必須弄清楚要歸附哪一方？長期下來的文化問題如何解決？文化有三個層次——器物、制度、理念，小國的器物、制度即使能和大國配合，能接受大國的理念嗎？只有在這三項條件成熟時，才可順勢而行。

「夫兩者各得所欲，大者宜爲下」，意即這樣兩者都可以滿足願望，而大國應該處於下位。如果大國還要居於上位，小國就難免被欺負，亦即無法受到尊重，這就違反了現在自由民主的趨勢。

這一章確實有獨到的見解。我們在運用「大國者下流」這句話的時候，當然得確定別人讀過《老子》，不然員工說老闆下流，老闆一定馬上把他開除。老闆代表領導人物，這樣的人應該處於江河的下流，容納一切的汙垢，承受一切的抱怨，並且能夠加以消化。如果身爲老闆的人，可以接受這句話，這個老闆就不是庸才。

本章的背景應該是眾多諸侯之國互相征戰的時代，老子認爲大國要謙下，才可包容小國；小國既然小，就沒有不謙下的條件，所以要認命，要知道自己面對大國的處境。

「或下以取」，是指以謙下爲適當的手段，取得小國的信賴；「或下而取」，是指小國本來就會謙下，由此取得大國的信任。這兩句中的「以」和「而」字，一個是「藉此」，一個是「由此」，兩個字用法不一樣，可以使兩者各得所欲。

這表示老子接受諸侯分立的現狀，同時盼望止戈息武，和平共存，尊重歷史。但這種想法似乎不切實際，特別是在中國歷史上從來沒有出現過，大國有實力就把小國消滅了，小國只能認命，自古以來帝國的發展都是如此。

老子是唯心論，還是唯物論？

以前有學生問我：「老子是唯心論，還是唯物論？」在討論本章的同時，我簡單說明一下什麼是「唯心論」，什麼是「唯物論」。

古代的人基本上是非常實在的，可以叫做素樸的實在論。古人發現，人類是一個特別的群體，因爲人類會思想。對於自然界，因爲當時人類的理智還不夠發達，無法從科學的角度解釋自然現象，所以把這一切歸之於神話，相信風雨雷電都有神在主管。後來科學漸漸發展，理智也慢慢開竅之後，人類就知道自然界是有規律的，而且這個規律不可任意改變，所以人類必須設法認識大自然，幾千年就這麼過去了。

一直到近代的西方世界，從笛卡兒（R. Descartes）開始，才正式開始出現「唯心論」。產生的背景，是中世紀要轉向近代的關鍵時刻。當時的人大都信仰天主教（Catholic），那時候剛剛發生宗教改革，已有所謂的基督教（Protestant，新教或更正宗）。不論是天主教還是基督教，其實都是指「基督宗教」（Christianity）。如果百姓都信仰基督宗教，信仰就成爲可靠知識的基礎，亦即宗教信仰會提供人生重大問題的答案。比如信仰會告訴我們：世界是由上帝創造的，如此設計是因爲要讓人類可以生活在其中。

我思，故我在——唯心論的開端

但是進入近代以後，許多人開始對這樣的答案不滿意，認爲《聖經》是幾千年以前寫的，憑什麼決定現今世界是怎麼回事呢？所以當時的人希望重新找到知識的基礎，這個基礎不能再由宗教信仰來提供，不能任由神父或主教壟斷這個解釋的權利，由他們決定什麼是知識。

一旦排除宗教，只有自己去尋找新的基礎，所以笛卡兒說：「我思，故我在。」他的根據就是一句話：「任何人在一生中，至少都要有一次澈底懷疑他所能懷疑的一切。」這個世界眞是像我們所認識的這樣嗎？不一定。上帝存在嗎？不一定。甚至連世界或自己是否存在，都可以懷疑。到了最後，發現懷疑一切的時候，只有一點不能懷疑，那就是自己的存在。因爲正在懷疑的是「我」，如果還懷疑「我」不存在的話，就沒有懷疑的問題了。於是笛卡兒說：「我懷疑，所以我存在。」後來他進一步發現，懷疑是一種思想的作用，因爲除了懷疑之外，思想還可以判斷、推理和意願。

有些人會認爲：「應該是『我在，故我思』，是我先活著，然後再去思考。」然而，人活著就會思考嗎？吃飯、睡覺的時候也在思考嗎？其實，人大多數的時候都沒有在思考，又怎麼可以說「我在，故我思」呢？因此，這句話根本不值一談。「我思，故我在」則不一樣，因爲它來自於「我懷疑，所以我存在」，我不能懷疑那個正在懷疑的自己，如果懷疑的話，那麼，到底是誰在懷疑呢？因此，我可以懷疑一切，卻不能懷疑那個懷疑的主體——自己，所以要說「我思，故我在」。

那麼，什麼是「我思，故我在」呢？亦即「我思，等於我在」，是指我思考的時候，我一定存在，我不可能在思考時卻不知道是誰在思考，這兩者沒有先後關係。

接下來，需要進一步理解的是「我」等於「思」。「我思，等於我在」裡的「我在」，肯定的是我的思考。換句話說，即使我身體有殘疾，仍不妨礙我的思考，代表「我」就是「我的思考」，而思考是一種心靈作用，這就是「唯心論」的開始。

如此發展下去，人就分成兩半，一半是內心的世界，亦即眞正的我；一半是外在的世界，包含我的身體在內。但是，心靈和身體怎麼結合？這兩者常常出現衝突。

衍生出「道德形上學」

由此引發了各種新的研究，康德（I. Kant）是「唯心論」主要的代表人物，他的觀念很清楚：我不知道宇宙萬物本身是如何，當我看到宇宙萬物的時候，它是按照我的思想所能理解的方式來展現。這並非主張宇宙萬物由心創造，人有人的思考架構，萬物不可能按照非人（人以外的某物）的方式被我理解。比如人看世界，與貓狗看世界一定不同。所以，「唯心論」的主張是：宇宙萬物是按照我思考的框架而被我認識，在這個框架之外，我什麼都不能認識。

何謂「思考的框架」？康德認爲，人所瞭解的現實，必然是感官所取得的資料，所以眼睛看不到的，就不能進一步去思考。基於這一點，康德排除三個實體的東西：

第一，上帝；第二，我的靈魂；第三，世界。這三者都是看不到、也不可知的。

康德的哲學又稱爲「不可知論」，「不可知」不是不存在，只是不能被我認識。康德又強調說，雖然不可知，但又非存在不可，否則是誰在實踐道德呢？所以康德切斷了傳統「形而上學」從自然界著手探討的路線。從自然界探討必須通過感官，通過感官，就不可能看到它的眞實（亦即它是不可知的），需要通過另外一條路，叫做「道德形上學」，也就是通過對道德實踐的省思，才能看到它的眞實。

答應別人一件事，要不要實踐呢？我雖不能證明我的存在，但是「我」答應了別人一件事，當答應時，有一個「我」被肯定了，這個「我」必須存在，它正是我的靈魂，而且這個「我」必須跨越死亡的界限。因此，實踐與否的關鍵在於：第一，我必須是自由的，才可以答應或者不答應；第二，我的靈魂必須不死，才可以接受正當的報應。

如果光是強調自由，而不講報應，那個自由就是虛假的，不用負責的自由是假的自由。既然是自己在做選擇，可以選擇，也可以不選擇。而一旦選擇之後，責任就屬於自己，就要有所擔當。不過，即使靈魂不死，來世碰到壞人的靈魂，仍舊倒楣，因此，還需要有上帝存在，保障賞善罰惡的實現，這是康德的基本思想。

「唯物論」的主張

「唯心論」出現之後，接著是「唯物論」，它主張：人類的思想是受物質條件所決定的。「唯物論」並未宣稱一切都是物質，不過，如果問「思想」是什麼，「唯物論」的答案可能是：思想是腦汁的分泌。比如我現在正在思考，是因爲腦汁正在分泌，腦汁分泌是因爲我剛剛吃了晚飯；如果我不吃晚飯，怎麼會有腦汁呢？飢腸轆轆，還能想什麼？而所有精神上的產物，包括音樂、藝術等等，都是物質條件的反映。正如同畫家繪畫，在不同環境下成長的畫家，畫出來的畫作也不一樣，他展現的藝術成果受到自身生存環境的影響。

所以，「唯心論」由康德一路發展到黑格爾（Hegel），變成「絕對唯心論」，成爲更大、更完整的系統。黑格爾之後出現了左右兩派，左派是馬克思（K. Marx），已變成「唯物論」了，後來還演變成「辯證唯物論」。右派仍走「唯心論」路線，但是已經欲振乏力，必須接受「唯物論」的挑戰而改弦更張了。

《老子》是亂世的哲學

老子屬於唯心論，還是唯物論？老子做爲古代人，根本還未思考到唯物、唯心的問題，他只是單純地思考，人類和世界不斷在變化之中，當然要有個根源。如果人類與世界都不能解釋自己的由來，就難免陷入虛無主義了。

老子和莊子有悲天憫人的情懷，但是他們的方法和儒家的不同。儒家是從「人」的角度來設想，首先要求眞誠，由此努力改善人的世界，可謂用心良苦。但是再怎麼做都很難達到完美的境界，永遠有新一代的人需要接受教育，又怎麼有教完的時候？光要釐清人與人之間適當關係的實現，就已經很困難了，因爲適當關係在每個側面都不同。在人的世界裡，所做的判斷一定都是相對而受到限制的。

如果肯定老子的「道」，看到一切都在變化之中，最後也都歸於消失，瞭解有開始就必有結束，便不至於陷入虛無主義。《老子》所表述的是處於亂世的哲學，其實自有人類以來，天下何曾太平過？中國人常有太平的想法，如果天下眞的太平了，反而容易陷溺於物質享受中，再也不思長進。

像美國社會長期穩定，但物欲横流的情形卻很嚴重，隨處可見的報攤上，擺滿了各式各樣的色情雜誌，光看封面就讓人頭昏眼花。雖然美國色情雜誌還有各種分級，法律也規定十八歲以下的人不可以看，但是，青少年經過時隨手翻閱，大家也都見怪不怪，毫不在乎。

這種所謂的「自由社會」，就是讓人有變壞的權利，要不要墮落都是自己的事，前提是不能違法。這樣的社會，問題出在什麼地方呢？如果經常接觸這類書報，久了之後，人能分辨出什麼是眞實，什麼是虛擬嗎？能在屋子裡獨處時不胡作非爲嗎？還能到外面和別人正常互動嗎？我想恐怕不容易。

前蘇聯作家索忍尼辛，曾經被關押在古拉格群島，被放逐出國之後得到諾貝爾文學獎。他到美國定居的時候，曾經公開抗議美國的墮落。後來別人告訴他，美國之所以爲美國，就是這一點——給人完全的自由，愛怎麼樣就怎麼樣，只要不違法就好。

但是，這談何容易！在紐約，每年編給監獄與全部中小學的預算，居然一樣多。爲什麼呢？因爲監獄裡面都是青少年，他們不用工作，吃、住、穿，都由國家供給。也就是說，青少年搶劫、打架或殺人，在坐牢的幾年之內，政府都要供養他；而那些在學校受正常教育、守規矩的年輕人，人數至少比監獄裡的多了十倍以上，但是兩者的預算卻一樣，這不是顚倒錯亂嗎？危害社會的人，反而受到社會福利的照顧，還要給他矯正的機會。但無可奈何，人生就是如此。

由此可知，怎麼可能有完美的社會呢？青少年從小健康成長，一路走來一切都正常，那是人生嗎？不是！是人生，就會崎嶇不平，屢次跌倒，屢次站起來；到接近中年的時候，忽然覺悟，然後就認眞工作與繳稅，讓國家可以發展，再照顧下一代，不再讓下一代跌跌撞撞。這就是所謂的「現代民主國家」，不走這樣的路，還能走什麼路？

人生只有幾種選擇，比如印度人信了印度教，每個人生下來就定了階級；如果選擇去阿拉伯國家，那裡的治安不錯，但女性出門一定要蒙著臉，一蒙上臉，人生還有什麼樂趣？美容、化妝品這些東西都不能用了。而當地的男性，受教育的普及率也很低，因爲政府根本不鼓勵人民受教育，只希望他們接受宗教的啓發。所以談到人生的選擇，看看人類當前的情況，就會相信，沒有理想的社會可言。

所以，爲什麼我對台灣社會從來不失望，甚至還很樂觀，就是因爲台灣還算不錯。再怎麼鬧，也不過是個小島而已；而且與他國相比，也不見得遜色。以馬來西亞爲例，馬國面積遠大於台灣，人口（兩千一百萬）居然比台灣（兩千三百萬）少；台灣的人均所得，也比馬來西亞高了將近一倍。試問，還能說台灣比較差嗎？

天下本無事，庸人自擾之。政客們說的是一回事，人民實際上的體驗是另一回事，工作、發展，雖然不是很理想，勉強也可以接受。我對政府的要求只有一個，就是要讓百姓活下去。至於活得有沒有尊嚴，則是要個人自行負責。

以上這段話並非題外話，其實台灣和大陸的政治人物，首先要做的就是認眞省思《老子》第六十一章。

第六十二章 道者，萬物之奧

道者，萬物之奧。善人之寶，不善人之所保。
美言可以市，尊行可以加人。
人之不善，何棄之有？
故立天子，置三公，雖有拱璧以先駟馬，不如坐進此道。
古之所以貴此道者何？
不曰：求以得，有罪以免邪？
故爲天下貴。

「道」，是萬物的庇蔭，它是善人的寶貝，不善人的依靠。
美妙的言詞可以用於社交，高貴的行爲可以贏得尊敬。
人就算有不善的，又怎麼能捨棄「道」呢？

所以，天子即位，大臣就職時，雖然舉行先奉上拱璧，後奉上駟馬的禮儀，
還不如就用「道」做爲獻禮。
古代重視「道」的原因是什麼？
不正是說：有求的就能獲得，有罪的可以免除嗎？
所以天下人才如此珍視「道」。

「道」是善人之寶，不善人的依靠

「道者，萬物之奧，善人之寶，不善人之所保」，意即「道」是萬物的庇蔭，它是善人的寶貝，不善人的依靠。「奧」是指庇蔭之處。從「道」的角度來看，善人和不善人都可以被接納。其實，「善」和「不善」的判斷標準是相對的，不同的社會、時代，對善惡的判斷標準並不完全一樣。

比如，最近這幾年，愈來愈多人瞭解，同性戀與道德無關，而是可能與基因有關，過去被認爲是「惡」的同性戀取向，隨著時代改變，已不再被貼上標籤。台灣已經有同性戀結婚的例子，荷蘭則已通過法律，認同同性戀者的婚姻。如果從「道」的角度來看，這是可以接受的。

「善人」是走在一個多數人都接受的人生道路上，當然會把「道」當成寶貝。「不善人」則要以「道」做爲依靠，因爲一切都來自「道」，「道」總是會給他們一個交代。

一個人活在世界上，「人窮則呼天，痛則呼父母」，父母和天都是依靠。「天」可以替換成「道」，「道」既然讓人存在，又怎麼可能讓人走投無路，陷入絕境？如果努力活下去，這個「道」一定可以提供力量，做爲最終的依靠，這是很合理的想法。人既然生下來，就一定有其存身之地，「道」不會讓人舉目無親，在天地之間無立錐之地。

「道」不會捨棄人，人不可以捨棄「道」

「美言可以市，尊行可以加人」，意即美妙的言詞可以用於社交，高貴的行爲可以贏得尊敬。「市」的原義是指在市場上販賣，在此是指社交活動。一個人若是舌燦蓮花，就可以靠著說話賺錢，但是光靠說話還不夠，若想得到別人的尊敬，一定要有高貴的行爲。

「人之不善，何棄之有」，意即人就算有不善的，又怎麼能捨棄「道」呢？這句話的解釋比較特別，一般的理解是：人如果不善，又何必拋棄他？因爲聖人「常善救人，故無棄人」。比如教導學生，學生就算再壞，師長也沒有理由放棄他。「人之不善，何棄之有」，這其中包含了同情心，表現容忍的態度。但在此「何棄之有」，是指不可以捨棄「道」，而不是指「道」不捨棄不善之人。「道」是不會捨棄人的，需要提醒的是：人不可捨棄「道」，否則前無去路。

治理國家也要用道

「故立天子，置三公，雖有拱璧以先駟馬，不如坐進此道」，意即所以，天子即位，大臣就職時，雖然舉行先奉上拱璧，後奉上駟馬的禮儀，還不如就用「道」做為獻禮。前面講的「又怎麼能捨棄『道』」，和這一句就有關係了。「立天子、置三公」，代表君主、大臣就位時，禮儀之莊嚴肅穆與愼重。但是這些都不重要，還不如用「道」做爲獻禮。問題在於，「道」不是一個具體東西，而是一種理想，治理國家如果懂得「道」，效果就會不一樣。

有求的就能獲得，有罪的可以免除

「古之所以貴此道者何？不曰：求以得，有罪以免邪？故爲天下貴」，意即古代重視「道」的原因是什麼？不正是說，有求的就能獲得，有罪的可以免除，所以天下人才如此珍視。「求以得，有罪以免」，這兩句話的確令人感到安慰，宗教上也有這樣的說法。耶穌說過：「凡祈求的，就得著；叩門的，就給他開門。」前一句指的是人生眞正的需求；「叩門的，就給他開門」，這句話非常親切，只要願意敲門，就能被接納，前往自己嚮往的地方。

老子的「道」也是無所不包，所以表現爲「求以得，有罪以免」。只要回歸「道」的根源，哪裡有什麼事不能放下，有什麼人不能原諒的？所以，一個人最大的罪過，就是不肯原諒自己。人不管犯了多大的過錯，都要記得原諒自己。犯錯，是一種生命經歷和人生體驗，不代表生來就是壞人，而是自身的特定條件使他走上這條路。這些條件來自何處？來自於「道」。所以，天下沒有不能原諒的人，但是人首先必須原諒自己。

原諒自己，不是找藉口，而是瞭解人的軟弱，並相信「道」的寬大。老子很喜歡以母親做比喻，「浪子回頭金不換」，做爲母親，自己的孩子不管再怎麼壞，只要願意回頭，母親高興都來不及。這是正常人性的表現。如果人人皆以「道」做爲最後皈依，生命就會展現不一樣的面貌。

綜上所述，「不善人之所保」，不善之人也要依靠「道」而得到保全。「人之不善，何棄之有」，以及「有罪以免」，皆與此互相呼應。即使不善之人，還是不應捨棄

「道」，因爲「道」是每個人最終的依靠，從來不會捨棄人，可以讓人「求以得，有罪以免」。

這是因爲一切來自於「道」，又回歸於「道」。再可怕的災難，只要過了一段時間，還是一樣船過水無痕，復歸於平靜；就像暴風雨一樣，「飄風不終朝，驟雨不終日」。社會上可怕的暴行隔一段時間就會出現，但是從恆久來看，它只是小小的波瀾。若能悟「道」，則尚有何求，又何罪不可免？雖然這麼說，但處世還是要謹小愼微，以免小波瀾帶來大災禍。

第六十三章　爲無爲

爲無爲，事無事，味無味。大小多少，報怨以德。圖難於其易，爲大於其細。天下難事，必作於易，天下大事，必作於細。是以聖人終不爲大，故能成其大。夫輕諾必寡信，多易必多難。是以聖人猶難之，故終無難矣。

所作爲的，是無所作爲；所從事的，是無所事事；所品味的，是淡而無味。不必計較大小多少，以德行來回應怨恨。解決困難，要在它還容易的時候；成就偉大，要在它還微小的時候。天下的難事，一定開始於容易；天下的大事，必然開始於微小。因此，聖人從不自以爲偉大，所以能夠成就他的偉大。輕易就許諾的，一定很少能守信；把事情看得太容易，一定先遇上各種困難。因此，聖人總是把事情看得困難，以致最後毫無困難。

以「無為」過自己的生活

「爲無爲，事無事，味無味」，意即所作爲的，是無所作爲；所從事的，是無所事事；所品味的，是淡而無味。王弼的注解說：「以無爲爲居」（居者住也，就是以「無爲」做爲基本原則，處在無爲的狀態中）；「以不言爲教」（不說什麼話，以此去教別人）；「以恬淡爲味」（恬淡是指毫無味道，飲食恬淡對身體比較好）；接著說：「治之極也」，這是政治領袖治理百姓的最高境界。

《老子》裡許多話都是在描寫悟「道」的統治者的作風。我們不必成爲統治者，依然可以悟「道」，在個人的生活中加以體驗。以我來說，自從學習道家之後，就比較容易做自己的主人，管理自己的生活。在答應事情之前，會考慮清楚；一遇到困難，就設法立刻化解。這樣一來，生活也會顯得比較從容。

道儒兩家對「以德報怨」的觀點不同

「大小多少，報怨以德」，意即不必計較大小多少，以德行來回應怨恨。

《論語．憲問》裡提到「以德報怨，何如？」就是出自於此。由此可知，當時老子的某些思想已經傳開來。有人請教孔子：「『以德報怨』這種想法，你覺得怎麼樣？」孔子說：「不行，『以德報怨』的話，『何以報德』呢？」「怨」是指別人對我不好，我對他有所怨恨。如果我用「德」來報答怨，那麼別人對我好，拿什麼來報答他的德？無從報答。

孔子是好惡分明的，所以主張「以直報怨」。「直」包含兩個意思，一是眞誠，一是正直。「以直報怨」，指的是眞誠地按照正義的原則對待他人，別人有什麼地方做錯，或自己受到冤枉委屈，就要加以辨明，讓他人受到公平的待遇。這是儒家的態度，與老子的「以德報怨」不同。

「大小多少，報怨以德」，有關難易大小的討論，也就是在提醒人早做準備。任何事情、任何條件，都是漸漸形成的。一件事情在條件尚不具備時，就要思考如何能事半功倍。在此可以參考「和大怨，必有餘怨；安可以爲善？」（第七十九章）

困難開始於容易，大事開始於微小

「圖難於其易，爲大於其細」，意即解決困難，要在它還容易的時候；成就偉大，要在它還微小的時候。困難的事情，大都是從容易慢慢變成困難的，開始時不解決，到最後往往不可收拾。若想成就偉大的事業，就要在它還微小的時候。一個人年輕的時候，就要發憤圖強，打下深厚根基，將來才有可能成就大事。

「天下難事，必作於易，天下大事，必作於細」，意即天下的難事，一定開始於容易；天下的大事，必然開始於微小。

談到「必作於細」，耶穌有個比喻可以印證。有個主人出門旅行，要管家負責處理家務。主人回來之後，發現管家把小事情都做得很好，就對他說：「你在小事上做得很好，我將來要委託你做大事。」很多人都不屑於做小事，但是要記住：事情不分大小，只要是自己做的事，都是大事，也都一定要做好，因爲花費了自己寶貴的時間。

生命總在開展之中

「是以聖人終不爲大，故能成其大」，意即，因此聖人從不自以爲偉大，所以能夠成就他的偉大。爲什麼？因爲「敝而新成」，人的生命在開展之中，常常覺得自己的一切都是舊的，才會要經常更新；如果總是覺得自己很新、很了不起，那就無法繼續成長。

輕易承諾，則難以守信

「夫輕諾必寡信，多易必多難。是以聖人猶難之，故終無難矣」，意即輕易就許諾的，一定很少能守信；把事情看得太容易，一定先遇上各種困難。因此聖人總是把事情看得困難，以致最後毫無困難。

「輕諾寡信，多易多難」，提醒我們要「戒愼恐懼」。關於這一點，《論語．述而》中有很好的例子。有一次孔子對顏淵說：「用之則行，舍之則藏，唯我與爾有是夫！」（有人任用，我們就發揮抱負，沒有人任用，就退下來隱居修行，只有我與你做得到啊。）孔子講完後，一旁的子路聽得很不服氣，就問孔子，若是讓孔子統帥三軍，他會帶誰去？子路心裡想的當然是自己。但是孔子回答說：不會帶像子路這樣「暴虎馮河，死而無悔」（空手打老虎，徒步就過河，死了也不後悔）的人前去，而必須是「臨事而懼，好謀而成者也」（碰到事情的時候戒愼恐懼，好好去策劃再完成任務的人）。孔子的立場很清楚，人生的體驗到了某種程度之後，做任何事都要謹愼，寧可把它看得困難一點，也不要看得太容易，免得陷入更大的困難之中。

人到了中年之後，就知道人生之路困難重重。很多事情在答應之前要考慮再三，答應之後一定要做到，做到後就不會後悔。以這樣的態度處世，心裡有所準備，就不會有抱怨。年輕時抱怨，別人也許會體諒你處世經驗不夠，到了一個年紀還抱怨，就沒有人會同情。人生的各種選擇，本來就是要自己去考慮並承擔結果。

《論語》裡的概念也可以對照道家思想。孔子在〈衛靈公〉中說：「人無遠慮，必有近憂」，一個人沒有長遠的考慮，就會有眼前的憂患，因爲過去所做的長遠考慮，正可以讓人避開眼前的憂患。比如現在就應該計劃明年做什麼事，不做什麼事。

其實，即使像我這樣常常在考慮的人，有時候也難免會後悔。

第六十四章　其安易持

其安易持，其未兆易謀。其脆易泮，其微易散。為之於未有，治之於未亂。合抱之木，生於毫末；九層之台，起於累土；千里之行，始於足下。為者敗之，執者失之。是以聖人無為故無敗，無執故無失。民之從事，常於幾成而敗之。愼終如始，則無敗事。是以聖人欲不欲，不貴難得之貨；學不學，復眾人之所過，以輔萬物之自然而不敢為。

情況安定時容易把握，尚無跡象時容易圖謀。事物脆弱時容易化解，微細時容易消散。

要在事情尚未發生時就處理好，要在禍亂尚未發生前就控制住。

合抱的大樹，是從小芽苗長成的；九層的高台，是從一筐土堆起的；千里的行程，是從腳底下跨出的。

作爲的將會失敗，把持的將會落空。因此，聖人無所作爲，也就不會失敗；無所把持，也就不會落空。

人們做事，常在快要成功時反而失敗。面對事情結束時，能像開始時那麼謹慎，就不會遭致失敗了。

因此，聖人想要的就是沒有欲望，不重視稀有的商品；想學的就是沒有知識，補救眾人所犯的過錯。以此助成萬物自己如此的狀態，而不敢有所作爲。

及早掌握，防患未然

「其安易持，其未兆易謀」，意即情況安定時容易把握，尚無跡象時容易圖謀。「兆」是指跡象、出現徵兆。這正是說明，做任何事情，「人無遠慮，必有近憂」，沒有長遠的考慮，就會有迫在眉睫的憂慮，困難來到時就會措手不及。

「遠慮」和「近憂」是相連的，所以要做長遠的規劃，比如在年底，就預先規劃好下一年。有長遠的考量，才能知道什麼時候會很忙碌，什麼事情應該避開，又要如何調節。如果這些都可以掌握，那麼即使辛苦忙碌，也知道自己爲什麼願意接受。因爲事先經過思考和設計，已有心裡準備。不過，最怕答應太多事情，忙得焦頭爛額，搞垮身體。人要知道自己的能耐有多少，不要超過那個範圍。

「其脆易泮，其微易散」，意即事物脆弱時容易化解，微細時容易消散。比如與人相處時若發生一些小誤會，就趕快化解，開始時也許只要說一句「對不起」就沒事了。要是當下不說，到最後恐怕怎麼賠罪都不夠。

「爲之於未有，治之於未亂」，意即要在事情尚未發生時就處理好，要在禍亂發生前就控制住。

事物都是由小變大，由簡單變複雜

「合抱之木，生於毫末；九層之台，起於累土；千里之行，始於足下」，意即合抱的大樹，是從小芽苗長成的；九層的高台，是從一筐土堆起的；千里的行程，是從腳底下跨出的。「仰之彌高」的大樹，一開始只不過是一棵小樹苗，現在長成這麼大，是需要時間的，亦即所謂「十年樹木」。這三句話所傳達的概念是相同的：任何事情都是從簡單變成複雜，從微小變成巨大。

所以，不要小看年輕人。年輕人年紀雖小，但幾年之後就不一樣了。我很多學生在畢業三、五年之後，就變得很有自信，有模有樣。

馬丁・路德（Martin Luther）講過一個故事。他說他念小學的時候，有位老師每天都穿著正式禮服來上課，別人問他爲什麼，他回答說：我面對的這些小學生裡面，很多人將會成爲國家未來的領袖，所以我要對他們尊敬一點。這位老師很有遠見，知道小孩子的將來大有可觀。

不要作為，摒棄執著

「爲者敗之，執者失之」，意即作爲的將會失敗，把持的將會落空。作爲的將會失敗，這樣的觀念不代表消極無爲。老子所謂的「作爲」，常常是強調有心而爲，就是設立一個目的去達成。把持的將會落空，是點明執著的無用。

個人的時間有限，而人的社會一直存在。很多時候我們會認爲這個社會非有我不可、非有你不可，但其實不然，把持或執著，一定會落空。很多父母喜歡抓緊小孩，把他們當成財產或資源，但這種想法難免會失敗，也必定會落空。落空倒無所謂，最怕是留下一些怨恨。一家人相處幾十年卻還有一些怨恨，那就十分遺憾了。

「是以聖人無爲故無敗，無執故無失」，意即聖人無所作爲，就不會失敗，無所把持，就不會落空。無所作爲就是順乎自然，任何事情都先觀察清楚再行動。道家的智慧，就在於能夠觀察及看透一切變化的各種條件是否成熟。條件成熟的話，在關鍵的地方一點就通，根本不必費力，不必特別做什麼。如果條件尙未成熟的話，再怎麼努力也沒有用。

做人做事，皆要愼終如始

「民之從事，常於幾成而敗之」，意即人們做事，常在快要成功時失敗。這句話實在太深刻了，也就是所謂的「行百里者半九十」，走一百里路的人，到了九十里才算一半。因爲最後十里需要加倍的定力與堅持，與前面九十里可以分庭抗禮，幾乎占了一半的分量，「強行者有志」，能堅持到底才能成功。爲什麼事情快要成功時反而會失敗？這是因爲得意忘形。「哀兵必勝」是何道理？謹愼小心，到最後一步都不敢大意的人，才可以維持優勢。

「愼終如始，則無敗事」，說的也是一樣的道理。面對事情將要結束時，如果能像開始時那麼謹愼，就不會遭致失敗了。做人也是一樣，有些政治人物晚節不保，從政幾十年還算清廉，但到了快要退休時，就開始貪汙。他們的結果可想而知，非但不能安享晚年，反而要在監獄裡度過殘生，有時甚至連命都保不住。

不受物的牽制，讓它擁有原本的自然狀態

「是以聖人欲不欲，不貴難得之貨」，意即因此，聖人想要的就是沒有欲望，不重視稀有的商品。「不貴難得之貨」，才可「使民不爲盜」（第三章）。

「不貴難得之貨」，這六個字對我們也很有啓發性。比如偶爾經過古玩店，買到一塊玉，只要對它有所珍惜，那麼如果哪一天碰碎了這塊玉，或者遺失了，必然傷心，這是人之常情。東漢時，有個叫孟敏的人，身上背著的煮飯瓦器（甑）不小心掉在地上，但他頭也不回地走開了。有人問他何以如此，他說：「甑已破矣，視之何益！」這才是超脫的境界。珍惜物，就會受它牽制，「不貴難得之貨」，才可以恢復萬物自然的狀態。自然界的萬物，人類往往加以區分，一旦區分之後就會產生欲望，結果就是自尋煩惱。

聖人心如明鏡，映照真實

「學不學，復眾人之所過」，意即想學的就是沒有知識，補救眾人所犯的過錯。聖人想要的是什麼都不想要，想學的是什麼都不學，這聽起來像反話，其實是通過正與反，達到更高的境界。比如打坐，打坐的人希望進入一種空的境界，但心裡想空，反而空不了，所以要把空也忘記。

一般談到知識，總是分門別類。但如果對某一類知識有所知，相對於其他的知識就較無知或一無所知，這也是必然的限制。

沒有了知識及欲望，內心將會像一面鏡子一樣。莊子提到：「至人之用心若鏡，不將不迎。」（《莊子．應帝王》）至人是指最高境界的人，他的心就像一面鏡子；「迎」是迎接人，「將」是送走人，指的是聖人不迎接別人，也不送走別人。鏡子反映出事物的原貌，不帶任何主觀判斷，也沒有情緒反應。如果心如明鏡，生命將會變得非常豁達。

聖人、至人達到這樣的境界，會感到快樂嗎？這樣問，就好像在山腳下，問那些爬到山頂的人：「上面有底下這麼好的風景嗎？」山下的花花草草固然好看，但山頂則是一望無際，那種視野，根本不是特定的花和草所能比擬的。

孟子也說，「觀於海者難爲水，遊於聖人之門者難爲言」。這句話的意思是說，學習是有層次的，看過大海的人，就很難讓他再描寫什麼是水了。「登泰山而小天下」，說的也是這樣的境界，一個人如果到過泰山山頂，天下在他眼中就顯得很小。所以，登上頂峰的人要向底下的人說明他所看到的風景，眞是無從說起。

「復眾人之所過」，補救眾人所犯的過錯。爲什麼「學不學」，才能補救眾人所犯的過錯？一般人會犯錯，往往因爲自以爲是，做了太多事。人的世界就是被經營得太複雜了，所以單純才會快樂。

「以輔萬物之自然，而不敢爲」，意即以此助成萬物自己如此的狀態，而不敢有所作爲。任何事情的發展都有趨勢，要設法從細微的徵兆看到後來巨大的發展。

恢復萬物自己如此的狀態

本章開頭連續四個「易」字，是來自於豐富的經驗和深刻觀察，顯示了悟「道」之人的自信。「合抱之木」、「九層之台」、「千里之行」，肯定的是「愼始」的重要；「民之從事」一語，強調了「愼終」的重要。兼取愼始、愼終，才可以使各種活動順利完成。「眾人之所過」提醒我們，人間活動以「敗」、「失」居多，造成無數的後遺症。而聖人的「欲不欲」、「學不學」，是爲了彰顯無欲與無知的理想。唯其如此，才可以助成萬物自己如此的狀態。

對整個自然界來說，每一種動植物，都有一定的作用。但人類卻製造混亂，企圖改變、控制那些對人類有用的事物。因此老子主張「學不學」、「欲不欲」，恢復萬物自己如此的狀態。

第六十五章　古之善爲道者

古之善爲道者，非以明民，將以愚之。
民之難治，以其智多。
故以智治國，國之賊；
不以智治國，國之福。
知此兩者亦稽式。
常知稽式，是謂玄德。
玄德深矣，遠矣，與物反矣，
然後乃至大順。

從前善於推行「道」的人，不是用「道」來教人民聰明，而是用「道」來教人民愚昧。

人民之所以很難治理，是因爲他們智巧太多。
因此，以智巧來治理國家，是國家的災禍；
不以智巧來治理國家，是國家的福氣。
認識這兩者，就是明白了法則。
總是處於明白法則的狀態，就稱爲神奇的德。
神奇的德深奧啊！遙遠啊！與萬物一起回歸啊！
然後抵達最大的順應。

以「道」愚民

「古之善爲道者，非以明民，將以愚之」，意即從前善於推行「道」的人，不是用「道」來教人民聰明，而是用「道」來教人民愚昧。

「非以明民，將以愚之」常被視爲老子的愚民主義，有些學者因而認爲老子有愚民主義的傾向。這句話中的兩個「以」字，顯然是承「善爲道者」的「道」字而言，亦即「以道」來明民或愚民。如此一來，情況就不同了，在人看來爲愚的，在「道」往往爲明，如此又何來愚民之有呢？

為政之要，在於真誠樸實

「民之難治，以其智多，故以智治國，國之賊；不以智治國，國之福」，意即人民之所以很難治理，是因爲他們智巧太多，因此，以智巧來治理國家，是國家的災禍；不以智巧來治理國家，是國家的福氣。所以統治者不要太過聰明，任意表現才智，尤其是權謀，否則等招數用老，人民都看穿以後，就容易失去民心。

「知此兩者亦稽式」，意即認識這兩者，就是明白了法則。「稽」是指明白，「式」是指法則，「稽式」亦即明白了法則。

「常知稽式，是謂玄德，玄德深矣遠矣，與物反矣，然後乃至大順」，意即總是處於明白法則的狀態，就稱爲神奇的德；神奇的德深奧啊！遙遠啊！與萬物一起回歸啊！然後抵達最大的順應。「大順」，是指最大的順應。由此可知，聖人或悟「道」的統治者（「善爲道者」）要明白一個法則：爲政之要，在於眞誠樸實。

綜上所述，治國要用智巧嗎？答案是否定的。認清「國之賊」和「國之福」，就知道應該依循法則。「玄德」是「善爲道者」的表現，既神奇又深遠，而結果則是「大順」。「與物反矣」，因爲「反者道之動」（第四十章），宇宙萬物走在回歸的路上，都會返回它的對立面和根源。從小的方面看，像鐘擺一樣，從大的方面看，則是返回根源。「大順」，亦即完全順著自然的趨勢去發展，這不是很好嗎？

第六十六章 江海所以能爲百谷王者

江海所以能爲百谷王者，以其善下之，故能爲百谷王。是以聖人欲上民，必以言下之；欲先民，必以身後之。是以聖人處上而民不重，處前而民不害。是以天下樂推而不厭。以其不爭，故天下莫能與之爭。

江海之所以能成爲百川歸往之處，是因爲它善於處在低下的位置，這樣才能讓百川歸往。

因此，聖人想要居於人民之上，一定要言語謙下；想要居於人民之前，一定要退讓於後。

如此一來，聖人居於上位，而人民不覺得有負擔；站在前列，而人民不覺得有妨礙。於是天下人樂於擁戴他而不會嫌棄。

因爲他不與人爭，所以天下沒有人能夠與他爭。

聖人善於居下退讓，反得民心

「江海所以能為百谷王者，以其善下之，故能為百谷王」，意即江海之所以成為百川歸往之處，是因為它善於處在低下的位置，這樣才能讓百川歸往。「王」在此不當「帝王」解，而是指歸往。

「是以聖人欲上民，必以言下之」，意即因此，聖人想要居於人民之上，一定要言語謙下。做為統治者的聖人，言語一定要謙下，愈謙下，百姓愈喜歡。古代的統治者自稱「孤」、「寡」，百姓聽了，知道統治者是替他們服務的「公僕」，而非壓榨他們、作威作福。現在是民主時代，特別容易瞭解這個觀點。

「欲先民，必以身後之」，意即想要居於人民之前，一定要退讓於後。有福大家先享，不與民爭利，這才是統治者的高明之處。

「是以聖人處上而民不重，處前而民不害」，意即如此一來，聖人居於上位，而人民不覺得有負擔；站在前列，而人民不認為有妨礙。如果居於上位的人沉溺於吃喝玩樂，難免要剝削人民、橫徵暴斂，人民怎可能不感覺負擔過重呢？

「是以天下樂推而不厭。以其不爭，故天下莫能與之爭」，意即因此，天下人樂於擁戴他，而不會嫌棄，因為他不與人爭，所以天下沒有人能夠與他爭。聖人從來不與人爭，人爭他即退讓，這樣一來，反而無人能與之相爭了。

帝王制度是中國歷史最大的害蟲

明末清初哲學家黃宗羲所寫的《明夷待訪錄》，書裡清楚地指出整個中國歷史上的一大害蟲，就是帝王制度，可惜當時少有人發覺此一思想的重要。「明夷」是《易經》第三十六卦「地火明夷」，地在上而火在下，代表天色黑暗，光明被壓制住，天下大亂；「待訪」，是指等待人們瞭解。

我每次觀看描述古代歷史的電視連續劇，對某些帝王的行徑，總是感覺厭惡，這些帝王窮極奢華，耽溺於吃喝玩樂，大興土木，廣建宮殿，樂擁後宮佳麗三千人，出外巡行時排場極盡鋪張，不知耗費國家多少的資源；反觀百姓，卻是吃不飽、穿不暖。做爲統治者，面對「朱門酒肉臭，路有凍死骨」的情景，如何還吃得下呢？

因此，黃宗羲的觀察很正確，整個中國歷史上的大壞人只有一個，就是皇帝，讓天下百姓繳稅來供養他一人，自然享受不盡。但這就苦了百姓，不僅要供養皇帝，還要供養朝廷的大小百官，經過層層剝削，猶如一頭牛被扒了幾層皮一樣。

當官的人又如何呢？自古以來，讀書人自小熟讀孔孟聖賢的典籍，及長參加科舉考試，應試中第而在朝爲官，原本應該遵循聖人之道來教化人民，卻發現必須同流合汙才有前途。因此，再有理想的官員，也可能逐漸被腐化，接受了這個基本的遊戲規則。像清朝時的捐官制度，一個縣官要花上幾萬兩銀子，而歷史上有名的清官海瑞，老老實實地替百姓服務，卻因沒有錢賄賂上層官員，反倒落得罷官的下場。

於是，幾千年下來，百姓大都在受苦受難，最後只好藉佛教來尋求心靈上的安慰。中國漢代之後的社會，就是靠著佛教的力量，讓百姓學會接受與認命。印度的情況也是如此，他們的種姓制度把印度人分成四種，按出生而定，一生下來就決定了階級，到死都不能改變，一輩子也不能翻身，只好從宗教找到超越生死、煩惱的力量。

人的價值，在於內在的自我認識與正確選擇

民主時代最可貴的就是人人保有充分的自由，可以去思想、讀書，讀出了心得，還可以自由發表意見，這麼做即使無法改變社會，至少可以改變自己的生命態度。比如經過讀書學習，就知道自己應該過怎麼樣的生活。有正常的工作，靠自己的力量賺錢養家，如此可以肯定自己的尊嚴。這個肯定很重要，人格的尊嚴不依職業的高低決定，而是努力工作就能擁有，人的價值不在於外在的名利權位，而在於內在的自我認識與正確選擇。

人活在世上，常有許多無奈，也不可能改變，像是血統與膚色，只能接受這個事實。但我們可以這樣去理解來擁有基本的自信：美國的黑人籃球巨星麥可・喬丹（Michael Jordan）是世界籃壇的頂級高手，他讓球場上的「黑」變成了一種美，當然

他的成就更是美得光芒四射。我們今天身處在這個時代，只有靠著學習，生命才可能變得不一樣。

聖人統治者是理想

老子的思想焦點之一是「聖人統治者」，猶如柏拉圖所謂的「哲學家君王」，二者在現實世界恐怕都難以實現。柏拉圖的最高理想是統治者既是哲學家又是君王，如果不能讓哲學家去當君王，就只能讓君王去學哲學。

柏拉圖的想法實在很天眞，第一，哲學家絕對當不了君王；第二，當了君王的人絕對不會學哲學。不過，歷史上眞的曾出現一位「哲學家君王」，就是有名的羅馬皇帝奧雷流士（Marcus Aurelius），在哲學界他是屬於斯多亞（Stoa）學派。斯多亞學派特別注重倫理學，主張人應該有高貴的行爲，宇宙有秩序、有法則，人的行動也要以理性做爲指導，才能符合宇宙秩序。因此，做任何事不問別人同不同意，而是問是否配合宇宙法則。但是奧雷流士最後還是承認自己失敗了，不但國家連年征戰，他也沒把兒子教好。

本章以「江海」爲比喻，生動地指出：做爲統治者的聖人，必須「以言下之，以身後之」，說話要謙遜，態度要退讓，如此在領導和治理時，百姓不「重」也不「害」，而且還會「樂推而不厭」，當然皆大歡喜。

「不爭」是處世的重要原則，不過，不爭只能保證不會失敗，比如不參加競爭，當然無從失敗。而「天下莫能與之爭」，則似乎是針對「聖人統治者」才有意義。

第六十七章　天下皆謂我道大

天下皆謂我道大，似不肖。夫唯大，故似不肖。若肖，久矣其細也夫！我有三寶，持而保之。一曰慈，二曰儉，三曰不敢爲天下先。慈故能勇；儉故能廣；不敢爲天下先，故能成器長。今舍慈且勇；舍儉且廣；舍後且先；死矣！夫慈，以戰則勝，以守則固。天將救之，以慈衛之。

天下都認爲我的「道」太大了，似乎什麼都不像；正因爲它太大了，所以似乎什麼都不像；如果像什麼東西，早就變成很渺小了。我有三種法寶，一直掌握及保存著。第一是慈愛；第二是儉約；第三是不敢居於天下人之先。因爲慈愛，所以能夠勇敢；因爲儉約，所以能夠推擴；因爲不敢居於天下人之先，所以能夠成爲眾人的領袖。

現在如果捨棄慈愛而求取勇敢，捨棄儉約而力求推擴，捨棄退讓而爭取領先，結果只有死亡了。

以慈愛來說，用於戰爭就可以獲勝，用於守衛就可以鞏固。天要救助一個人，會用慈愛來保護他。

本章代表老子的重要心得，具體指出他的三種寶貝。

「道」至大無外，無法有具象

「天下皆謂我道大，似不肖。夫唯大，故似不肖。若肖，久矣其細也夫」，意即天下都認爲我的道太大了，似乎什麼都不像；正因爲它太大了，所以似乎什麼都不像；如果像什麼東西，早就變成很渺小了。

如果「道」是宇宙中的任何一物，可以讓人具體瞭解及把握的話，那麼再偉大的都不偉大了。比如海洋，只不過是地球表面的一部分；地球，也不過是宇宙裡的一顆星球。「道」是「至大無外，至小無內」。因此，再怎麼偉大之物，也不能與「道」相比，「道」不等於任何一樣具體之物。

「久矣其細也夫」，是因爲看久了就覺得沒什麼了不起。有句老話：「僕人眼中沒有偉人。」爲什麼覺得一個人偉大，是因爲隔了一段遙遠的距離，「仰之彌高，鑽之彌堅」，覺得高不可攀、遙不可及；等到他出現在身邊，就會發現他的平凡。

老子的三個寶物

「我有三寶，持而保之。一曰慈，二曰儉，三曰不敢爲天下先」，意即我有三種法寶，一直掌握及保存著。第一是慈愛；第二是儉約；第三是不敢居於天下人之先。

第一，慈愛。「慈」是就自己的用心來說。心存慈愛，就會寬容。「慈」也代表母親的愛，爲什麼母親的愛稱爲「慈愛」呢？因爲母親生育子女，無論小孩是美是醜，都完全接納，甚至可能對長得醜的特別疼愛。因此，慈愛是肯定母親的表現，像「道」做爲宇宙萬物的母親一般。宗教所主張的慈悲、博愛也是「慈」，亦即希望人不要有分別心，對每個人都能平等去愛。

第二，儉約。儉約所針對的是物質，亦即不浪費錢財與物件。對待別人時的用心要慈，對待萬物時的做法要儉。

什麼是儉約呢？比如一棵樹砍下來，可以做成桌子、椅子、紙張。桌椅可以久用，但做成紙張後的命運大爲不同。有些紙張被印成書，如經典《老子》，大家對它皆是口誦心維，書頁上面寫滿筆記；有些則被製成一張張的白紙，在辦公室、學校裡被大量使用，卻也很容易被丟棄。不禁讓人感嘆，來自同一棵樹的紙，為什麼有些可以被人保存幾十年，有些卻只因爲字印得不清楚就被撕毀或丟棄呢？

所以，儉約的態度要用到一切物件上。對待任何事物，都應該問問它的命運（這個命運不是人的命運）和遭遇是否公平。老子的「儉」是普遍對所有物件都珍惜，因爲每樣東西都來自於「道」，怎麼可以浪費？

第三，「不敢居於天下人之先」。與任何人相處，都能謙退禮讓，從來不與人相爭。

因為慈愛，所以勇敢

「慈，故能勇」，意即因爲慈愛，所以可以勇敢。有了慈愛心，看到任何危險的事情，都會展現出無比的勇氣。比如「女子雖弱，爲母則強」中的「強」字，就是指勇敢。許多本來需要人照顧的嬌弱女子，當了母親以後，就會爲了保護孩子而變得十分勇敢。

「慈，故能勇」，因爲要包容及保存一切，所以必須奮不顧身，孔子在《論語．憲問》提到：「仁者必有勇，勇者不必有仁。」意即一個具有仁愛之心的人，一定勇敢，當仁不讓，看到該做的事就會奮不顧身；但一個勇敢的人不一定具有仁愛之心。因爲仁者是出自內在的情感與信念，所以勇敢；但是勇者恐怕只爲了想出人頭地、打勝仗、當英雄而表現英勇，未必有仁愛之心。

儉約才能將物的效用推擴到極限

「儉，故能廣」，意即因爲儉約，所以可以推擴。因爲儉約不浪費，所以萬物的效用可以推廣擴展到極限。唯有節儉，才可以用同樣的錢做更多的事。眞正慷慨的人，許多都是本身經濟並不寬裕，但是他們懂得節省開銷，心裡想的是如何把有限的資源推廣出去，盡量幫助更多人。反之，如果奢侈浪費，自用已嫌不足，又怎麼可能有餘力幫助別人，更遑論推擴了。這就好比一片鐵，打得愈薄，它的涵蓋面就愈寬，這是很簡單的道理。資源有限，節儉就可以用得長久、用得更廣。

領袖必須「不敢為天下先」

「不敢爲天下先，故能成器長」，意即因爲不敢居於天下人之先，所以能夠成爲眾人的領袖。「成器長」的「器」字是指眾人，這是古時候的用法，亦即要做眾人的領袖，必須「不敢爲天下先」，亦即讓每個人感覺不到壓力，可以自由發展。器等於物，物包括人在內，在此所說的是人的世界。

背「道」而馳者終究自取滅亡

「今舍慈且勇，舍儉且廣，舍後且先，死矣」，意即現在如果捨棄慈愛而求取勇敢，捨棄儉約而力求推擴，捨棄退讓而爭取領先，結果只有死亡了。「舍慈且勇」，根本沒有慈愛之心，只爲了想表現自己的勇敢而去爭鬥；「舍儉且廣」，一方面浪費，另一方面又想把資源推擴到每個地方；「舍後且先」，捨棄退讓而爭取領先，這三者到最後的結果都是死路一條。

有時候看歷史的發展，不免覺得感傷。在《三國演義》裡，大家拚命爭先，希望打倒對手，以致幾十年，甚至一輩子的生命都耗費在你爭我奪之中。爲什麼這些人無法表現生命裡比較悠閒的情調，安靜下來好好地過日子呢？他們爲什麼一定要改變呢？更何況是愈來愈差的改變。從春秋五霸、戰國七雄、楚漢相爭，到了「漢興，承秦之弊」，然後三國鼎立，一路下來的歷史發展都是如此，充滿了爭先與搶奪。

人的社會是不是無法避免相爭呢？老子主張「小國寡民」（第八十章），就是擔心人類再爭下去。一個個很小的國家，人口很少，相爭下去都不見了。

柏拉圖的「理想國」只有五千零四十人，五千零四十可以用三除盡，適合分配各種任務。原則上，他把人分成三種，彼此要分工合作。第一種人當政治領袖，人數最少；第二種人當武士，人數多一些；第三種人最多，是一般百姓。這三種人和睦共處、相安無事。

柏拉圖認爲，一定要讀通哲學（在當時無異於辯證法，可藉此把握眞理），讀通了才有資格當領袖；然後，中間有一群人叫衛士，就是軍人，負責保家衛國。分爲這三個階層之後，大家各盡其責。這當然是幻想——烏托邦而已。老子所說的「小國寡民」也一樣，最終只是一種幻想。

以慈愛則戰無不勝

「夫慈，以戰則勝，以守則固」，意即以慈愛來說，用於戰爭就可以獲勝，用於守衛就可以鞏固。因爲慈愛，所以不會主動侵略別人，用於戰爭的話，應該是防禦戰，即使打敗別人，也不會招來怨恨。

這種例子很多，比如周武王把商朝滅了，天下百姓都很高興。孟子說得比較誇張：「簞食壺漿以迎王師。」（《孟子．梁惠王下》）亦即大家都帶著飯和酒來歡迎周武王的軍隊。不過，還有另外一種說法是「血流漂杵」（《孟子．盡心下》），「杵」是指舂米的木棍，全句是指血多到可以讓舂米木棍浮起漂走，這代表死了成千成萬的人。如果百姓眞的拿著飯與酒來歡迎周武王，又怎麼會殺死這麼多人呢？這就是歷史的記載，不過，研究考證細節不在我們討論的範圍。

總之，有百姓歡迎周武王是事實，因爲前朝是暴政，商紂王做了無數的壞事，連對自己的叔叔、兄弟都是想殺就殺，隨意放逐，導致眾叛親離。因此，周武王出來革命是順天應人，所以一戰而勝。周武王也是出於慈愛之心，而非出於想征服別人、稱霸天下的欲望。

「以守則固」，是指以慈愛用於守衛就可以鞏固。這當然是一種理想，如果人數太少，怎麼守也守不住的。老子只是強調如何通過主觀的原則與修養，來與別人互動，即使碰到戰爭的情況也可以取得優勢。

天以慈愛救助人

「天將救之，以慈衛之」，意即天要救助一個人，會用慈愛來保護他。天要救助一個人，會讓這個人本身變得慈愛，如此則是「天助自助」者。何謂「天將救之」？「天」在古代有幾個不同的角色，這個概念發展到老子的時候，重點轉變到「天地」，亦即大自然，強調其背後的基礎——「道」。

但不應忽略的是，「天」在古代依然具有「主宰」的意思，「天」在古代是世界與人間的統治者，一個最高的主宰，所以老子會說「天將救之」；然後，以慈衛之，則與「道」進展的路線是配合的。

老子是道家，不能隨便討論講述太多有關「天」的話題，但是他活在中國的社會裡面，這個「天」曾是大家共同的信仰對象。根據《論語》的記載，孔子有兩次差一點被殺，都把「天」抬出來做爲自己的後盾。現在，老子以「道」代替「天」，「道」成爲萬物最後的根源，那麼，「天」怎麼辦呢？這兩者的關係有重疊之處。不過，老子的思想當然是以「道」爲主，因爲「天」已經被人的作爲給汙染了。比如「天子」一詞，歷代帝王皆自稱爲「天子」，但這些「天子」大多數是壞的示範。如此一來，「天」又如何維持它原來的地位呢？

協調「主宰之天」與「自然之天」

綜上所述，「慈」代表母性的愛，以寬容爲其特色。老子常說「母」與「道」，因爲「道」有如母親，萬物皆由「道」而生，皆應受到寬待。其次，儉約則須收斂及約束欲望。三是不敢爲天下先，則要退居人後而不爭。

天要救助一個人，就會讓他領悟「慈」的道理。「慈，以戰則勝，以守則固」，並不是說上天用慈愛來保衛人，而是讓他自己變得慈愛，慈愛展現出來以後，自然得到了保衛，這不是達成天意了嗎？

老子用「天將救之」一詞，配合「慈」的自然效應來談，顯示他在「主宰之天」與「自然之天」兩者的關係上，仍在力求協調。我們目前只能這樣解釋，不能說老子重視一個就排除另一個，他是在特殊的狀況下以「道」代替「天」，但又不能立刻或全面的代替「天」，亦即「天」還是保留了它的某些作用。

事實上，一般人直到今日還是希望有一個「主宰之天」可以幫助好人、懲罰壞人。「道」之大，是「至大無外」，包含一切在其內，所以不可能排除任何具體之物，否則再怎麼大也有限定，也不值得一談。所以，老子也不能完全把這一點放下。

第六十八章 善爲士者

善爲士者，不武；善戰者，不怒；
善勝敵者，不與；善用人者，爲之下。
是謂不爭之德，是謂用人，
是謂配天，古之極也。

善於擔任將帥的人，不崇尚武力；善於作戰的人，不輕易發怒；
善於克敵致勝的人，不直接交戰；善於用人的人，對人態度謙下。
這叫做不與人爭的操守，這叫做運用別人的力量，
這叫做符合天道的規則，這是自古已有的最高理想。

善於擔任將帥的人，不崇尚武力

「善爲士者，不武」，意即善於擔任將帥的人，不崇尚武力。「士，卒之帥也」，在此「士」是指將帥。「爲士」也可以解釋爲「率領士卒」。

崇尚武力是非常狹隘的發展路線。赤裸裸的戰爭打下來之後，非死即傷，不勝利就是失敗。

在希臘時代，伯羅奔尼薩戰爭打了二十七年（西元前四三一～四〇四），主要是雅典和斯巴達之間的戰爭。最後斯巴達勝利，雅典戰敗。當時的戰爭有一個遊戲規則：一個城邦戰敗，就要任人宰割，勝者可以殺掉敵國所有的軍人，婦女與小孩則淪爲奴隸，有知識的平民被抓去當家庭老師，整個城邦有滅亡之虞。

當斯巴達的大軍開進雅典的前夕，將軍們在喝酒慶功的時候，找人來唱詩助興，結果大家聽得如癡如醉，就詢問這詩是誰做的？答案是雅典的詩人。斯巴達的將領就說：一個城邦可以產生這麼偉大的詩歌，實在不應該被毀滅。果然第二天就班師回朝，雅典於是得以保存。

這樣的故事，眞是令人感動。換作是我們，看到另一個城邦比較優秀，恐怕非要去毀滅它不可，因爲它的存在會讓我們顯得太缺乏水準。雅典人一向認爲自己是文明人，而把別人當作野蠻人，但是斯巴達這些將領的水準並不亞於他們，都是文武全才的。所以，善於擔任將帥的人，不崇尚武力，武力是備而不用的。

「不爭之德」才符合天道

「善戰者，不怒」，意即善於作戰者，不輕易發怒。作戰時被敵人激怒可就麻煩了，一生氣就亂了方寸，有時候連上當了也不知道。所以，統帥要完全不受情緒影響，亦即要有很高的情緒智商。

「善勝敵者，不與」，意即善於克敵致勝的人，不直接交戰。直接交戰的話，敵人有多少飛機、大炮，稍做計算就知曉勝負了。「以正治國，以奇用兵」（第五十七章），「以奇用兵」就不需要直接交戰；「一鼓作氣、再而衰、三而竭」，等對方衰竭的時候再出兵。如果在對方一鼓作氣時就攖其鋒銳，一定會兩敗俱傷。

「善用人者，爲之下」，意即善於用人的人，對人態度謙下。這樣的人，很容易使人感動。比如我常到各個學校演講，有些學校的校長親自開車接送，我會特別感動，除了覺得對方很尊重文化，也因爲我只是個普通的教授，沒什麼權力，他還願意如此用心。

「是謂不爭之德，是謂用人，是謂配天，古之極也」，意即這叫做不與人爭的操守，這叫做運用別人的力量，這叫做符合天道的規則，這是自古已有的最高理想。

這段話的意思是，不要跟別人爭，但是要運用別人的力量把該做的事情做完。在公司裡，身為主管，如果能謙虛一點，下屬一定樂於賣命，主要的功勞仍歸於自己。反之，身為主管只喜歡當老大、擺架子，到最後下屬都不願發揮潛能來工作，縱然再有本事，也只會累壞自己。這是老子的眞心建議。

綜上所述，將帥若能做到「不武、不怒、不與、為之下」，然後可以戰無不勝，但最後還是要歸結為「不爭之德」。「善為士者」、「善戰者」、「善勝敵者」都與戰爭有關，「善用人者」，是指可以任意部署人員的領袖，希望他們最後做到「不爭」。「德」是指操守表現而言。「配天」則是很古老的觀念，在遠古時代只有天子可以配天，也就是與天相搭配。在《老子》裡面居然還保留著這樣的觀念，很值得留意，這說明他接受了古代傳下來的思想背景。

本章用了四個「善」字，其目的在於提醒我們，如果妥善判斷各種條件是否成熟，就可以找到最有效率的路線和發展方向。「善」是指善於。「善於」不是靠後天的德行修養，而是靠智慧的覺悟。智慧覺悟之後就可以看透所有事情的條件，進而善於把握各種既定條件去發展。

第六十九章 用兵有言

用兵有言：「吾不敢爲主，而爲客；不敢進寸，而退尺。」

是謂行無行；攘無臂；扔無敵；執無兵。

禍莫大於輕敵，輕敵幾喪吾寶。

故抗兵相若，哀者勝矣。

指揮軍隊的人說過：「我不敢採取攻勢，而要採取守勢；不敢前進一寸，而要後退一尺。」

這就是說，雖然有陳列，卻像沒有陣勢一樣；雖然要奮舉，卻像沒有臂膀一樣；雖然要對抗，卻像沒有敵人一樣；雖然要持握兵器，卻像沒有兵器一樣。

禍患沒有比輕敵更大的了，輕敵將會喪失我的法寶。

所以，兩軍對抗而兵力相當的時候，慈悲的一方可以獲勝。

用兵宜採守勢

「用兵有言：吾不敢爲主，而爲客；不敢進寸，而退尺」，意即指揮軍隊的人說過：我不敢採取攻勢，而要採取守勢；不敢前進一寸，而要後退一尺。「用兵」是指揮軍隊的人，「爲主」是指採取攻勢，「爲客」是指採取守勢。戰鬥時每前進一寸，都要花上極大的力氣。比如下棋，想吃掉對手的一顆棋子，有時恐怕得犧牲自己的好幾顆棋子。「不敢進寸，而退尺」，此謂以退爲進，讓別人去消耗戰力。至於「主」與「客」，在作戰時「主」代表採取主動攻勢，「客」代表被動迎戰，採取守勢。一般而言，攻比守要耗費更多的兵力。

不露形跡，才可隨時調整策略

「是謂行無行；攘無臂；扔無敵；執無兵」，這就是說，雖然有陣列，卻像沒有陣勢一樣；雖然要奮舉，卻像沒有臂膀一樣；雖然要對抗，卻像沒有敵人一樣；雖然要持握兵器，卻像沒有兵器一樣。「行無行；攘無臂」，是指心中雖有這個意念，表面上卻若無其事，不讓對方看穿。「扔無敵」，是指隨時處在備戰狀態，亦即在心裡提高警覺。「執無兵」的「兵」是指兵器，沒有兵器其實更自由。

「行無行；攘無臂；扔無敵；執無兵」，表示做事不露形跡，亦不受限制，戰場指揮官不一定要執著於一套戰法，而是可以隨著形勢調整策略。做任何事一旦露出行跡，就會成爲累贅，行其所無事，才可瀟灑自在直至成功，這就是所謂的順其自然。

如果順其自然和願望不能配合時，就要等待時機；否則就要製造條件，讓時機早點出現。人活在世界上很難做到完全沒有勉強，但在勉強時不要讓別人感覺到壓力。因此，做任何事之前，要先改變各種不利的現狀，使自己不會受到局限。

禍患大多來自輕敵

「禍莫大於輕敵，輕敵幾喪吾寶」，意即禍患沒有比輕敵更大的了，輕敵將會喪失我的法寶。兵凶戰危，稍微輕敵就可能喪命。戰爭的可怕在於必然造成死傷。如果不能懷著慈悲的心，就會趨於驕傲。一般認爲「吾寶」是指三寶——慈、儉、不敢爲天下先（第六十七章）。從後文所說的「哀者勝矣」看來，應是專指三寶之首的「慈」而言。「哀」有慈憫、不忍之意，所謂「慈故能勇」、「以戰則勝」，哀兵是不得已而戰，自然不會輕敵，所以常可獲勝。這在邏輯上也可以說得通。

兩軍對抗，哀兵必勝

「故抗兵相若，哀者勝矣」，意即所以兩軍對抗而兵力相當的時候，慈悲的一方可以獲勝。「哀者」譯爲慈悲，「哀」即內心存著憐憫、不忍之意，而不是指悲哀；「哀者」是指我心戒愼恐懼，認爲自己是比較弱小的，是被迫去迎戰的，結果則是「哀者勝矣」。

打仗不容易，只有身臨其境才知箇中困難，作戰是非常嚴肅的事，勝利的背後是不敢輕敵、戒愼恐懼。歷史上有所謂的常勝將軍，如果作戰時兵力和對手差不多，打勝仗未必稀奇；只有在兵力較少，而以少勝多時，才是常勝者的應有表現。

其實，戰爭實在是沒有必要。倒並非是膽小，而是沒有必要做無謂的犧牲。生命非常可貴，像越戰，美、越兩國死傷無數，令人遺憾，到了最後還不是以和解收場？可笑的是，兩國領導人竟然一起獲得諾貝爾和平獎，怎麼對得起死去的千千萬萬亡魂？現在兩國依然有來往，這不是很荒謬嗎？早知如此，何必當初？

再比如一九九一年美國出兵攻打伊拉克，表面上美國贏了，得意非凡，以前還言之鑿鑿地說伊拉克一定藏有化學武器，但是後來一直沒有找到所謂的毀滅性武器，又該如何收場？最後還是得跟伊拉克買石油，保持互動。那麼，對犧牲的軍人該怎麼交代呢？軍人犧牲原是爲了下一代的幸福，如果下一代眞的因此幸福的話，他們的犧牲就很值得。但是，現代戰爭非關正義的居多，帶給人類的常是永遠的傷痛。

第七十章 吾言甚易知

吾言甚易知，甚易行。
天下莫能知，莫能行。
言有宗，事有君。夫唯無知，是以不我知。
知我者希，則我者貴。
是以聖人被褐懷玉。

我的言論很容易瞭解，也很容易實踐。
天下人卻沒辦法瞭解，也沒辦法實踐。
言論有宗旨，行事有根據。正是因爲無知，所以不瞭解我。
能瞭解我的人很少見，能效法我的很可貴。
因此，聖人外面穿著粗衣，懷裡揣著美玉。

簡單的言論，卻不容易瞭解

「吾言甚易知，甚易行」，意即我的言論很容易瞭解，也很容易實踐。老子的話很容易理解，就是要人無爲，不要白費心思。比如家裡有小孩的父母就會發現，有大半的力氣都耗費在不必要的事情上，白白煩惱了。其實不管煩不煩惱，小孩一樣會長大。像我小時候有口吃的毛病，父母擔心不已，不知我將來該怎麼辦，操了許多心。後來，我在成長的過程中慢慢地克服這個毛病，現在一切正常，以上課及演講爲業，這表示我說話至少還有一般的水準。

「天下莫能知，莫能行」，意即天下人卻沒辦法瞭解，也沒辦法實踐。這兩句話說得有點誇張，天下人當然是指所有的人，眞的沒有人可以瞭解嗎？事實上並非如此，像莊子或是歷代的一些詩人和作家，他們就可以瞭解與實踐。

老子說這話是爲了加強語氣，孔子也說過看似誇張的話：「吾未見好德如好色者也。」意即我沒有見過喜歡美德勝過喜歡美色的人，其實他身旁就有一個顏淵，顏淵怎麼可能喜歡美色超過喜歡美德呢？不可能的。說出此話是爲了強調它的重要，而不在於它合不合邏輯。讀古人作品的時候，不能只從邏輯來看，否則很多話說起來就顯得彆扭。「天下人」都不瞭解，那麼，天下人是指多少人呢？老子也不一定清楚，但是這種質疑顯然毫無意義。

說話有宗旨，做事有根據

「言有宗，事有君」，意即言論有宗旨，行事有根據。我們說話要有宗旨，做事要有根據，這六個字可以當成座右銘。

「言有宗」，說話的目的，不只是爲了發出聲音讓別人注意，而且一定要有宗旨。我在荷蘭教書的時候，荷蘭人告訴我，說話不一定要有什麼目的，因爲荷蘭人最喜歡「會而不議、議而不決、決而不行」，他們認爲這樣很正常。開會不一定要激烈討論，只需要各說各話即可；討論不一定要表決，因爲表決很傷感情；表決之後不一定要實行，因爲實行起來很麻煩，荷蘭人認爲這就是理性的表現，這也算是一個民族的習慣。

年輕的時候不懂事，經常意氣用事，說話時常不假思索就脫口而出，變成非說不可。說話要有宗旨，亦即不要說廢話，和別人相處才不會產生太多困擾；說話有宗旨，才能言簡意賅。

「事有君」，做任何事都要有根據，根據是指原則。人做一件事必定有其道理，而不是非這樣做不可。如果可以選擇這樣做或不這樣做，就表示沒有理由非這樣做不可，那麼他人也不妨有他人的做法。所謂「言行一致」，就是這裡說的道理。

聖人懷裡藏著珍寶

「夫唯無知，是以不我知，知我者希，則我者貴」，意即正是因爲無知，所以不瞭解我；能瞭解我的人很少見，能效法我的很可貴。瞭解即「知」，效法即「行」。

「是以聖人被褐懷玉」，意即因此聖人外面穿著粗衣，懷裡揣著美玉。聖人的外表和平常人一樣，但是他有一個珍寶——智慧，不會輕易顯露出來，免得被不識貨的人糟蹋了。

這句話很深刻，耶穌在《聖經》裡說過：「你們不要把聖物給狗，也不要把你們的珠寶投在豬前，怕牠們用腳踐踏了珠寶，而又轉過來咬傷你們。」這段話的意思是說：宗教裡的教義是很珍貴的，不要輕易對別人說；如果輕易地說了，可能會引來別人的嘲笑或侮辱。任何宗教都一樣，向沒有準備好的人宣傳教義，往往會招來許多輕慢的話。

所以「聖人被褐懷玉」這句話，亦即我們有什麼珍寶或心得的時候，不要急著讓他人知道，否則他人不懂得欣賞，反而回過頭來說一些輕蔑的話，那就很可惜了。

掌握「道」，就能無入而不自得

人活在世界上，常常要問：「我這樣活著，到底是爲了什麼？」難道說成家立業，生幾個孩子，然後設法培養子女成才，就有成就感了嗎？坦白說，這一切只不過是不斷地重複而已，父母這樣看著我們，我們這樣看著下一代，下一代將來也這樣看著再下一代……人類已經看過不知多少個世代了，難道這就是人生嗎？這樣的人生，表面看起來根本就沒有任何特色。有時雖然從事的職業不同，互動的模式也不太一樣，但是基本上都是表現了相對價値觀，亦即都是從社會的一般價値來思考，而這些都是相對的。

人們早就忘記了根源。找到根源，生命將大爲不同，不會再事事與人比較。就像池塘中的荷花，不管開得大或小，都浮在水面上。一個人如果回歸根源，他的心中就會有一股定力，看到別人好不會羨慕，看到別人差也不會驕傲，坦然覺悟一切都有它本來的面貌。與根源結合，心思將隨著「道」而變得超然。「道」稱爲超越界，所以人也隨之變得超然，可以往上提升超越。這種超越看似與世無爭，但是並未脫離日常生活的軌道。

或者，以信仰宗教來說，信仰到極度虔誠時會面臨一種困難，亦即一種誘惑。因爲人間充滿變化，一切都不可靠，既然已經找到最後的眞理與眞實，爲什麼還要留在相對的世界裡打轉呢？於是乾脆出家修行算了，這眞是一大危機。

如果只顧自己的解脫，就變成佛教裡的阿羅漢，阿羅漢是只求「自己解脫就好」，不與世界糾纏不清，但這樣是絕對不夠的；自己解脫之後，還須繼續在人間與別人互動，努力做該做的事，如此才得以修成「菩薩」。菩薩是「我不入地獄，誰入地獄」，所以身在人間，心不受人間所困，這才是修行。

比如每天做許多事，但不因所做的事而有愉快和難過的情緒，也就是心不受世界所控制；與人來往，「揮一揮衣袖，不帶走一片雲彩」，保持瀟灑的態度。我們常有一些執著，看到好東西就想據爲己有，得到以後卻棄之如敝屣；隔一段時間又會出現更想要的東西，心態一直處於變化之中，飽受不安定之苦。

反之，如果能與根源結合的話，世上就沒有非要不可的東西。以盜挖古墓者來說，歷史的遺物是人類共同的資產，陳列在博物館裡，還可供世人同賞同樂；如果真的得手，日後也難免被官方追查。因此，何必執著呢？這並非是看破了一切，想要六根清靜，而是說人如果能掌握住「道」，世間一切的榮華富貴就好像《莊子・寓言》裡提及的「如觀雀、蚊虻相過乎前也」一樣，亦即看著鳥雀、蚊子從眼前飛過去，根本就不放在心上。《莊子・養生主》也說過：「澤雉十步一啄，百步一飲，不蘄畜乎樊中。神雖王，不善也。」意即田野裡的野雞，走十步才吃一口食物，走百步才喝一口水；但牠寧願這樣，也不願被人們關在籠子裡，因爲一旦關進了籠子，牠的神色雖然可以顯得旺盛，但生活卻不自在。

所以，老莊的思想就是要用各種方法提醒我們，人活在世界上，要避免被人間的規範及價值觀所限制。儒家建立人間的規範與價值觀，本意也是爲了幫助人，但是往往帶來了後遺症——沒有學會眞誠，反而學會互相比較競爭。所以，道家就要人們完全放開，這不見得消極，因爲如此可以找到生命的起源和歸宿。

現代人不僅遺忘了「道」，連「德」（本性稟賦）也一併迷失了。社會上有許多以「德」爲工具來詐騙他人錢財者，即使他因此成功了，也是無可替代的失敗，因爲他的所做所爲完全背離了「道」。

讓一切回歸自己如此的狀態

綜上所述，老子認爲自己的言論「甚易知，甚易行」，因爲他只是要讓一切回歸自己如此的狀態；他所做的，只是「無心於爲」與「無所作爲」，讓一切順著本性與稟賦去發展，由此延伸出柔弱、順從、天下不爭的表現，確實可以說是易知、易行。老子的期許是讓一般平凡的人也可以知「道」，並且很容易實踐「道」，亦即什麼事都不要做——不要勉強做任何事就可以達成。

爲什麼天下人「莫能知，莫能行」呢？因爲大家對「道」太陌生，「道」是「視之不見，聽之不聞，搏之不得」（第十四章），當然很難理解。不理解「道」，就容易忘記萬物的起源及歸宿，困陷於人間相對的價值觀中，做徒然無謂的掙扎，並在最後留下各種遺憾。本章簡單幾句話，就把很多人的生命困境給點出來了。

「言有宗，事有君」，老子的言論宗旨在於爲世人展示「道」及其運作規律，亦即期許人們保持天賦之「德」。「被褐懷玉」一詞，可以代表老子的「聖人」在大眾心目中的形象，如果看到有個人「被褐懷玉」，只要我們能看透不起眼的外衣，將會發現他的內心就是美玉，那才是眞正的智慧。

第七十一章 知不知

知不知，尚矣；
不知知，病也。
聖人不病，以其病病。
夫唯病病，是以不病。

知道而不自以爲知道，最好；
不知道而自以爲知道，就是缺點。
聖人沒有缺點，因爲他把缺點當作缺點，
聖人把「不知道而自以爲知道」當作缺點，他就不會犯這種錯。

最好的「知道」，是知道而不自以為知道

「知不知，尚矣；不知知，病也」，意即知道而不自以爲知道，最好；不知道而自以爲知道，就是缺點。

「知不知」通常有二解。其一，知道自己不知道；其二，知道而不自以爲知道。一般人大多採其一的解釋，這種譯法看似不錯，但實際上會發生問題，因爲如果這一句這樣譯，第二句「不知知」，就要譯成「不知道自己知道」，怎麼會有人不知道自己知道呢？兩句相對照，明顯不合邏輯。

我選擇第二種解法，理由有三。

第一，「知道自己不知道」是出發點，而不是最終目標，所以不宜說「尚」（最好）。蘇格拉底曾說：「我只知道一件事，就是我一無所知。」此話一出，整個雅典黯然失色，進而震撼古今。

這件事的緣由，是蘇格拉底的學生去求問阿波羅神：雅典誰最聰明？得到的答案是蘇格拉底。蘇格拉底認爲，一定是神弄錯了，所以他帶著學生去訪問各界名人，包括政治領袖、文藝界的詩人、科學界的專家等。最後他明白了，就說：「爲什麼神認爲我最聰明呢？因爲所有的人裡面，只有我知道一件事，那就是我一無所知。」換句話說，所有的人連自己不知道都不知道，只有蘇格拉底知道自己不知道，所以他最聰

明。這是蘇格拉底的自知之明。

因此「知道自己不知道」，還不能說「尙」，只是一個正確的出發點，亦即眞正的知識來自「我知道我不知道」，然後才會開始有了眞正的瞭解。一旦說「我知道」、「我以爲我知道」，就會畫地自限了。聖人雖然「從不自以爲知」，但也不能說是毫無所知，有誰毫無所知呢？

第二，以「尙」描寫聖人，應屬合宜，那麼試問：聖人是「知道自己不知道」，還是「知道而不自以爲知道」？對於人間的事，有所知的時候，要看從哪一個階段或角度去判斷，比如從兒童時期或老年時期、從這個角度與其他的角度去看事情，一定都不一樣。

所以當我們有所知時，不以爲自己知道，不要以爲只有自己一個人知道，也不要以爲只有自己知道的才是對的，這就是「知道而不自以爲知道」，而不是「知道自己不知道」。「知道自己不知道」只是出發點，由此可以好好學習，好好去知道，「知」與「道」原是可以分開的。

第三，配合「不知知」來看，大多數學者把這句話譯爲「不知道而自以爲知道」，這是沒有異議的。既然譯成如此，第一句當然要譯爲「知道而不自以爲知道」。

聖人把缺點當作缺點

「聖人不病，以其病病。夫唯病病，是以不病」，意即聖人沒有缺點，因爲他把缺點當作缺點，聖人把「不知道而自以爲知道」當作缺點，他就不會犯這種錯。「病」是指缺點，而不只是生病的意思，生病是身體發生了狀況；缺點則是指所有的言行而言。

有一句俗話「久病成良醫」，就是這個道理，許多人身體健康，沒生過病，一生病就一命歸西了，因爲他們太大意了；反之，把病當作病，才會小心對付它。

爲什麼「病病」就可以「不病」呢？因爲聖人把缺點當作缺點，自然會設法避開或者加以改善。問題是一般人並不認爲「不知道而自以爲知道」是一種毛病，所以終生帶著這種毛病，太過主觀、帶有成見，不容易認可別人的想法，連我也不例外。打開電視看到某些人在談話時，我馬上轉換頻道，因爲覺得他講的話很沒道理；事實上多聽幾次會發現，他也有他的理由。不過，我也有我的立場，對我有利的話我才苟同。同樣一件事，往往只看到對自己有利的一面，然後專從負面去批評別人，而別人也採取同樣的方式來對付你，搞到最後大家都很辛苦，天下也難免混亂。

我的老師方東美先生曾在生病住院時寫了一首詩：「眾生未病吾斯病，我病眾生病亦瘥。病病唯因眞不病，重玄妙法洽天然。」其中「病病唯因眞不病」就來自本章，顯示了道家思想的色彩。

「眾生未病吾斯病」，「眾生」是指一般人，意即大家並沒有罹患我這種病；「我病眾生病亦痊」，意即我一生病，大家的病就好了，等於我替大家生病；「病病唯因眞不病」，意即能把病當病看，主要是因爲我「眞不病」——沒有眞的病。意思是：把病當作病，就不會被病所害了；不把病當作病，就會被病所害。比如膽固醇太高，就要把它當病看，特別注意它，按時吃藥，膽固醇就不會構成危害；不把膽固醇太高當作一回事，就容易要了人命。「重玄妙法洽天然」，「重玄」是指「玄之又玄」，屬於老子的思想，意即「玄之又玄」這麼微妙的法門，如此就能完全配合天然。「天然」是指老子提到的「本來」、「自然」的樣子。

讀到本章，我就會想到方老師的這首詩，他在生病過世前親手交給我，所以我印象深刻。

第七十二章　民不畏威

民不畏威，則大威至。
無狎其所居，無厭其所生。
夫唯不厭，是以不厭。
是以聖人自知不自見；自愛不自貴。
故去彼取此。

人民不害怕威迫的時候，大的禍亂就來了。
不要打斷人民的日常生活，不要壓制人民的謀生之路。
只有不壓制人民，才不會令人民討厭。
因此聖人瞭解自己，而不顯揚自己；愛惜自己，而不抬高自己。
所以要捨棄後者（自貴、自見），保持前者（自愛、自知）。

為人與為政不可逞強

「民不畏威，則大威至」，意即人民不害怕威迫的時候，大的禍亂就來了。這一句話有兩個「威」字，第一個「威」是指威迫，第二個「威」是指禍亂。王弼的注解談到「大威」時，是以「上下大潰，天誅將至」來形容，「天誅」一出，禍害程度難以想像。我們經常聽人說「誰怕誰」，等到眞的出了問題，早已後悔莫及了。所以人最好知所收斂，不要逞強。

爲政者也須收斂，不要逞強。比如這幾年美國人老是擔心會發生比「九一一」更大的恐怖事件，當阿拉伯地區的人民都不怕美國的威迫，一心要與之拚命時，美國就緊張了；但是阿拉伯地區的人民也很緊張，深怕美國會再來對付他們。

再比如伊拉克的前總統海珊，當初在政壇上也是呼風喚雨、不可一世，出兵攻打科威特，並宣稱擁有毀滅性的武器來威脅英、美；當他垮台後，被美軍生擒時是藏在地洞裡面，狼狽不堪，與過去的風光簡直不可同日而語，他何曾想過會有這樣的結果？這就是「民不畏威，則大威至」的最佳寫照。

為政之道在於不打斷、不壓制人民

「無狎其所居，無厭其所生」，意即不要打斷人民的日常生活，不要壓制人民的謀生之路。「無狎所居」的「狎」字通「閘」，是指截斷關閉。若「狎」作「狹」，則是指不要脅迫、窄化人民的居住，意思比較晦澀。「無狎」意即不要打斷。閘門一關起來，就會阻斷水流，所以，爲政者保持平常的狀態最好，不要用特別的事來打斷人民的日常生活，不要壓制人民的謀生之路。

「夫唯不厭，是以不厭」，意即只有不壓制人民，才不會令人民討厭。

本章「厭」字出現三次，前二者是指壓制，所以要讀「壓」；第三個「是以不厭」的「厭」字是指討厭。

保有自知自愛，捨棄自見自貴

「是以聖人自知不自見，自愛不自貴。故去彼取此」，意即因此聖人瞭解自己，而不顯揚自己；愛惜自己，而不抬高自己。所以要捨棄後者（自貴、自見），保持前者（自愛、自知）。

「自知不自見，自愛不自貴」，告誡我們要自知、自愛，不因爲自知而喜歡炫耀表現；不因爲愛惜自己，就抬高自己。其實，豐功偉業也要靠著各種機緣的配合，不值得大加吹噓。

我念大學的時候，學生普遍尊敬校長，遠遠看到他經過都會肅然起敬，馬上立正站好，那時的校長大都能「自知」、「自愛」。反觀現在的情況似乎不同了，有些校長的言行表現缺乏水準，讓人無從尊重起。這就像孟子說梁襄王：「望之不似人君，就之而不見所畏焉。卒然問曰：天下惡乎定？」（《孟子‧梁惠王上》），梁襄王長得猥猥瑣瑣、毫無志氣，沒見過任何世面，竟然天不怕地不怕，開口就問孟子如何可以安定天下？他有資格問這種問題嗎？他連安定自己都有困難了，更談不上去安定國家，又如何幻想能夠安定天下？

老子鼓勵我們要捨棄後者（自貴、自見），保持前者（自愛、自知），意即在此。

第七十三章　勇於敢則殺

勇於敢則殺，勇於不敢則活。此兩者，或利或害。
天之所惡，孰知其故？
天之道，不爭而善勝，不言而善應，不召而自來，繟然而善謀。
天網恢恢，疏而不失。

勇於敢作敢爲就會喪命，勇於不敢作爲就會活命。這兩種「勇」的結果，一獲利，一受害。
上天所厭惡的，誰知道其中的緣故呢？
自然法則的運作是：不爭鬥而善於獲勝，不說話而善於回應，不召喚而自動到來，雖遲緩而善於謀劃。
自然的羅網，廣大無邊，雖然疏鬆，但是卻沒有漏失。

「勇於不敢」比「勇於敢」更難

「勇於敢則殺，勇於不敢則活」，意即勇於敢作敢爲就會喪命，勇於不敢作爲就會活命。這句話不能光從字面上來看，否則意思就成了「一個人膽小怕事，就會活得久一點」。在本章裡，這句話是從個人與「道」的角度來思考的。「勇於敢」一詞，可參考「堅強者死之徒，柔弱者生之徒」（第七十六章）。「敢」指涉「堅強」，而「不敢」指涉「柔弱」，這是老子的一貫立場。較爲特別的是：「不敢」也需要「勇」，而這種「勇」顯然更爲不易。

「此兩者，或利或害。天之所惡，孰知其故」，意即這兩種「勇」的結果，一獲利，一受害。上天所厭惡的，誰知道其中的緣故呢？

「勇於敢」，就像某些人想凸顯自己的勇敢，就表現出好勇鬥狠。「勇於不敢」才是人類理智的行爲。比如《史記．刺客列傳》提過一名叫專諸的刺客，他身強體壯，武功特別好，打起架來可以以一敵十。有一天早上，他聽到外頭有人叫囂挑釁，他開門一看，外頭的十幾個人早已排好陣仗，等著跟他打架。專諸正想出門應戰時，忽然聽見老婆一聲叫喚，他立刻轉頭走回屋中，大家紛紛譏笑他沒出息，他卻回答：「夫屈一人之下，必伸萬人之上。」

一個人如果什麼都不怕，沒有任何力量可以讓他自行收斂的話，那麼，他的生命將很容易就報銷了。不過，自古以來，敢於冒險者雖喪命而猶不悔的例子也很多，如果都依老子的建議，哥倫布就不可能發現美洲新大陸，也不可能有任何冒險的活動了。人類的文明就像上了發條，開始走就停不下來，這時候人可以選擇「勇於敢」或「勇於不敢」，大多數人都會選擇前者，因爲可以得到掌聲。

很多時候，所謂的「不敢」，並非害怕、膽小，而是不願跟別人比較，不願招搖，不願去超過別人，這樣就可以平安度日。有時候很難做到「勇於不敢作爲」，總是有些人會想要表現自己，關鍵還是在於控制起心動念。

自然界的運作法則

「天之道，不爭而善勝，不言而善應，不召而自來，繟然而善謀」，意即自然法則的運作是：不爭鬥而善於獲勝，不說話而善於回應，不召喚而自動到來，雖遲緩而善於謀劃。

「天之道」是指自然的法則，就像四季的遞嬗一般，冬天來臨，天氣變冷；再過幾個月，春天到來，不知不覺百花齊放。換句話說，就是不必爭，春、夏、秋、冬四季依自然法則輪轉，這是「不爭而善勝」。

「不言而善應」，亦即自然界不需要說話卻善於回應。比如農人種田，就會希望風調雨順，天時地利將會配合人類的勞作；但實際上是人類的活動要先依自然界的規則，否則就會變成人類在主觀上對自然進行操縱，將來造成的反撲也不堪設想。

「不召而自來」，不必去召喚它，它自動會到來，就好像季節的變換，或如候鳥的來臨。

「繟然而善謀」，亦即自然界善於謀劃，一天一天過去，好像一切都已安排好。自然法則的運作，有它自身的規律，有規律就善於戰勝、善於回應、自動到來、善於謀劃。

天網恢恢，疏而不失

「天網恢恢，疏而不失」，意即自然的羅網，廣大無邊，雖然疏鬆，但是卻沒有漏失。我們想像所謂的「食物鏈」，就可以理解。食物鏈有如一個自然的羅網，沒有任何東西會被漏掉。森林裡的某些猛獸像大象、獅子，當牠們活著的時候，幾乎沒有天敵，等牠們一老，仍難免變成豺狼及禿鷹的食物，最後被螞蟻給消化殆盡；像禿鷹，哪裡有死屍牠就飛來，讓人感覺噁心，但如果沒有牠們這種「自然界的清道夫」也很麻煩。這一切，自然界全部安排好了，此謂「天網恢恢，疏而不失」。我們有時候說「法網恢恢，疏而不漏」，善惡最終仍有報應，惡人總有露出破綻、被捕就法的時候。

「天網」有如地球的生態環境，動植物不可能逃脫生態環境的變化。如果做好事，因爲問心無愧，自不必擔心「天網恢恢」；如果做壞事，「天網恢恢」管不了，也還有「法網恢恢」可以制裁。所以，任何作爲都會有反作用。心存善念，眞正受益的是自己；心存惡念，受害的也是自己。

《孟子．梁惠王下》談到鄒穆公對孟子抱怨：「我對百姓那麼好，這次戰爭，我手下的官員被殺了三十三人，百姓眼看官員被殺，卻沒有一個爲他們拚命的。」孟子回答得很精采：「戒之戒之！出乎爾者，反乎爾者也。」現在常用的「出爾反爾」，是指一個人言行前後反覆；而在《孟子》裡面「出爾反爾」的意思是：我們怎麼對待別人，別人也會怎麼對待我們，亦即人做的任何事，最後都會回到自己身上。這些官吏平時高高在上，不顧百姓疾苦，甚至殘害他們，百姓也無可奈何；等到打仗的時候，百姓有了報復的機會，自然袖手旁觀了。

「天網恢恢，疏而不失」也是一種勸告。犯罪者即使因一時幸運，沒有被抓到，但是內心仍有壓力。沒有一個人做壞事不會產生反作用的，惡夢可能從此跟隨他一輩子。任何作用都會產生反作用，比如說一句好話，心中就會產生一股善良的助力；說一句壞話，心中就會產生一股邪惡的魔力。再者，傷害別人就是傷害自己，因爲自己先存著壞心眼，壞心眼使別人直接受傷害，自己則間接受到內傷。

人是很特別的生物，知道自己做過什麼事，這個「知道」永遠不會消失，即使可以把它放在潛意識中，暫時忘記（也稱「選擇性的失憶」），但是做夢的時候它依然會出現，或者在關鍵時刻出現，這就是「天網恢恢，疏而不失」。

三個「天」字，各表不同

本章的三個「天」字，值得省思。首先，「天之所惡」一詞，表示「天」有好惡，亦即具有主宰性格，但是隨即加上「孰知其故」一詞，透露了老子不願多加著墨，問天的意志是什麼。

其次，轉而介紹「天之道」，意指「自然界的規律」。「天之道」所取法的，當然是「道」了，因爲「天法道」（第二十五章）。於是，「不爭而善勝」四語，頗能符合其他各章有關「道」的描述。

第三，「天網」一詞，是指自然界的範圍所形成的羅網，是無物可以脫逃的。所以，不能說這個天是沒有位格或沒有意志；重點是在人看來，天有什麼作用？超越界如何展現？這種展現需要考慮其象徵性、功能性、關係性，亦即凡是跟「天」及「道」有關的語詞，都是象徵的說法，並且與它有關的一些描寫都是就其功能而言，它本身的情況則沒有人知道。有誰知道什麼是「道」？視之不可見，聽之不可聞。

第七十四章　民不畏死

民不畏死，奈何以死懼之？
若使民常畏死，而為奇者，吾將得而殺之，孰敢？
常有司殺者殺。夫代司殺者殺，是謂代大匠斲。
夫代大匠斲者，希有不傷其手矣。

人民不害怕死亡的時候，怎麼可以用死亡恐嚇他們呢？
如果讓人民真的害怕死亡，對那些搗亂的人，我就可以抓來殺掉，那麼誰還敢再搗亂？
總有行刑官去執行殺人，代替行刑官去執行殺人的，就像代替大木匠去砍木頭一樣。
代替大木匠去砍木頭的，很少有不砍傷自己手的。

以殺止亂，緣木求魚

「民不畏死，奈何以死懼之」，意即人民不害怕死亡的時候，怎麼可以用死亡恐嚇他們呢？有些人最大的恐嚇就是：「小心啊，再囉嗦我就把你殺了。」恐嚇的最後手段，是要殺人取命，但是如果這個人不怕死，又怎麼恐嚇他呢？這句話所反映的是亂世百姓的心聲。

苛政是最大的死亡威脅，如「苛政猛於虎」的故事所說：孔子帶著弟子經過一片竹林，聽到有女人在哭，於是問她爲什麼哭，她說她公公、丈夫、兒子全被老虎咬死了。孔子問她爲什麼不搬到城裡住，她回答：不行，因爲「苛政猛於虎」，城裡的苛政比老虎還厲害。住在樹林裡只有老虎的威脅，大不了一死了之；要是住在城裡，被貪官汙吏虐待欺負更是難熬。

「民不畏死」的背景是民不聊生，甚至生不如死，這時老百姓沒有什麼好怕的。如果統治者不去思考這樣的背景，卻只想以殺而止亂，無異是緣木求魚。

不要把人逼向窮途

「若使民常畏死，而爲奇者，吾將得而殺之，孰敢」，意即如果讓人民眞的害怕死亡，對那些搗亂的人，我就可以抓來殺掉，那麼誰還敢再搗亂？「奇者」是指不走正路、搗亂的人。

爲什麼會有人起來搗亂呢？因爲這些人不害怕死亡，認爲活著既然這麼窮苦、疲累，跟死了也差不多，倒不如胡作非爲一番。所以，不要把百姓逼向窮途。

從另外一個角度來看，如果認爲有錢一定快樂，那是非常危險的事。事實上，有錢之後往往一兩個月就不太快樂了。台灣很多有錢人，以爲自己生活在上流社會，但依我看他們並不怎麼快樂，花天酒地醉生夢死而已。所以，與其從外在條件衡量如何才會快樂，整天追求名利權位，還不如從內心調整自己的觀念，這是老子的建議。

假設今天是個亂世，想起來革命造反，那是「勇於敢則殺」，但是台灣能算亂世嗎？據統計資料顯示，全世界工資最高的百分之二十的人，其標準只是每個月工資新台幣一萬元。換句話說，全世界有百分之八十的人一個月賺不到一萬元。我看了這個資料之後，就覺得還有什麼好抱怨的呢？

如果金錢決定一切，人生就沒有什麼好談了；如果金錢決定一個人是不是快樂，人生也沒有什麼好想的。我最大的樂趣之一，就是想到金錢不是一切，想到有錢人的煩惱經常比我們的還多。

傷害民衆的人，也會傷害到自己

「常有司殺者殺。夫代司殺者殺，是謂代大匠斲」，意即總有行刑官去執行殺人，代替行刑官去執行殺人的，就像代替大木匠去砍木頭一樣。「司殺者」就是行刑官。「斲」是指砍。「夫代大匠斲者，希有不傷其手矣」，意即代替大木匠去砍木頭的，很少有不砍傷自己手的。

如果經常威脅百姓「不聽話就殺」，最後百姓想不開的時候就會起來革命，正所謂「官逼民反」。不僅中國古代，西方古代也是一樣，人民被逼上絕路，最後是會起來革命的。凡是這樣做的人，「希有不傷其手」。一個暴君動不動就恐嚇百姓，藉口要替天來殺害百姓，這就等於代替大木匠來砍木頭，反而會傷到自己的手。所以，統治者行仁政都來不及了，怎麼還去傷害百姓呢？

「常有司殺者殺」的「常」字，也暗示自然法則。人的生死是由自然法則決定的，猶如自然的行刑官。每一個人都有天賦的壽命，該活幾歲，就活幾歲，叫做「常有司殺者殺」，如果違背自然法則將會自尋死路。「司殺者」就是自然的力量，違背它的話，不是自尋死路嗎？

「代司殺者殺」一語，則提醒統治者，不要以爲自己手握大權，可以決定人民的生死。做爲統治者不能隨便殺人，因爲「民不畏死，奈何以死懼之」。

第七十五章 民之飢

民之飢，以其上食稅之多，是以飢。
民之難治，以其上之有爲，是以難治。
民之輕死，以其上求生之厚，是以輕死。
夫唯無以生爲者，是賢於貴生。

人民陷於饑餓，是由於統治者吃掉太多賦稅，所以才陷於飢餓。
人民難以治理，是由於統治者喜歡有所作爲，因此難以治理。
人民輕易赴死，是由於統治者生活奉養豐厚，因此輕易赴死。
只有不刻意求生的人，要比重視生命的人更高明。

統治者是最大的問題

「民之飢，以其上食稅之多，是以飢」，意即人民陷於飢餓，是由於統治者吃掉太多賦稅，所以才陷於飢餓。西方先進國家動輒抽稅三、四成，但是他們的社會福利做得不錯，百姓想通了也願意配合。最怕的是橫徵暴斂之後，又不管百姓死活。而這正是老子時代的眞實處境。

「民之難治，以其上之有爲，是以難治」，意即人民難以治理，是由於統治者喜歡有所作爲，因此難以治理。什麼是有所作爲呢？築萬里長城、修大運河、蓋宮殿等。古時候有所謂的勞役，讓老百姓從事公共建設，稱之爲男丁，是義務工作，等於是服勞役。耗費大量的人力、物力，百姓不堪重負，當然很難治理。

「民之輕死，以其上求生之厚，是以輕死」，意即人民輕易赴死，是由於統治者生活奉養豐厚，因此輕易赴死。統治者把民脂民膏都搜刮盡了，百姓所剩無幾，還活著幹什麼？這句話比較費解，在下文會說明。

「民之飢」、「難治」、「輕死」，一層比一層嚴重，每一層現象都是居於上位的統治者造成的。統治者抽稅太重，人民窮困飢餓。統治者有所作爲，人民不堪其擾，從消極抵制到積極反抗，結果則是難治。統治者生活奉養豐厚，人民爲什麼輕易赴死呢？除了窮困和飢餓之外，還不甘心成爲被利用的工具。人民努力耕種，收成的稻米被君王奪去，君王生活奉養豐厚，人民自己剩下來的卻很少。

自古以來有許多詩詞描寫「傷農家」，替廣大的農民難過。他們一輩子辛苦耕田，還是不得溫飽，就是因爲上頭要層層抽稅。統治者則是作威作福、錦衣玉食。反抗不公平的事情，是歷代知識份子的責任之一。但是，古代讀書人只知道要服務社會，而天子代表了「超越界」，所以讀書人對天子大都逆來順受。就好像颳風下雨時，我們不會責怪天，只會怪自己的房子沒有蓋好。久而久之，天子就作威作福，變本加厲了。

中國歷史上最大的問題就在於皇帝。在歐洲，情況也很複雜，兩千多年來征戰不休。

孟子去見梁惠王，梁惠王說：老先生，你不遠千里而來，「亦將有利於吾國乎」——你對我們梁國有什麼好處呢？孟子說：「王何必曰利？亦有仁義而已矣。」意即大王你何必跟我講利呢，我們只要靠仁義就夠了。孟子講得很有道理，國君說怎麼「利吾國」，大夫說怎麼「利吾家」，一般讀書人說怎麼「利吾身」，如果每一個人都要說「利」，「上下交爭利」，上下相互追求利益，那就天下大亂了。反之，大家講求仁義，和睦相處，社會自然和諧愉快。

但是，一個人要講仁義，首先就得改變自己，而且行爲要端正。身爲政治領袖就是不喜歡正，因爲一正就沒有樂趣了。好不容易當了皇帝，還要守規矩，那還有什麼樂趣？

所以，最初的天子沒有人願意當，像堯、舜、禹。大禹當天子，八年在外，三過家門而不入，放逐也不過如此。大禹當天子太辛苦，弄到大腿沒有肉，小腿沒有毛（《莊子・天下》：「腓無胈，脛無毛」）。但是，後代帝王大多養尊處優，怎麼可能像堯、舜、禹那樣替老百姓服務呢？

讓生命順其自然

「夫唯無以生爲者，是賢於貴生」，意即只有不刻意求生的人，要比重視生命的人更高明。「貴生」是指看重生命，這是道家所肯定的想法，不過還有一個更高明的觀點，就是「無以生爲」。

「無以生爲」就是不要過度重視生命，一切順其自然。唯有如此，才不會走上求生之厚的路。「求生之厚」是給自己的生活增加很多條件，讓自己吃好的、穿好的。「貴生」是純粹地看重生命本身，而不是刻意注重享受，這兩者要分別看待。

讓自己活得好一點，但是不去刻意求生，也就是順其自然，這要比重視生命的人更高明。

在中國帝王制度的發展過程中，自從法家出現以後，就抓住人性的弱點，倡導尊君卑臣。要讓大家都快樂不太可能，但是要讓一個人快樂卻很容易，亦即大家出錢出力讓帝王享受，讓他掌握權力，誰靠近他一點，就多分一點資源。最後完全淪於現實主義，就是每個人只看這短短的一生，而不能想像人格尊嚴與人生價值。

爲什麼法家的代表韓非子要寫〈解老〉、〈喻老〉呢？其實韓非只是拿老子做幌子，他不曾眞正理解道家，他不能談「道」，只能談法，而這個法也不是好的法，只是做爲工具，用來無限提高君主的地位，壓低大臣的角色，然後百姓只能做牛做馬。

這樣也許可以集中力量，打仗的時候很有效率，但是長期下來不可能治國。所以，秦始皇號稱「始」皇帝，但傳兩世就結束了。然而，秦始皇爲了保住子孫的江山，不知害死多少人，據說建築長城期間，有九十萬人喪命。

欣賞天地的選擇

由本章回溯前面各章，可以說老子所有重要的思想都已經接觸過了。我們也知道，學習一個哲學家的思想，一定要瞭解他的基本概念，他如何設定判斷的標準，以及他的系統到底是如何建構的。

整體說來，老子的思想展現了三個主軸，最難理解的當然是第一個——「道」，對此我們已經有些體會了。如果沒有「道」，萬物都無法得到根本的解釋，也就是一切都沒有意義可言。無法被理解，就表示我們的理性無法明確地加以掌握。「道」是究竟的眞實，亦即最後的眞實，它是永恆不變的。它的永恆不變是由變化的現象世界所反襯出來的，也就是說，我們活在一個變化無已的世界裡。

老子的言論很多地方是「正言若反」，把正面的話說得像反面的話，目的是要讓我們明白人間各種價值判斷是相對的。既然是相對的，也就是有限的，一定是從某個角度而不能涵蓋全面。比如學習老子之後，很容易接納自己的現狀，對於所有的一切，只要是自己如此的、自然的，都可以接受，因爲我們不再從自己、從別人、從相對的時空條件所形成的價值觀來看待一切，而是從「道」來看待一切。

從「道」來看萬物，就會像母親接納子女一樣，肯定萬物都有它的內在價值。內在價值就是一物從「道」所獲得的部分——「道生之，德畜之」、「萬物莫不尊道而貴德」（第五十一章）。尊「道」應該沒有問題，「貴德」就要珍惜從「道」所獲得的本性與稟賦。

比如我對自己的天賦條件不滿意，那麼能和別人交換嗎？不可能。如果和別人交換，人生就要從頭再來一遍，因爲任何人現在的成就和表現都不能直接轉移，中間必須經過一段成長歷程。所以，「德」這種天賦也需要不斷去修練。人之所以是萬物之中最特別的，是因爲人的「德」不是生來就固定，而是需要在不斷自由抉擇的過程中，走向正確的方向而得到培養。

正確的方向就是向著「道」，我們通常很容易走偏。比如年輕時把寶貴的時間浪費在自以爲是的成就上，離根源更遠，最後才發現自己這一生很多事都是可有可無。反之，如果明白「爲學日益，爲道日損，損之又損，以致於無爲」（第四十八章），好好爲「道」，結果就不一樣了，就「道」而言，對每個人是完全公平的。

比如有人一照鏡子就覺得自己很醜，而耿耿於懷。其實美醜是相對的，請看「天下皆知美之爲美」（第二章），大家都說這樣是美，醜才會出現。參加選美的都是美女嗎？有時候，這些所謂的美女只是化妝技術好一點而已。其實一個人的品格如何，只要看她說幾句話，注意她的表情，就可以知道。

人的長相是父母生的，怎麼可以評頭論足說自己的美醜？而且，美與醜要看時空條件的配合，必須接受當代的價值觀，接受別人所定的標準。比如一個人生在古代很美，生在今天這個時代卻得去減肥，因爲現代人多半肯定瘦才是美。

我從來不覺得瘦是美。我覺得做自己就是最好的，在我身體之外的不是我的，在我身體之內的不是別人的，這樣的身材恰到好處。爲什麼一定要選擇或按照什麼標準來判斷自己？這顯然是一種認知上的偏差。

學習道家思想的好處之一，就是對世俗的價值觀有批判的能力。看到別人追求什麼，不會盲目跟從，而會由「道」的角度去欣賞一切，進而發現萬物都有可愛的地方。對於人，對於物，對於一切，都是如此。由此排除功利的心態，可以看得很長遠。

比如欣賞配合這個季節出現的任何一朵花，不欣賞它也沒有別的花可以替代，因爲別的花不會在這個季節出現。換言之，這朵花是天地選擇的。如果常常從這個角度觀察，人的理性就會展現一種超越的覺悟。

我們要常常記得老子思想的三個主軸，第一個是「道」，第二個是「天下大亂」，第三個是「聖人」。聖人是悟「道」的統治者，他希望「道」與百姓連繫起來，讓社會歸於安定，讓百姓重新回到最後根源，那是他的責任所在。本章的「民之飢」、「民之難治」、「民之輕死」，說明了當時的現象：百姓很飢餓，百姓很難治理，百姓輕易赴死（不怕死），這都與當時的統治作爲有關。

第七十六章　人之生也柔弱

人之生也柔弱，其死也堅強。
草木之生也柔脆，其死也枯槁。
故堅強者死之徒，柔弱者生之徒。
是以兵強則滅，木強則折。
強大處下，柔弱處上。

人活著的時候身體是柔軟的，死了以後就變得很僵硬；
草木活著的時候枝葉是柔脆的，死了以後就變得枯槁了。
所以，堅強的東西屬於死亡的一類，柔弱的東西屬於生存的一類。
因此，兵力強盛了會被滅亡，樹木強壯了會被摧折。
強大的居於劣勢，柔弱的居於優勢。

處世態度宜取柔弱而戒堅強

「人之生也柔弱，其死也堅強」，意即人活著的時候身體是柔軟的，死了以後就變得很僵硬。這句話是在描述客觀事實。

「草木之生也柔脆，其死也枯槁」，意即草木活著的時候枝葉是柔脆的，死了以後就變得枯槁了。前面用柔軟、僵硬，後面用柔脆、枯槁，然後綜合起來做結論，這是使用了歸納法。

「故堅強者死之徒，柔弱者生之徒」，意即所以，堅強的東西屬於死亡的一類，柔弱的東西屬於生存的一類。一個人作風如果太強硬，喜歡硬碰硬，恐怕容易受內傷，甚至死亡。態度如果柔弱一些，就可以避開攻擊，避開同歸於盡的結局。

「是以兵強則滅，木強則折」，意即因此兵力強盛了會被滅亡，樹木強壯了會被摧折。

「兵強則滅」，因爲戰爭的結果必有死傷，即使是戰勝者也會蒙受不少損失，長期下來國家也將難以支撐。比如近代以來最強盛的兵力，從拿破崙、希特勒、前蘇聯，開始時都有百萬大軍，最後依然是土崩瓦解，走向敗亡的命運。老子早在兩千多年前就已提出警告，可惜沒有人認眞思考這一點，只想愈強盛愈好。

「木強則折」，強壯的樹木即使未被砍伐利用，也將在暴風襲擊之下率先折斷，因爲它無法順風搖擺，很容易被連根拔起，這也近似所謂的「樹大招風」；柔弱的草木枝幹柔軟，反而較易保全。《莊子．天下》也說：「堅則毀矣，銳則挫矣。」不堅不銳，就無從被消滅。人如果處在巔峰，則應該自行轉變到「道」，也就是接受當下的情況，不要再給自己更高的標準和要求，如此或許可以相安無事。

人的生死與草木的生死，都可以就其性質加以判斷，這些是經驗上可以找到的材料。由此類推，我們的處世態度，也應該取柔弱而戒堅強。比如剛進入學校、團體或公司時，客氣溫和的人，大家就喜歡與他接觸；如果態度高傲、個性倔強，就鮮少有人願意搭理他，他將來出了什麼問題，也不會有人願意伸出援手。

強大者居於劣勢，柔弱者居於優勢

「強大處下，柔弱處上」，意即強大的居於劣勢，柔弱的居於優勢。柔弱者始終保存在生長的狀態中，而強大者難免變得僵硬，當初羅馬帝國的國勢強大，最後卻無以爲繼，因爲百姓已養成驕奢的習性，又找不到新的生命力，國家自然趨於崩解。

柔弱者有時會感覺委屈，但是我們要設法去掉這種相對的情緒。不論委屈來自別人的有意或無意，受委屈的人已經受了委屈，就應該由此覺悟在「道」裡面沒有人會受委屈。只要依然活著，可以存思與「道」的關係和默契，就值得一切的苦難了。表面上受委屈，說不定因此與「道」更接近；反之，表面上很順利，一切都心想事成，意氣風發，卻可能離「道」愈來愈遠，因爲走的是人間「非道」的路線。很多時候，正路竟然是反路，諸事順遂往往是危機重重，委屈反而比較容易覺悟。

對子女的態度也是如此，如果依循社會的價值觀，希望子女考上好學校，那麼親子間的壓力就會變大，相處起來也很緊張。反之，能夠全心接納子女，情況將完全不同。就他自身的條件去欣賞，不要光看他欠缺的部分，這麼一來，孩子至少能夠每天高高興興地過日子，單是這點就不容易。

常有學生問我：「父母要求我一定要念什麼科系，但那是我一點也不想念的，怎麼辦呢？」我通常會反問學生的父母幾歲了？父母的決定可以改變嗎？如果不能改變，只好改變自己。因爲與父母抗衡，不會有什麼好結果，愈年輕愈容易改變，等到改變之後，才會發現原來人是有彈性、可塑造的。而一般來說，父母是較難改變的。

當然，父母如果讀了《老子》，那就另當別論了。因此，一個人如果一生都能夠保持小孩一般的柔軟度，那才是快樂人生的出發點，即使到了八十歲還能像五、六歲的小孩那般柔軟——心態柔軟，這才是重要的。隨時準備迎接新的可能性，不要給自己設限。如果一路走來始終堅持立場，不做任何改變，就代表已經處於劣勢，因爲太過僵硬，無法變通，就無法回應挑戰。

第七十七章 天之道，其猶張弓歟？

天之道，其猶張弓歟？
高者抑之，下者舉之；
有餘者損之，不足者補之。
天之道，損有餘而補不足。
人之道則不然，損不足以奉有餘。
孰能有餘以奉天下，唯有道者。
是以聖人爲而不恃，功成而不處，其不欲見賢。

自然的法則，不是像拉開弓弦一樣嗎？
高了就把它壓低，低了就把它抬高；
過滿的就減少一些，不夠滿的就補足一些。

自然的法則，是減去有餘的並且補上不足的。人世的作風就不是如此，是減損不足的，用來供給有餘的。誰可以把有餘的拿來供給天下人呢？只有悟「道」的人能夠如此。因此，聖人有所作爲而不仗恃己力，有所成就而不自居有功，他不願意表現自己的過人之處。

自然的法則是減有餘而補不足

「天之道，其猶張弓歟！高者抑之，下者舉之；有餘者損之，不足者補之」，意即自然的法則不是像拉開弓弦一樣嗎？高了就把它壓低，低了就把它抬高；過滿的就減少一些，不夠滿的就補足一些。

準備射箭的時候，首先要根據目標的高低，將持弓的位置調整合宜。角度過高的就壓低，角度過低的就抬高；再看射的目標是遠是近，過滿的就減少一些，不夠滿的就補足一些。這個比喻所強調的是整體的平衡與和諧。雨下得多了，終究有停歇之日；夏天熱過頭，涼爽的秋天就來了；經過冬天的酷寒，微暖的春天就來了。這就好比拉弓一樣，屬於自然的法則。

「天之道，損有餘而補不足」，意即自然的法則是減去有餘的，並且補上不足的。「天之道」是指自然的法則。地球上很多地方看起來非常特別，像沙漠地區，寸草不生，也缺乏水源，簡直不能住人，但沙漠地區的地底下往往藏有水源，當地的居民光靠耳朵就能聽出地底下有沒有水流過。這就說明自然界會減去有餘的，並且補上不足的。自然界生態原來是平衡的，人一旦介入干預的話，就會破壞這種規則，比如把農村的青蛙統統捉光，就會造成蚊子的大量繁衍，結果造成瘧疾開始流行。

人世的作風是減不足來供給有餘

「人之道，則不然，損不足以奉有餘」，意即人世的作風就不是如此，減損不足的，用來供給有餘的。「人之道」是指人世的作風，不見得是好事，「道」在此是中性的，指規則、途徑、作風等。人世的作風與自然界不同，它是減損不足的，用來供給有餘的，所以窮的人讓他更窮，有餘的人讓他吃喝不盡，以致愈來愈不公平，到最後貧富差距愈來愈大。

《聖經》裡面說過一個故事：有一個人要出外旅行，他分別給三個僕人五千、兩千、一千塊錢，然後動身走了。那領五千和兩千塊錢的，立刻出去做生意，都賺了一倍的錢。只有那個領一千塊的，在地上挖了一個洞，把主人的錢埋起來。當主人回來，知道僕人處理的情況後，就把那個領一千元僕人的錢拿給了第一個僕人。耶穌說：「因爲那已經有的，要給他更多，讓他豐富有餘；而那沒有的，連他所有的一點點也要奪走。」這是宗教家所做的比喻。

這個比喻的意思是，每個人生下來擁有天賦的條件，將會愈用愈好，愈來愈多；如果偷懶卸責，把天賦藏起來不用，完全不加發揮，浪費上天所給的稟賦，將會受到懲罰。人活在世上和其他生物不一樣，有責任開發潛能。潛能開發得愈多，獲得的回報也愈多；如果不去開發，則天賦形同浪費，那就太可惜了。《老子》這裡所說的，則是世間的不公平狀況，與個人的努力未必有直接關係。

聖人的作為是效法「天之道」

「孰能有餘以奉天下？唯有道者」，意即誰可以把有餘的拿來，供給天下人呢？只有悟「道」的人能夠如此。比如財產太多的話，就拿來供給天下人。但人之道則不然，人之道是「損不足，以奉有餘」，「西瓜偎大邊」，愈窮困愈沒人理會，愈富有愈有人捧著。人世不可能像天道一樣有平衡的機會。只有學習《老子》，眞正領悟「道」之後，懂得如何平衡，就可以把多餘或是用不完的財產分給天下人了。

「是以聖人爲而不恃，功成而不處，其不欲見賢」，意即因此，聖人有所作爲而不仗恃己力，有所成就而不自居有功，他不願意表現自己的過人之處。「見」是指表現，「賢」是指比別人更好的地方。不願表現自己的過人之處，就不必跟別人去爭，即使有功勞也不去占有，這是我們多次談論的聖人作風。

綜上所述，「人之道」的這種作風難免造成資源分配不均，貧富差距擴大。在此，聖人的作爲顯然是效法「天之道」，而「天之道」是配合「道」的。自然界沒有經過人爲的汙染，因而彰顯一種規則性。這種規則性與「道」的要求是一致的，叫做「反者道之動」（第四十章），總是會慢慢回歸最後的根源。

第七十八章　天下莫柔弱於水

天下莫柔弱於水，而攻堅強者莫之能勝，以其無以易之。弱之勝強，柔之勝剛，天下莫不知，莫能行。是以聖人云：受國之垢，是謂社稷主；受國不祥，是爲天下王。正言若反。

天下沒有比水更柔弱的，但是攻打堅強之物時，也沒有能勝過水的，因爲它是無法被替代的。弱可以勝強，柔可以勝剛；天下沒有人不知道，卻沒有人做得到。因此，聖人說：承擔一國的屈辱，才可稱爲國家的君主；承擔一國的災禍，才可稱爲天下的君王。正面的言論，聽起來像是反面的。

長期投入，滴水穿石

「天下莫柔弱於水，而攻堅強者莫之能勝，以其無以易之」，意即天下沒有比水更柔弱的，但是攻打堅強之物時也沒有能勝過水的，因爲它是無法被替代的。洪水來的時候，什麼都擋不住。日積月累之下，滴水可以穿石。若是匯成巨流，則懷山襄陵、沖毀城鎮亦非難事。水好像很柔弱，一旦聚在一起，就氣勢不凡。

「弱之勝強，柔之勝剛，天下莫不知，莫能行」，意即弱可以勝強，柔可以勝剛，天下沒有人不知道，卻沒有人做得到。像滴水穿石，沒有長期投入就做不到。讀書也一樣，有恆心就成功一半。我爲了學習德語，曾在德國住過四個月，那期間，我每天背二十個單字，一個月背六百個單字，兩個月就背了一千二百個字，街上所有的招牌與商品介紹都看得懂了。同時和我一起到德國學習德語的人，各國都有，外國人讀書比較輕鬆，也沒有什麼動力。兩個月之後有一次考試，沒有人考贏我。

我的做法就是滴水穿石，每天堅持做一點就做得到，雖然過程中會覺得疲倦，然而撐過這一刻便可勝過別人。很多人都是在最後階段放棄了，堅持下去就會成功。

「天下莫不知，莫能行」，爲什麼知而不行呢？因爲「所知」不夠透澈，以至既無信心又無耐心，信心和耐心來自所知的道理很透澈。比如我學習《老子》之後，就很有信心，深知自己這種做法長久下來一定會產生正面的結果，所以我也要有耐心，就像滴水慢慢穿石一樣。前述的日積月累與匯成巨流，都需要長期的工夫。

江海容納百川，也容納汙垢

「是以聖人云：受國之垢，是謂社稷主；受國不祥，是謂天下王」，意即因此聖人說：承擔一國的屈辱，才可稱爲國家的君主；承擔一國的災禍，才可稱爲天下的君王。今天這個時代，這種人已經難得一見了。誰願承擔一國的屈辱？伊拉克前總統海珊原來承擔的是一國的榮華富貴，最後下場悽慘，狼狽不堪。

人們對一個國家的批評，責任最後都在君主身上。承擔所有人民的屈辱，才稱得上是國家的君主，承擔一國的災禍，則可以成爲天下的君王，堯、舜、禹、湯無不如此。古時候經常發生嚴重的災害，禹的時候是水災，湯的時候是旱災。湯爲了解救旱災去樹林中禱告，他說「萬方有罪，在予一人」，這眞是了不起。從人民的角度來看，如果君王願意替百姓負責，這個國君還有什麼不能信服的呢？

《莊子．天下》引述老子的話：「知其雄，守其雌，爲天下谿。知其白，守其辱，爲天下谷。人皆取先，己獨取後，曰：受天下之垢。」統治者除了明白「柔弱勝剛強」的道理，還須承受天下的垢與不祥，就像江海容納百川也必須接納一切汙垢。但是，後來很多國君作威作福，商湯的後代也不例外，如商紂王，他們認爲天下有罪是天下人應該受罰；而我有罪，則是天下人害的，觀念完全顛倒了，這樣的人沒有資格當帝王。當帝王就要居於下流之處，容納百川，連垃圾也要接受。自命清高的人不可能當領袖，想當領袖，當然得承受國人的汙垢。

相反相成是常態現象

這兩段所說的，都是「正言若反」。「侯王自謂孤、寡、不穀」（第三十九章），「不穀」指的是僕下、僕人。但這其實是正面的言論。物極必反，觀察事理要同時看到正反兩面。大家都不喜歡反面，不論喜不喜歡，它都會來到。如果瞭解這個現象，它來到的時候我們會欣然接受。因爲有反面，才可以再到正面去；一般人只喜歡正面，當反面出現，就放棄而不再奮鬥了。懂得正反的道理，反面出現時，會知道這是自然的過程，下一步就勝過別人了。

「正言若反」，高延第在《老子證義》說：「此語並發明上下篇立言之旨，凡篇中所謂致虛守靜；曲則全，枉則直，窪則盈，敝則新，柔弱勝堅強；不益生，則久生；無爲則有爲；不爭莫與爭；知不言，言不知；損而益，益而損；言相反而理相成，皆正言也。」事物發展的結果常與當初預期的相反，這是因爲人的聰明有限，無法領悟「相反相成」的常態現象。

第七十九章 和大怨，必有餘怨

和大怨，必有餘怨，安可以爲善？
是以聖人執左契，而不責於人。
有德司契，無德司徹。
天道無親，常與善人。

重大的仇怨經過調解，一定還有餘留的怨恨；這樣怎能算是妥善的辦法？
因此，聖人好像保存著借據的存根，而不向人索取償還。
有德行的人像掌管借據那樣寬裕，無德行的人像掌管稅收那樣計較。
自然的規律沒有任何偏愛，總是與善人同行。

怨恨宜解不宜結

「和大怨，必有餘怨，安可以為善」，意即重大的仇怨經過調解，一定還有餘留的怨恨；這樣怎能算是妥善的辦法？

許多專家認為在「和大怨，必有餘怨」之後，應該加上「報怨以德」（第六十三章）。不過，這樣一來，「安可以為善」所問的就是「報怨以德」了，然而「報怨以德」怎麼不算是妥善的辦法呢？這顯然跟老子立場不太一樣。難道老子會認為「報怨以德」還不夠理想嗎？若是不加此語，其意並無晦澀。再者，後續句子所說就是具體的方法，亦即希望從根本上不要與人結怨。

「和大怨，必有餘怨」這話說得深刻，與別人發生重大的仇怨，經過調解之後，難免還會留下一些怨恨，至少心中仍覺得不平、受委屈，或者沒面子。從前的社會，甚至有代代相傳的怨恨，子孫有時未必搞得清楚是怎麼回事，雖經過調解，怨恨仍難完全化解，如果這時候還說「報怨以德，安可以為善」，就不太適合了。那麼，不如不要與人結怨，亦即從根本上化解怨恨。如何化解怨恨呢？以下是可以考慮的做法。

聖人不向人索取償還

「是以聖人執左契，而不責於人」，意即因此，聖人好像保存著借據的存根，而不向人索取償還。「聖人執左契」這句話引起了一定的爭議，關鍵在於「左契」和「右契」，究竟何者爲債權人所執？何者爲負債人所執？帛書甲本寫成「右契」，而其他各本都寫爲「左契」，在原始的文本上就有疑點。古人向別人借錢時，要在一片竹簡上，刻下約定內容，再分成兩半，一半是左契，一半是右契。那麼，到底是誰拿左契，誰拿右契呢？有的人認爲是債主拿右契，這一點專家還有爭議，暫且不提。我們在此要強調的是，聖人所執的是借據的存根，否則怎能說「不責於人」？從原文「是以聖人執左契，而不責於人」就可以知道，「執左契」當然是執借據的存根，所以才說「不責於人」，亦即不向別人要債。聖人借人金錢而不向人要債，自然無怨可生。

有德之人寬裕，無德之人計較

「有德司契，無德司徹」，意即有德行的人像掌管借據那樣寬裕，無德行的人像掌管稅收那樣計較。「徹」是周朝所實行的稅法，十取其一，也就是百分之十。「司契」總是借錢給人，所以寬裕和樂，受人歡迎。說實在的，我常常夢想自己變成有錢人，然後就可以到處借錢給別人。走在街上，看誰急需用錢，就借給他，能還就還，不能還就算了，有能力幫助別人的那種感覺是無可取代的。「司徹」負責收取租稅，難免斤斤計較，受人厭惡。這兩者都是比喻，態度截然不同。老子用這個比喻，說明「有德」與「無德」的區別。

「有德」與「無德」也關係到人的稟賦。如果要保護自己的稟賦，不妨從容寬裕，活在世界上，可以自得其樂，還有什麼不足的呢？如果沒有修養及保護自己的稟賦，就常會覺得有所遺憾。比如看著壞人敢作敢爲、燒殺劫掠，看著好人成爲鎂光燈的焦點。反觀自己，說壞不壞，說好又沒有別人的傑出，處在好壞的中間實在窩囊，怎麼辦呢？覺得自己有所不足，也就是忽略了內在的稟賦，如果能珍惜並發展自己的稟賦，就會發現內在的世界圓滿無缺，這一切都要從觀念上去瞭解。一個人如果不學習，就無法領悟正確的觀念，生命注定是一個悲慘的結局。

有了正確觀念之後，看到老、病、死的現象，就不會產生什麼情緒反應，因爲瞭解這是一個自然的過程。正確的觀念使人明白：人生絕對不是無奈地等待最後的結局來臨，人在有限的生命中，有一個主要目標，就是回歸於「道」。要達成這個目標，完全不需要與別人競爭，只要自己走上正路，就可以與別人並行不悖，不會產生任何衝突。

天道總與善人同行

「天道無親，常與善人」，意即自然的規律沒有任何偏愛，總是與善人同行。類似的話在《老子》裡出現不只一次，這句話顯示古人的信念，反映了主宰之天與自然之天並行的矛盾。主宰之天必然「常與善人」，善有善報，這當然是就主宰而言，否則憑什麼分辨善惡又與善人同行呢？至於自然之天，則必然是「無親」，「無親」是指沒有任何偏愛。

這句話也反應了老子思想裡一個小小的矛盾，這個矛盾是因爲古代「天」的概念，從主宰之天轉變成自然之天以後，還沒有得到完全的協調。一個人的思想有一些矛盾是正常的情況，在這些地方，哲學家不去特別討論，因爲哲學家總要有一些基本的預設。誰可以每句話都完全說清楚？人的理性可以解釋一切嗎？這樣將是得到智慧，而不是愛好智慧了。哲學稱爲「愛智」，是有其道理的。

哲學家愛好智慧，比如老子談到「道」，就表現「吾不知其名」（第二十五章），雖不知道它是什麼名字，但是可以描述它的作用。老子思想的特色在於強調事實、強調存在，遠超過強調道德。一談到道德上的善惡，就必須定下標準，那麼是誰在決定？何況善惡都是有條件的。比如有些人很窮，所以做壞事，那就表示貧窮是罪惡的來源；至於有些人做好事，那是因爲他們有錢，做好事也使人覺得快樂。這樣說公平嗎？如果好人做好事，是因爲家裡有錢；但是跟他一樣有錢的人未必都做好事。做壞事也是如此，未必所有的窮人都會做壞事。所以人活在世上，一定要注意「趨勢」，就是隨時要辨明自己在往哪裡走，掌握住這個趨勢，就可以預先知道將來會出現什麼情況，同時也可以採取避免、預防的手段，最怕的是不知道趨勢的發展，完全不能掌握自己的生命。

這幾年很多人談「生涯規劃」，生涯確實需要規劃，規劃時除了事業與家庭之外，還須考慮到自我成長，亦即把每一天都當作考驗，把每件事都當作是對自己的試煉，試煉自己的理想與信念，看看自己會不會被腐蝕。人到中年，感覺往往變得酸澀，對一切都抱持懷疑、排斥的態度。其實大可不必如此，經過人生各種事件的磨練，更要有前進的決心，有機會學習古典的智慧，是最安全可靠的選擇。

第八十章　小國寡民

小國寡民，使有什伯之器而不用，使民重死而不遠徙。雖有舟輿，無所乘之，雖有甲兵，無所陳之。使民復結繩而用之。甘其食，美其服，安其居，樂其俗。鄰國相望，雞犬之聲相聞，民至老死，不相往來。

國土要小，人口要少，即使有各種器具也不使用；使人民愛惜生命，而不遠走他鄉。雖有船隻車輛，卻沒有必要乘坐；雖有武器裝備，但是沒有機會陳列。使人民再用古代結繩記事的辦法。飲食香甜，服飾美好，居處安逸，習俗歡樂。鄰國彼此相望，相互聽得到雞鳴狗叫的聲音，而人民活到老死卻不互相往來。

小國寡民是老子的理想

「小國寡民，使有什伯之器而不用」，意即國土要小，人口要少，即使有各種器具也不使用。「什伯之器」，是指十倍、百倍於人力的各種器具，用以代替人力。

「使民重死而不遠徙」，意即使人民愛惜生命，而不遠走他鄉。有很多人移民海外，有的是為了孩子的教育，有的是為了安全感，但是他們每次回台灣時又顯得依依不捨。人生短短幾十年，為什麼要漂泊不定呢？很多人到了國外，反而每天吃燒餅、油條，喝豆漿，對家鄉的懷念更加深刻。離開自己的家鄉，其實是很痛苦的。

「雖有舟輿，無所乘之；雖有甲兵，無所陳之。使民復結繩而用之」，意即雖有船隻車輛，卻沒有必要乘坐；雖有武器裝備，但是沒有機會陳列。使人民再用古代結繩記事的辦法。「無所」，是指沒有機會，沒有必要。古代有船隻、車輛、武器裝備的國家，已經算是具有相當規模了，但是，老子理想中的世界，百姓沒必要去使用這些文明產品。

讓生命處於甘美安樂的狀態

「甘其食，美其服，安其居，樂其俗」，意即飲食香甜，服飾美好，居處安逸，習俗歡樂。任何人看到這十二個字都會深感羨慕，這也是人生所追求的單純快樂。其實，人生的快樂就在當下這一刻，不必羨慕別的時代與其他地方。人活在世上，不可能獲得完全的安頓、安逸。任何安頓都是定在當下，一面適應、調適，一面還要接納、消化，最後就可以接受自己的一切。這就是生命的眞實處境。不要幻想活在世上會有完美的一天，因爲那違背了生命的眞諦。

我有時會想，假如有一天能把中國古代五大經典——《論語》、《老子》、《莊子》、《孟子》、《易經》都解讀完出版，那是多麼幸福的事啊！我也可以好好休息。事實上眞到那個時候，我一定會想到自己還有什麼事該做，還有什麼書該讀，然後很快又有新的願望出現，希望自己可以做得更好。所以人不必多想以後，要想的就是現在，把現在的事情做好，讓自己的生命處於甘美安樂的狀態中。

老子心中的理想社會

「鄰國相望，雞犬之聲相聞，民至老死不相往來」，意即鄰國彼此相望，雞鳴狗叫的聲音相互聽得到，而人民活到老死卻不互相往來。爲什麼這是理想的境界？因爲人們沒有往來的需要。以今日來說，人與人往來見面，都是在談最近誰得意、誰失意，誰怎麼樣，實在沒有必要。《論語》裡說：「君子以文會友，以友輔仁。」談的都是人類心靈智慧的結晶，大家共勉互期，進而啓發自己，這才是有益的交流。一旦離開這個範圍，回到日常生活瑣碎的事件中，則人與人的互動，恐怕會扯出很多是非和八卦。

每個人有個人生命的限制，不瞭解這個限制，就無法一個人安穩地生活，難免陷入變化中。變化不是不好，只是人能承受多少的變化呢？學道家就可以知道變化的規則，然後不受變化所困。學儒家則能掌握原則，不管再怎麼變，有的原則可以堅持下去，「擇善而固執之」。

本章揭示了老子心目中的理想社會。就其內容看來，並非原始洪荒，而是雖有文明產品，卻能視而不見，無所用之。不過，人類不太可能取得類似的共識。文明的進展日新月異，而人生的複雜與苦惱也趨於無解。其實，要如何生活，還是看自己，不必奢望改變整個人類社會。我一向秉持的原則，就是我只能希望改變自己，改變自己之後，周圍的環境、親友也會跟著改變。

「使民復結繩而用之」一語，在《莊子．胠篋》裡有大概的描寫，莊子稱之為「至德之世」。本章所述可以視為理想國或桃花源，雖不能至，但心可嚮往之——甘其食、美其服、安其居、樂其俗。也許無法眞的有這些條件，但是可以從這個角度來享受這一切，吃任何東西都覺得好吃，穿任何衣服都覺得很開心，安於生活。

第八十一章 信言不美

信言不美，美言不信。
善者不辯，辯者不善。
知者不博，博者不知。
聖人不積，既以爲人己愈有，既以與人己愈多。
天之道，利而不害；聖人之道，爲而不爭。

實在的話不動聽，動聽的話不實在。
善良的人不巧辯，巧辯的人不善良。
瞭解的人不賣弄廣博，賣弄廣博的人不瞭解。
聖人沒有任何保留，盡量幫助別人，自己反而更充足。
自然的法則，是有利萬物而不加以損害；聖人的作風，是完成任務而不與人競爭。

事物的真相，往往與表面不符

「信言不美，美言不信」，意即實在的話不動聽，動聽的話不實在。「信」是指眞實，「美」是指動聽。所謂「忠言逆耳」，正是如此。

「善者不辯，辯者不善」，意即善良的人不巧辯，巧辯的人不善良。善良的人說話發自眞心，巧辯的人一定有複雜的動機，即使是辯才無礙也是如此。

「知者不博，博者不知」，意即瞭解的人不賣弄廣博，賣弄廣博的人不瞭解。《老子》一書就是要言不煩，五千多個字就夠了。有些人則不然，賣弄廣博，實際上卻沒有眞正的理解。

我的老師方東美先生爲什麼對胡適之先生有所批評呢？胡先生比他大十多歲，他們又是同鄉，都是安徽人，也有一些共同的朋友。胡適之當時名滿天下，二十六歲就在美國哥倫比亞大學念完博士學位，回到北大，任文學院院長，許多人認爲他是當代最博學的人，原因是美國出版的人文方面的書，三個月之內他就知道內容，然後介紹給大家。當時中國與外國的接觸很有限，大家覺得他很有學問。後來方先生和胡先生見面，方先生請教他：「胡先生，大家都知道你非常博學，你是怎麼讀書的？」胡適之不太好意思，說：「我哪有念什麼書呢？其實我們這邊有一筆庚子賠款，專門在美國買書用的，所以美國人文方面的書一出版，就立刻寄一份到北大，我是第一個收到的。」他每天翻閱這些新書，只看兩個部分，一個是序言，一個是目錄。他是何等聰明的人，看完就瞭解書的大概內容，然後上課時介紹，學生聽了當然很佩服。方先生覺得他這樣讀書不太實在，接著又問：「你在美國是哲學博士，我想請教你哲學問題。」胡先生說：「在哲學上我花的時間不多，我比較瞭解文學。」方先生再接著問：「好，那麼請教你文學問題。」胡先生回答：「關於文學的瞭解也很有限，我比較精通的是歷史。」方先生只好再問了：「那好，請教你歷史問題。」胡先生又轉彎了：「我喜歡的其實是考古。」事實上，他就是每樣都懂一點，但是並沒有眞正精通的部分。

其實，要是眞正瞭解，也不用說太多，像儒家、道家，瞭解幾個核心概念，一下子就說清楚了。

心靈資源，愈用愈充足

「聖人不積，既以爲人己愈有」，意即聖人沒有任何保留，盡量幫助別人，自己反而更充足。

這句話提醒我們不要吝於分享心靈方面的資源。什麼東西是盡量幫助別人，自己反而更充足，盡量給予別人，自己反而更豐富的呢？當然是心靈方面的資源。比如關懷別人的這種精神能量，是愈用愈出的，像德蕾莎修女，她在印度幫助窮人時，每天付出那麼多關懷，雖然身體疲累，但是精神的力量源源不絕。愈是關懷別人，愈知道怎麼關懷是對的，從關懷少數人，到關懷每一個人，都覺得綽綽有餘，因爲這本身變成了靈性生命的展現。

「既以與人，己愈多」（《莊子・田子方》），即盡量給予別人，自己反而更豐富。雖然幫助別人，會使用到自己的時間、金錢、力氣，但是精神上的資源是愈用愈出，愈關懷別人，自己反而愈來愈充實。老子可以掌握到這一點，由此可見，他對「道」的理解，也是從靈性方面來考量。「道」等於是超越界，靈性就是人類身、心之上超越的部分。這個超越的部分並不排斥身、心，而是完全讓身、心適當地運作。身、心都會有勞累和限制，但是「靈」可以完成它們的目的，讓它們永遠不覺得勞累。

既然如此，那麼就讓一切回歸於「道」，渾然無所分。

體悟「道」的真義，修練靈性生命

「天之道，利而不害；聖人之道，爲而不爭」，意即自然的法則，是有利萬物而不加以損害；聖人的作風，是完成任務而不與人競爭。

其實，聖人、凡人都應該「爲而不爭」。「聖人不爭」一語可以參考《莊子・天道》裡說的：「天道運而無所積，故萬物成；帝道運而無所積，故天下歸；聖道運而無所積，故海內服。」其含義就是不要積存，不要保留，不要停滯，一切都在活動中。比如現在所擁有的事物，以前可能沒有，將來也可能消失；有多就有少，有得就有失，有來就有去。

所以，要讓萬物不斷地運作、活動，不必想要積存什麼。同樣的，如果現在覺得生命力還旺盛，一到中年就會感覺應該多休息、注意保養，但是如果全心注意保養，就會以此爲目的，不再考慮別的活動，這又顯然不可能。人活在世上，不去從事各種活動，不與別人互動，那麼保持身體健康又有什麼意義？換言之，身心健康本身不是目的，目的要定在靈性生命的修練與昇華上。

本章的「信言」、「善者」、「知者」，皆以「眞實」爲試金石。道家的「眞實」是一以貫之、表裡如一、內外一致的。如果加上意念和企圖，就會變質爲「美言」、「辯者」以及「博者」，能夠不受後者所惑的人實在不多。

如果能做到「既以與人，己愈有」，就會更像是「道」的表現，接近圓滿無缺的境界。本章最後所云「聖人之道」，也包含做人之道。聖人是凡人效法的榜樣，凡人也要學習「爲而不爭」。《老子》全書的目的，也是期許人人都成爲這樣的聖人。

國家圖書館出版品預行編目資料

究竟真實：傅佩榮談老子／傅佩榮著. -- 第
一版. -- 臺北市：遠見天下文化, 2006〔民95〕
面； 公分. --（心理勵志；222）

ISBN 978-986-417-824-7（精裝）

1. 老子—注釋

121.311 95024110

心理勵志 222A

究竟真實

傅佩榮談老子

作　　者／傅佩榮
總 編 輯／吳佩穎
責任編輯／李麗玲、蔡佩熒（特約）
封面暨美術設計／連紫吟、曹任華（特約）

出版者／遠見天下文化出版股份有限公司
創辦人／高希均、王力行
遠見．天下文化 事業群榮譽董事長／高希均
遠見．天下文化 事業群董事長／王力行
天下文化社長／林天來
國際事務開發部兼版權中心總監／潘欣
法律顧問／理律法律事務所陳長文律師　　著作權顧問／魏啓翔律師
社　址／台北市104松江路93巷1號2樓
讀者服務專線／(02)2662-0012
傳　真／(02)2662-0007；2662-0009
電子信箱／cwpc@cwgv.com.tw
直接郵撥帳號／1326703-6號　遠見天下文化出版股份有限公司

電腦排版／立全電腦印前排版有限公司
製版廠／東豪印刷事業有限公司
印刷廠／中原造像股份有限公司
裝訂廠／精益裝訂股份有限公司
登記證／局版台業字第2517號
總經銷／大和書報圖書股份有限公司　　電話／（02）8990-2588
出版日期／2018年4月12日第二版第1次印行
　　　　　2023年11月20日第二版第6次印行

定價／600元
4713510945261
書號：BBP222A

天下文化官網— bookzone.cwgv.com.tw